Skills and Techniques For Social Work Practice

사회복지실천기술론

윤선오 · 김현진 공저

양성원

머리말

정보통신기술의 혁신적 발달을 비롯하여 다양한 정보전달매체들은 지구촌 곳곳의 새롭고 다양한 정보와 우리사회의 전통가치와는 상이한 가치들을 수용을 강요하듯이 끊임없이 전달하고 있으며, 우리사회와 우리들은 이러한 상황에 합리적으로 반응하고, 잘 적응해야 한다는 의식적 · 무의식적인 과제를 강박증처럼 안고 있다.

이렇듯 글로벌화의 급격한 진행으로 끊임없이 변화하는 우리의 환경은 우리들을 새로운 모습으로 변신시키기도 하지만, 다른 한편으로는 새로운 환경의 부적응에 따른 심각한 정신병리 현상을 야기하기도 한다. 특히, 과도한 경쟁구도 속에 놓여 있는 우리사회의 현실을 바라보면 정신병리 현상의 사회적 확산은 이미 한계 수준을 넘어서고 있는 실정이다.

이러한 시대사회적 상황은 사회복지실천의 영역들을 지속적으로 확대시키고 있으며, 사회복지사들이 갖추어야 할 사회복지실천기술에 대한 지식과 실천능력 또한 더욱더 고도화되고 전문화되어야 함을 요구한다.

사회복지실천기술론 교재로서의 본서는 다음과 같은 내용들을 실어낼 목적으로 기술되었다.

첫째, 변화하는 시대사회적 상황과 새로운 사회복지 패러다임을 이끌어갈 수 있는 전문적이며, 체계적인 사회복지실천기술의 이론적 틀을 학습하도록 구성되었다.

둘째, 사회복지실천을 위한 실용적 기술을 획득할 수 있도록 구성되었다.

마지막으로, 사회복지사 1급 시험의 필수 교과목으로서의 사회복지실천기술론이 제공해야 할 지식인데, 이는 시험범위를 모두 포함하는 내용들로 구성되었으며, 또한 주요 내용들은 질문을 통해 재학습할 수 있도록 하였다.

그리고 이러한 목적을 달성하기 위해 1장은 사회복지실천기술의 전반적인 이해를 향상시킬 수 있도록 기술되었으며, 2장과 3장은 사회복지실천현장에서 요구되는 실제적 활용기술을 학습할 수 있도록 하였으며, 4장에서부터 9장까지는 이론에 기초한 실천기술을 획득하도록 기술하였고, 나머지 장에서는 클라이언트 단위별 실천기술의 적용방법을 탐구할 수 있도록 하였다.

저자들은 대학교육현장과 사회복지실천현장에서 다년간 획득한 많은 경험들을 바탕으로 사회복지사, 사회복지 전공자 및 입문자 모두에게 사회복지실천기술의 이론과 실제에 대해 함축적이면서도 전문적인 내용들을 담아내도록 노력하였다.

본 저서가 사회복지를 전공하고 있는 학생뿐만 아니라 사회복지실천현장의 사회복지사나 관심자 모두에게 많은 도움이 있기를 기대한다. 끝으로 본서를 출판함에 있어 끝까지 애써주신 양성원 사장님 이하 실무 편집진께 깊은 감사의 말씀을 전한다.

2016년 8월
저자 일동

차 례

제 3 장 상담면접기술

제 4 장 사회복지실천과 정신역동모델

제 8 장 사회복지실천과 과제중심모델

제 9 장 사회복지실천과 사례관리모델

제10장 개인대상 사회복지실천기술

제11장 가족대상 사회복지실천기술

제 12 장 집단대상 사회복지실천기술

제 13 장 지역사회대상 사회복지실천기술

제 14 장 사회복지실천의 기록

CHAPTER 01

사회복지실천기술의 이해

1. 사회복지실천기술의 개념

2. 사회복지실천기술의 활용

제1장

사회복지실천기술의 이해

사회복지사에게 사람을 돕는다는 것은 때로는 이로울 수도 있고 해로울 수도 있는 인간관계를 형성하는 과정이다. 사회복지사의 전문적인 실천은 철저한 자기이해와 훈련 및 자기통제를 필요로 하며, 개인적 자질과 열정 이상의 것을 필요로 한다. 사회복지사의 말과 행동은 전문적 지식에 근거해야 하며, 사회복지사의 가치와 윤리 및 의무에 따라 이루어져야 한다. 따라서 각 단계의 사회복지실천은 전문직으로서의 기술(skill)을 통해 수행되어야 한다. 사회복지실천기술은 사회복지영역 중에서 직접적이거나 간접적인 서비스를 제공하는 최일선에서의 활동에 적용되는 기술이다. 최근 우리나라는 사회복지사가 공공기관, 사회복지관, 사회복지시설, 병원, 상담기관, 정신보건센터, 학교 등 많은 실천현장에서 활동하게 됨으로써 사회복지실천 영역이 점차 확대되어가고 있다. 따라서 본 장에서는 다양한 사회복지실천의 현장에서 사용되는 사회복지실천기술의 개념을 습득하고, 이론을 기술에 활용하는 기초적 능력을 살펴보고자 한다.

1. 사회복지실천기술의 개념

사회복지실천기술의 개념, 핵심적 기술, 그리고 기술의 이전성 등에 관하여 논의하여 사회복지실천기술의 기본적인 이해를 도모하고자 한다.

1) 사회복지실천기술의 개념

사회복지는 모든 인류가 추구하는 삶의 궁극적 목적을 나타내는 이념이면서 동시에 이를 실현하고자 하는 사회적 제도이다. 사회복지 목적과 이념을 달성하기 위해서는 사회제도나 정책 혹은 사회복지에 대한 인식의 확대만으로는 불가능하며, 사회복지를 실현시킬 수 있는 체계적이고 구체적인 기술이나 전문적인 실천 활동이 필요하다. 사회복지실천은 인간과 사회 환경에 대한 지식과 기술을 토대로 하여 인간의 문제와 욕구를 해결할 수 있는 서비스나 프로그램을 계획하고 개발하며 이를 실행하는 전문적인 실천 활동으로서 계획된 변화를 유도하는 전문적인 활동이다.

기술(skill)이라는 말은 지난 수십 년 동안 사회복지를 비롯한 다른 원조 전문직에서 매우 대중화된 용어이지만, 학자에 따라 서로 다른 의미로 해석한다.

통상적인 기술(skill)의 의미는 지식, 능력, 솜씨나 재능, 성격 또는 자원을 능숙하게 활용하는 것이다.

바커(Barker, 1991)는 사회복지실천기술을 "대화나 클라이언트 문제, 욕구, 능력 등에 대한 사정, 자원개발과 사회구조를 변화시키는 데 있어서의 숙련성"이라고 정의하고 있다(이영호, 2009 : 16).

스몰리(Smalley, 1967)는 "기술이란 사회복지사가 특정프로그램이나 서비스의 목적을 달성하기 위한 과정을 진척시키기 위해 이에 필요한 방법을 사용할 수 있는 능력을 의미한다"고 하였다.

존슨(Johnson, 1995)은 "관심과 욕구에 맞춰 지식과 가치를 행동으로 전환하는 사회복지실천의 구성요소로서 특정의 목표나 활동을 향한 행위 체제"라고 하였다.

사회복지를 달성하기 위해서는 지식이나 실천기술만 필요한 것이 아니라, 사회복지서비스나 프로그램을 제공할 수 있는 전달체계로서 공식적인 복지기관이나 장소가 있어야 한다. 또한 이러한 사회복지서비스를 제공하는 주체로서 자격을 갖춘

사회복지사가 필요하다. 사회복지사가 전문적인 자격을 갖추려면 전문적 지식, 가치, 실천기술을 기반으로 하여야 한다.

사회복지실천기술이란 클라이언트체계(개인, 가족, 집단, 지역사회)와의 관계에서 사회복지실천의 가치와 지식에 기초하여 클라이언트와 관련된 특별한 상황의 변화를 위하여 심리사회적 개입(정서와 환경적 차원의 변화)을 할 수 있는 능력을 의미한다(전재일 외, 2010 : 20).

이상을 종합해 보면 사회복지실천기술은 다음과 같이 정의할 수 있을 것이다.

아래의 세 가지 특성을 가진 일련의 인지적이고 행동적인 행위들을 말한다.

첫째, 사회복지실천의 지식, 가치, 윤리, 의무로부터 나와야 하며,

둘째, 누군가를 돕고 촉진하는 것이어야 하며,

셋째, 사회복지실천의 단계 내에서 사회복지실천 목적과 일치하는 것이어야 한다.

(1) 사회복지사의 역할수행

유능한 사회복지사들이 클라이언트를 대상으로 서비스를 제공할 때 필요한 역할수행은 다음과 같다.

① 사람들의 문제해결과 처리능력 향상과 더욱 효과적으로 이용할 수 있도록 돕는다.

② 사람들과 자원체계들 사이의 최초의 연결을 수립한다.

③ 사람들과 자원체계들 사이의 상호작용 촉진과 새로운 관계를 수정하고 수립한다.

④ 자원체계 내 사람들 사이의 상호작용을 촉진시키며 관계를 수정하고 수립한다.

⑤ 사회정책의 개발과 수정에 기여한다.

⑥ 물질적 자원을 분배한다.

⑦ 사회통제의 매개인 역할을 수행한다.

다시 말하면 사회복지사들은 개인, 집단, 지역주민들의 삶의 질을 향상시킴으로써 사회전체의 발전을 도모함이다. 모든 사람들의 건강, 행복, 안전 및 생산성을 향상시키는 데 기여함이며, 클라이언트들에게 직접적으로 폭넓은 다양한 서비스를 제공함이다.

(2) 사회복지실천의 목적

핀커스(Pincus)와 미나한(Minahan)이 제시한 사회복지실천의 목적은 다음과 같다.

① 사람들의 문제해결 및 처리능력을 향상시킨다.

② 사람들을 자원, 서비스, 그리고 기회를 제공하는 체계들과 연결시킨다.

③ 그런 체계들의 효과적이며 인도적인 운영을 증진시킨다.

④ 사회정책의 개발과 개선에 공헌한다.

다시 말하면 사회복지실천은 종종 예술(art)과 과학(science)이 통합된 응용실천분야로 불린다. 즉, 사회복지실천이 사회복지사와 클라이언트와의 관계를 중시하면서도 이론과 지식에 근거해야 함을 의미한다. 사회복지사들이 수행하는 실제적인 일련의 활동과 행동들이다. 클라이언트들은 이론으로부터 직접적인 영향을 받기보다는 사회복지사가 실제적으로 행하는 것, 즉 사회복지사가 취하는 구체적인 활동으로부터 영향을 받는다.

(3) 사회복지사의 전문성 특성

① 사회복지사가 실천을 결정하는 데 이론을 활용한다는 점

② 이론적 준거틀의 관심을 기초로 사회복지사가 실천하는 데 필요한 지식과 기술을 확보한다는 점

③ 일반인에게 활용할 수 있는 지식과 기술을 습득한다는 점

④ 이론의 체계라 할 수 있는 하나의 체계로 조직된 지식의 체계를 가지고 있다는 점

다시 말하면 사회복지사의 전문성이라는 것은 클라이언트가 갖고 있는 문제의 원인과 현재 상황을 객관적 이론에 근거하여 파악해야 하며 이들 이론에 기초한 실천기술과 개입방법을 활용해야 한다는 것이다. 즉, 전문직에서의 기술의 습득을 근거로 하는 이론체계에 대한 능숙함이며 이러한 이론체계는 고도의 교육과 훈련을 필요로 한다.

(4) 사회복지사의 실천기술

① 정의

- 클라이언트(개인, 가족, 집단, 지역사회)와의 관계에서 클라이언트와 관련된 구체적 상황에서 사회복지실천 가치와 지식에 기초를 둔 변화의 심리·사회적 과정을 지도(안내)하는 어떤 행동을 취하는 사회복지사의 능력이다.
- 특수한 상황에 맞는 적절한 기법을 선택할 뿐만 아니라 그것을 효과적으로 이용하는 능력을 필요로 한다.

② 실천의 기술요소

베어와 페데리코(Baer & Federico, 1978)는 실천의 기술요소를 다음 네 가지 영역으로 구분하였다(박세정 외, 2010 : 14).

- 정보수집과 가족 사정
- 전문적 자기 개발과 활용
- 개인 및 지역사회와의 실천 활동
- 평가

③ 기술의 두 가지 유형

- 인지적 기술 : 상황 속의 사람들을 생각하고, 사람과 상황에 관한 이해를 개발하고, 활용해야 할 지식을 명백히 하고, 중재를 위한 계획을 수립하고, 그리고 평가를 수행하는 데 사용되는 기술들이다.
- 상호작용적 기술(또는 관계적 기술) : 개인, 가족, 집단 및 지역사회와 함께 일하는 데, 이해를 전달하고 개발하는 데, 함께 계획을 수립하는 데 그리고 행동계획을 평가하는 데 사용되는 기술이다.

④ 사회복지실천의 시작단계의 기초기술

사회복지실천은 사회복지사와 클라이언트의 직접적인 만남과 신뢰관계 형성을 기반으로 이루어지기 때문에 사회복지사는 다섯 가지 기초적인 기술을 갖추어야 한다.

㉠ 원조기술

원조기술은 원조관계로 이루어지는 원조과정에서 요구된다. 원조관계에서 상호발전되는 결속을 라포(rapport)라고 한다. 라포는 클라이언트의 안녕에 대해 진실하고 확고한 관심과 고통에 대한 공감과 도우려는 열망을 나타내는 것이다. 원조관계를 형성한다는 것은 기본적으로 다음의 네 가지를 지키면서 진실한 의사소통을 발전시켜가는 것이다.

첫째, 대상자를 있는 그대로 수용하는 것이다. 둘째, 대상자를 독립적인 개인, 고유한 존재로서 대하는 것이다. 셋째, 대상자의 자기결정권을 존중하는 것이다. 넷째, 대상자의 각자의 보조에 맞추어 활동하는 것이다(개별화).

이윤로(2007)는 원조관계는 일반적 관계와 다음과 같은 특성이 있다고 하였다.

- 초점과 목적이 있다.
- 전문적 관계이다.
- 기관지침과 법률의 범위 내에서 비밀보장의 원칙을 지킨다.

- 윤리적이어야 한다.
- 클라이언트와 함께 서비스계획을 수립해야 한다.
- 수용적인 의사소통을 해야 하며, 보살핌, 온정, 진실성, 감정이입을 전달해야 한다.
- 관계형성은 사회복지사의 욕구충족을 위해서가 아니라 클라이언트의 욕구충족을 위해서이다.
- 관계형성은 상호합의된 목표가 이루어지면 종결된다.

㉡ 관여기술

- 사회복지사는 자신의 목표나 역할이 명확히 드러나야 하며, 클라이언트의 목표와 역할 및 위치를 명확하게 구분하여 도움의 과정에 장애물이 없도록 관여해야 클라이언트의 모든 사소한 면들에 관한 이해와 배려를 하고, 그들의 저항이 최소화되도록 관여기술이 요구된다.
- 사회복지사는 계약과정을 형성하기 위해 부정적 요소들을 제거하고 개방적이 되려고 노력하며, 정직하고 비심판적이며, 현실적이고 신뢰성 있게 관여해야 한다(김정진, 2008 : 43).

㉢ 관찰기술

- 관찰기술은 단순히 보는 것(seeing)이 아니다. 즉, 클라이언트가 이야기하는 것과 동시에 이야기하지 않은 것은 물론, 클라이언트의 이야기에 숨겨진 의미도 해석해 보아야 한다.
- 그 외에도 클라이언트의 신체적 표현, 몸의 긴장, 얼굴의 변화, 땀흘리는 것, 흥분하는 모습, 낙담하는 모습 등도 통찰력으로 이해해야 한다.
- 관찰기술은 무엇을 볼 것인가를 선택하는 것도 포함하며, 항상 목표지향적(goal-directed)이어야 한다.

㉣ 의사소통기술

• 사회복지사는 대상자와의 생각, 정보, 감정 등을 전달하고 돕는 상황에서 의사소통을 가장 중요한 도구로 활용하고 있다.

• 의사소통기술은 클라이언트의 성격 내지 일반적 관심에 상응해서 이해가 되어야 하며, 이는 언어와 비언어적인 방법들에 의해 이루어질 수 있다. 특히 비언어적인 의사소통의 방법은 중요한 정보뿐만 아니라 말로 표현할 수 없는 감정도 전달해야 한다.

㉤ 상담기술

• 사회복지사가 사용하는 일반적으로 사용하는 상담기법으로는 격려, 바꿔 말하기와 반영, 명료화와 성찰, 인식의 검토와 초점화, 요약 해석과 직면, 정보제공, 계약, 중재 등이 가장 공동적으로 활용된다.

강 조 점	
사회복지사	효과적이고 전문적인 사회복지실천을 위해서 인간과 사회환경에 대한 다양한 이론이 무엇인지를 선택하고 이를 활용하는 전문적 변화매개인이다.
사회복지실천 기술	클라이언트체계와의 관계에서 사회복지실천의 가치와 지식에 기초하여 클라이언트와 관련된 특별한 상황의 변화를 위하여 심리·사회적 개입을 할 수 있는 사회복지사의 능력을 의미한다.

2) 사회복지실천기술의 핵심적 기술

초보수준의 사회복지실천의 본질적인 기술을 명백히 설명하기 위하여 많은 노력이 있어 왔다. 지금까지 제시된 핵심적인 실천기술에 관한 개념들 간에는 많은 유사성이 있지만, 아직 이들 핵심기술에 관하여 충분한 의견일치는 없다.

(1) 사회복지실천기술을 수행하기 위한 사회복지사의 역할과 활동

사회복지실천현장은 넓은 의미로는 분야(field) 또는 영역을 말하며 좁은 의미로는 장소(setting)를 말한다.

실천현장에서 사회복지사의 역할은 다음과 같다.

첫째, 연계서비스로 자원, 서비스 그리고 기회를 사람과 연결하는 작업

둘째, 클라이언트 개인의 문제해결 및 적응능력 향상을 위한 지지적 역할 제공

셋째, 기관이나 조직을 위한 옹호, 조성, 프로그램개발, 수퍼비전 제공

넷째, 사회정책 개발을 포함한다.

사회복지사가 관여하는 업무는 다음과 같다.

첫째, 조직이해와 기관운영 업무

둘째, 프로그램 개발과 모금

셋째, 기관 간의 연계와 협조

넷째, 지역사회와의 협조

다섯째, 업무량 관리와 자기개발 등이다.

따라서 현장에서 사회복지사는 다음과 같은 다양한 역할로 불리기도 한다.

① 아웃리치 사회복지사(outreach worker; 현장개입가): 욕구를 확인하기 위하여 지역사회로 찾아가 서비스 기관에 의뢰한다.

② 브로커(broker): 이용 가능한 서비스를 알고 필요로 하는 서비스를 확인하여 적절한 서비스를 제공한다.

③ 대변자: 클라이언트들이 거절당했을 때 서비스를 제공받을 수 있도록 돕고, 더 많은 욕구를 가진 사람들을 도울 수 있게 서비스를 확장하도록 돕는다.

④ 평가자: 욕구와 자원을 평가하고, 욕구를 충족시키기 위한 대안들을 마련하

고, 결정한다.

⑤ 교사 : 사실과 기술을 가르친다.

⑥ 동원자 : 새로운 서비스를 개발하도록 돕는다.

⑦ 행동 변화자 : 클라이언트의 특정한 행동을 변화시킨다.

⑧ 자문가 : 서비스를 더욱 효과적으로 제공할 수 있도록 다른 전문가들과 함께 일한다.

⑨ 지역사회계획가 : 지역사회의 사회복지욕구충족을 위하여 지역사회집단계획을 효과적으로 세운다.

⑩ 보호제공자 : 사람들이 문제를 충분히 해결할 수 없고, 자신의 욕구를 충족시킬 수 없을 때 지지적 서비스를 제공한다.

⑪ 자료 관리자 : 의사결정에 필요한 자료를 수집하고 분석한다.

⑫ 행정가 : 서비스 프로그램을 계획하고 이행하는 데 필요한 활동을 수행한다.

(2) 사회복지실천에 있어서 초보 사회복지사의 필수적인 능력(기술) (Baer, 1979 : 106)

① 사람과 사회제도 간의 관계를 시작하고, 증진하고, 회복하고, 보호하고, 또는 종결해야 할 필요가 있는 상황을 확인하고 사정하는 것

② 문제사정과 획득할 수 있는 목표와 이용 가능한 선택의 탐색에 기초를 둔 인간의 안녕을 개선하기 위한 계획을 개발하고 이행하는 것

③ 사람의 문제해결, 대처 그리고 발달능력을 증진하는 것

④ 인간을 자원, 서비스 및 기회를 제공하는 체계와 연결하는 것

⑤ 가장 취약하고 차별 받는 사람들을 위하여 효과적으로 중재하는 것

⑥ 체계가 서비스, 자원 및 기회를 사람에게 제공하도록 효과적이고 인도적인 운영을 도모하는 것

⑦ 새롭게 수정되었거나 개선된 서비스, 자원 또는 서비스의 소비자들에게 보다

정당하고, 공정하고, 반응적인 기회체계를 만드는 데 다른 사람과 함께 적극적으로 참여하고, 부당한 체계를 제거하려는 사람과 함께 일하는 것
⑧ 중재의 목표가 달성된 정도를 평가하는 것
⑨ 실천 행동과 기술의 사정을 통한 전문직의 성장과 발달을 계속적으로 평가하는 것
⑩ 전문직의 기준이나 윤리에 적합하고, 지지하고, 유지하는 전문직의 지식기초를 확대해 나감으로써 서비스 전달의 개선에 기여하는 것

(3) 사회복지실천을 위한 필수적인 기술–미국사회복지사협회(NASW)

① 이해와 목적을 가지고 다른 사람을 경청하는 기술
② 정보를 끌어내고, 사회력, 사정 및 보고서를 준비하기 위한 적절한 사실을 모으는 기술
③ 전문적인 관계를 만들고 유지하며, 관계 안에서 자신을 활용하는 기술
④ 언어적 및 비언어적 행동을 관찰, 해석하며, 성격이론과 진단적 방법의 지식을 활용하는 기술
⑤ 클라이언트가 자신의 문제를 해결하는 노력과 신뢰를 얻도록 하는 기술
⑥ 비위협적인 지지적 방식으로 민감한 정서적 주제들을 토의하는 기술
⑦ 치료적 관계의 종결과 어떻게 종결할 것인가를 결정하는 기술
⑧ 조사연구의 결과와 전문적 문헌을 해석하는 기술
⑨ 후원자, 시민, 또는 법률가들에게 사회적 욕구를 해석하고 전달하는 기술

(4) 사회복지실천에 필요한 사회복지사의 본질적인 능력(기술)–미국사회복지사협회(NASW)

① 명백히 말하고 기록할 수 있는 능력

② 다른 사람을 가르칠 수 있는 능력
③ 정서적 괴로움이나 위기상황에서 지지적으로 반응하는 능력
④ 전문적 관계에서 역할모델을 제공하는 능력
⑤ 복합적인 심리사회적 현상을 해석하는 능력
⑥ 임명된 책임을 완수할 수 있게 업무 부담을 조정하는 능력
⑦ 다른 사람을 돕는 데 필요한 자원을 확인하고 얻는 능력
⑧ 인간의 행동이나 감정을 사정하고 도움이나 자문을 활용하는 능력
⑨ 집단활동에 참여하고 지도하는 능력
⑩ 스트레스 상태에서 기능하는 능력
⑪ 갈등상황이나 다투기 좋아하는 성격을 다루는 능력
⑫ 사회적 · 심리적 이론을 실천상황에 관련짓는 능력
⑬ 문제해결에 필요한 정보를 확인하는 능력
⑭ 기관의 서비스나 자신의 실천에 관한 조사연구를 하는 능력

3) 사회복지실천기술의 이전성

사회복지실천기술의 이전성은 사회복지사들이 지식에 기초하여 사회복지현장에서 실천하며, 각 상황에서의 일반성과 특수성을 평가함으로써 새로운 상황에 그들의 지식과 학습한 내용을 적용할 수 있는 것을 의미한다(CCETSW, 1995a : 19).

(1) 각 상황에서의 일반성과 특수성 평가

사회복지사들이 지식에 기초하여 실천하며, 각 상황에서의 일반성과 특수성을 평가함으로써 새로운 상황에 그들의 지식과 학습한 내용을 적용할 수 있어야 한다.

(2) 인간행동에 관한 이론 이해

사회복지사들은 상이한 상황에 적합한 기술을 위해 특수한 사회상황에 있는 인간에 관한 올바른 이론적 이해에 기초를 두어야 한다. 이것은 인간행동과 관련된 이론의 이해를 포함한다. 기술은 반드시 일상적인 행동이 아니라 개인 클라이언트와 관련하여 인간행동에 관한 이론을 이해하는 것이다.

(3) 사회복지사들이 도움을 주는 클라이언트

사회복지실천은 사회복지사가 클라이언트에게 어떤 변화를 가져오기 위하여 구체적인 활동이나 행동으로 영향을 미치는 것이라 할 수 있다. 여기서 클라이언트는 서비스의 소비자로서 개인이라는 좁은 관점으로 이해될 수 있으나 일반적으로 이보다 더 넓은 의미로 이해된다. 즉, 사회복지사들이 도움을 주는 클라이언트는 개인, 가족, 소집단, 조직, 이웃, 지역사회 및 보다 더 큰 사회체계를 의미한다.

(4) 사회복지사의 활동단계

클라이언트체계를 돕는 사회복지사의 활동은 일반적으로 여러 가지 변화과정의 단계에 따라 수행된다. 이러한 활동단계는 학자들에 따라 다르게 설명하고 있고, 사회복지실천의 수준에 따라서도 다르게 설명하고 있다(예 : 사회복지실천 과정을 사회복지실천 현장에 따라 초기과정, 사정과정, 계획과정, 변화과정, 종결과정으로 구분하거나, 초기단계, 중간단계, 종결단계 등으로 구별한다).

강 조 점	
사회복지사	사회복지사는 사회복지실천에 있어서 이러한 다양한 기술을 선택하여 적용하는 능력을 가지고 있어야 한다.
사회복지실천기술	사회복지실천기술은 사회복지실천과정을 통하여 클라이언트를 돕는 사회복지사의 능력이다.

2. 사회복지실천기술의 활용

사회복지사의 이론적 기반, 이론과 실천의 관계, 그리고 사례를 들어 10가지 실천 선택들이 어떻게 활용되는가를 살펴보며 실천현장에서 사회복지사의 전문적인 특성을 알아본다.

1) 실천기술의 이론적 기반

(1) 사회복지실천이론의 응용 지식

사회복지실천이론은 다른 학문, 특히 사회학, 사회심리학 그리고 심리학으로부터 지식을 차용해 왔다. 따라서 사회복지사는 다양한 학문적 이론에 기반을 두어야 한다. 다음은 사회복지사의 이론적 기반요소들이다.

① 관찰 : 사회복지사들이 보는 것과 주의해야 하는 것을 말해 준다.

② 서술 : 관찰을 정리하고 조직화할 수 있는 개념적 용어와 준거틀을 제공한다.

③ 설명 : 상이한 관찰들이 어떻게 연결될 수 있는가를 제시하며, 한 사건과 다른 사건 간의 가능한 인과관계를 설명한다.

④ 예측 : 다음에 일어날 수 있는 것을 예상할 수 있다.

⑤ 중재 또는 개입: 변화를 가져오기 위하여 수행해야 하는 것을 제시한다.

(2) 사회복지사의 지식 기초

사회복지사들이 자격을 취득하기 위하여 갖추어야 할 것으로 요구되는 지식 기초를 6가지로 분류하였다(영국의 사회복지교육훈련협의회).

① 의사소통과 계약

② 승진과 자격부여

③ 사정과 계획

④ 중재와 서비스 제공

⑤ 조직 내에서의 활동

⑥ 전문적 역량의 개발

(3) 사회복지실천현장

사회복지실천현장은 실천대상자인 클라이언트에게 접근하는 수준과 실천 방법에 따라 달라질 수 있다. 사회복지사들이 활동하는 분야는 실로 다양하다.

사회복지사들의 활동 분야는 다양한 방법으로 나눌 수 있는데, 사회복지실천현장은 주된 사업으로 하는 1차적 현장 기관(primary setting)과 주된 사업이 사회복지사업은 아니지만 사회복지 업무가 필요한 2차적 현장 기관(secondary setting)으로 나누어 볼 수 있다. 최근 들어 사회복지시설이라고 하는 1차적 기관 이외에도 다양한 분야에서 사회복지사들을 필요로 하고 있다. 사회복지사들이 근무하는 현장을 이해한다면 사회복지를 공부하는 학생들은 훨씬 구체적이고 현실적으로 이론과 실천을 경험할 수 있을 것이다(이애재, 2013: 62).

■ 사회복지사의 직접적 활동에서의 영역

다음의 분류는 클라이언트에 대한 직접적인 활동에서 사회복지사에게 요구되는 10가지 공통된 이론 및 기술의 영역이다.

표 1-1 사회복지사의 직접적인 활동에서 요구되는 공통 이론 및 기술의 영역

기술영역	사회복지사의 직접적 활동내용
(1) 실천방향	• 개인과의 활동(개인수준 실천) • 가족과의 활동(가족수준 실천) • 집단사회사업(집단수준 실천) • 지역사회복지(지역사회수준 실천)
(2) 실천이론 (접근)	사회복지실천에 있어서 주요 실천이론(접근) • 행동주의이론 • 위기개입이론 • 가족치료이론 • 정신분석이론 • 기능주의이론 • 심리사회이론 • 문제해결이론 • 클라이언트중심이론 • 과업중심이론 • 사회사업통합(체계)이론 • 현실치료이론 • 합리, 정서이론 • 사례관리이론 등
(3) 관점	사회복지실천의 특별한 견해에서 나온 요인들을 명백히 하는 주요관점들 • 반차별적 관점 • 반억압적 관점 • 반인종차별적 관점 • 페미니스트 관점 • 이용자 또는 생존자 관점 • 급진적 사회복지 관점 • 기타
(4) 기술과 중재	실천방향, 실천접근 그리고 관점에서 제시한 15개 실천과 중재기술을 포함한다. • 면접을 위한 준비 • 전문적 관계 수립 • 환영하는 기술 • 공감과 동정 • 자기지식과 직관 • 개방질문 • 폐쇄질문 • '무엇'이라는 질문 • 순환질문 • 바꾸어 설명하기 • 명료화하기 • 요약하기 • 피드백 주고받기 • 면접의 핵심과 목적을 고수하기 • 고취시키기 • 검증하기

기술영역	사회복지사의 직접적 활동내용
	• 침묵에 대처하기 • 면접 종결하기 • 충고하기 • 설명하기 • 재보증하기 • 물질적 원조하기 • 보호하기 • 재구성하기 • 적응 • 불안을 억누르기 • 협상하기 • 동반자관계에서 일하기 • 대변기술 • 도전하기와 대결하기 • 보호하고 통제하기 • 기록유지 기술 • 지도감독 등 • 자기노출 이용하기 • 사례 종결하기 • 정보 제공하기 • 격려하기 • 설득하기와 지시하기 • 지지하기 • 모델링과 사회기술훈련 • 해석하기 • 상담기술 • 권한부여 • 연계하기 • 조정기술 • 주장기술 • 적개심, 공격과 폭력 다루기 • 전문적 영역을 관리하기 • 반영기술
(5) 실천장면	상이한 실천장면에서 일하는 것을 포함한다. • 직장 • 사회복지시설 • 병원 • 가정 • 교도소와 주간보호센터 • 학교 • 특수한 서비스 이용자들에게 적절한 더욱 자연적인 장면이나 상황
(6) 집중수준	비집중적 수준: 이것은 실천 활동이 종결단계에 가까워지고, 사례가 끝날 무렵이 되기 때문에 또는 활동이 보다 빠른 속도로 진행될 수 없는 경우이다. 서비스 이용자와의 접촉이 격주로 이루어지는 덜 집중적인 활동이다.
	중간(보통) 수준: 이것은 실천활동이 진행 중이고 서비스 이용자, 가족구성원들, 그리고 다른 전문가들과 적어도 일주일에 한 번 접촉하는 경우이다. 매주 관계를 가지기 위하여 상담, 가족활동 또는 개인상담이 이 수준으로 이루어진다.
	집중적 수준: 이것은 실천활동이 요구되며 제시된 문제가 다면적이고, 심각하고, 영속적이고 복잡한 경우이다. 서비스 이용자, 여러 가족구성원들이나 다른 전문가들과 일주일에 두 번 이상의 접촉을 의미할 수 있다.

기술영역	사회복지사의 직접적 활동내용
(7) 기간	제시된 문제와 관여한 개인에 따라 활동시간의 범위가 다양하고 기관의 정책에 따라 다양하다. • 단기(12주까지) • 중기(12주에서 26주까지) • 장기(26주 이상)
(8) 기술수준	기본적 기술: 이것은 공감, 관계나 라포 형성과 같은 대부분의 사회복지중재에서 요구되는 기초기술과 관련된다.
	중간적 기술: 이것은 서비스 이용자들과 계약하기가 쉽지 않고 반응을 하지 않는 어려운 상황을 다루는 데 요구되는 기술과 관련된다.
	심층적 · 전문적 기술: 이 기술은 다면적이고 다루기 어려운 갈등, 적기심 또는 고도의 고통에 관여하는 상황에서 문제를 다룰 수 있는 전문적 지식을 요구하며 상담훈련기술이나 치료기술 등으로 활동하는 것과 관련된다.
(9) 실천 강조	이것은 활동이 초기, 중간 또는 종결단계에 있는가에 따라 다양하다. (예) 초기단계: 관계형성, 중간단계: 관계 및 신뢰감 강화, 종결단계: 자원체계연계 등
(10) 지도감독, 자문, 훈련 및 지지 구조	이것은 사회복지사가 실천활동에서 효과적인 기술과 전문성을 개발하도록 하기 위하여 어떤 자문, 지도감독 등을 시도하는 것이다.

출처: 전재일 외(2010 : 39)
주: 실제 다른 사례를 위의 표에 적용해 본다.

2) 전문 사회복지사에 필요한 핵심적 특성

펄먼(Perlman, 1979)에 따르면, 사회복지사와 클라이언트의 전문적 관계는 다음의 몇 가지 점에서 다른 전문직의 활동에서 발생되는 관계와는 차이가 있다고 한다.

- 목적에 대한 인식과 합의에 의하여 근거해 이루어진다.
- 시간이 제한되어 있다.

- 클라이언트를 위한 것이다.
- 권한(authority)을 수반한다.
- 통제된 관계의 특성을 갖는다.

유능한 전문 사회복지사들이 클라이언트를 대상으로 하는 서비스를 제공할 때 필요한 8가지 본질적인 특성은 다음과 같다.

(1) 공 감

공감(empathy)은 사회복지사로 하여금 클라이언트를 민감하게 감지할 수 있게 도와준다. 클라이언트와의 공감적 연대를 통해 전문적 관계를 더 발전시킬 수 있고 생산적으로 만들 수 있다. 또한 클라이언트들이 경험하는 문제에 대한 현실적 시각을 가질 수 있다.

(2) 존 중

존중이란 타인을 통제하지 않으면서 따듯함과 보호를 느끼게 하는 태도이며, 타인을 조건없이 긍정적으로 바라본다는 것을 의미한다. 사회복지사로서 때로 매우 다른 사람들과 일을 하게 될 수도 있으며, 어떤 사람은 사회복지사를 싫어할지도 모르지만 그렇더라도 사회복지 전문직으로서 우리는 클라이언트를 존중하고 보호를 느끼게 하면서 수용해야 한다.

(3) 진실성

진실성이란 자연스럽고, 거짓 없고, 꾸밈없으며, 객관적이고 개방적이며 방어적이지 않은 방식으로 행동함으로써 자신을 나누는 것을 말한다. 진실성은 때로 전문

사회복지사는 냉정하고 침착하다는 일반적 생각과 상반되는 것으로 보일 수 있다. 그러나 사회복지실천에서의 전문성은 딱딱하고 공식적이거나 지나치게 통제된 태도를 견지하는 것을 의미하지 않는다. 사회복지사는 자신을 무감동하고 초연하며 마치 컴퓨터와 같은 기술자로 표현해서는 안 된다. 물론, 이러한 진실성의 고수와 함께, 우리가 항상 기억해야 할 것은 원조관계란 기본적으로 사회복지사를 위한 것이 아니라 클라이언트를 위한 것이어야 한다는 점이다.

(4) 자기이해

다른 사람을 돕는 데 있어 자신을 효과적으로 활용하기 위해서는 사회복지사 스스로에 대한 철저한 이해가 있어야 한다. 물론 자기이해란 인생의 전 과정을 통해 이루어지는 것이다. 그러나 사회복지사로서 클라이언트에게 해가 될 수 있는 기회를 최소화할 수 있도록 가능한 스스로에 대해 알아야 한다. 만일 사회복지사가 자기 스스로를 이해하지 못한다면, 원조과정에 손상을 줌으로써 클라이언트에게 손해를 끼칠 위험에 처하게 될 수도 있다.

(5) 자기통제

전문적 사회복지실천에는 자기이해 외에도 자기통제와 자기훈련이 필요하다. 사회복지사는 자신의 생각, 감정, 말, 제스처, 행동 등을 관리할 수 있어야 한다. 또한 다른 사회복지사가 감정에 휘말리게 되는 경우 그들이 사회복지 전문직의 가치와 윤리, 지식, 그리고 달성해야 할 목적을 지킬 수 있도록 도와준다. 아울러 전문적 수행을 방해할 가능성이 있는 부적응적 행동도 통제할 수 있어야 한다. 예를 들어, 알코올이나 마약 등은 사회복지사로서의 능력 수행에 지장을 초래할 수 있다.

자기통제는 전문적 사회복지실천에 매우 중요하다. 자기통제에는 다른 대안이 없다. 만일 자기 탐구와 자기 검토의 계속적 과정을 통해 자신의 습관적 사고나 감정, 행동을 관리할 수 없다면, 과연 자신이 사회복지사로 적절한지에 대해 심각하게 반문해 보아야 한다.

(6) 사회복지실천의 가치, 윤리, 의무에 대한 이해

사회복지사는 사회복지실천의 가치와 윤리는 물론 전문적 원조자의 법적 의무를 철저히 이해하고 있어야 한다. 이를 통해 전문적 실천의 토대가 마련되기 때문이다. 사회복지사로서 사회복지의 윤리와 실천에 대한 이해는 윤리강령에 친숙해지는 것 이상을 의미한다. 이를 위해 각 국의 사회복지협회에서는 나름의 윤리강령을 제정하여 기준을 제시하고 있다.

(7) 전문적 지식

사회복지사에게 요구되는 전문적 지식은 앞에서 논의한 바 있다. 가령 인간의 행동과 관련된 이론과 연구, 다양한 집단과 문화와 관련된 이론과 연구, 명확하고 정교한 의사소통과 관련한 과정에 대한 지식 등이다.

(8) 책임성 있는 자기주장

책임성 있는 자기주장은 유능한 사회복지사의 또 다른 중요한 특성이다. 책임성 있는 자기주장이란 말은 자신의 생각과 느낌을 타인의 권리와 존엄성을 침해하지 않는 방식으로 표현하는 것을 의미한다. 사회복지사로서의 역할과 기능을 충실히 수행하기 위해서는 자신을 분명히 표현할 수 있어야 한다. 여기서 말하는 책임성 있는 자기주장의 개념은 전문 사회복지사로서 자신의 지식과 의견을 표현하는 능력과 방식을 말한다.

토론해 봅시다

01. 본인이 관심을 갖는 실천분야는 어디인가?
그 분야에서 일하고 있는 사회복지사들은 실제로 어떤 일을 하고 있다고 생각하는가?

02. 사회복지시설 중에서 생활시설을 혐오시설로 여겨 시설이 들어오는 것을 반대하는 주민들을 어떻게 설득할 것인가? 주민을 설득할 수 있는 논리적 근거는 무엇인가?

03. 길거리에서 한 걸인이 돈을 요구한다면 어떻게 할 것인가? 돈을 준다면? 돈을 안 준다면 대안은 무엇인가 논의하시오.

CHAPTER 02

의사소통기술

1. 의사소통기술의 기초적 이해
2. 의사소통기술의 분류

제2장 의사소통기술

사회복지사가 실천현장에서 가장 기본적으로 요구되는 기술은 의사소통기술이다. 특히 이 기술은 클라이언트, 직원 간, 지역주민 등과의 인간관계에서 필수적인 핵심이다. 따라서 본 장에서는 사회복지사로서 의사소통기술의 전반적인 개념 등을 습득하여 의사소통기술을 기초로 하는 인간관계훈련에 적용함으로써 사회복지사의 의사소통기술을 함양시키고자 한다.

1. 의사소통기술의 기초적 이해

인간은 가족, 지역사회, 일터 등에서 수많은 사람들과 소통하고 관계하며 살아간다. 모든 인간관계는 상호 간의 의사소통에 의하여 이루어지므로 상호 간에 어떻게 의사소통을 하느냐에 따라 관계의 질이 좌우된다.

의사소통기술을 이해하기 위해서는 먼저 의사소통의 원칙, 건설적이고 효과적인 피드백, 의사소통을 방해하거나 왜곡하는 망, 의사소통 유형과 본질적 요소, 언어적 의사소통 및 비언어적 의사소통, 효과적인 의사소통의 방법, 의사소통기술향상을 위한 자기표현 등의 기본적인 이해를 도모하고자 한다.

1) 의사소통의 원칙

① 항상 의사소통을 할 수밖에 없다.

② 모든 의사소통은 내용과 관계라는 두 가지의 양면적인 차원을 가지고 있다.

③ 의사소통의 내용과 관계수준 사이를 파악하고 구분해야 한다.

④ 언어적 의사소통과 비언어적 의사소통의 두 종류로 나눌 수 있다.

⑤ 의사소통은 기본적으로부터 대칭적이거나 상호보완적 유형을 지니고 있다.

2) 건설적이고 효과적인 피드백(feed-back)

① 성격보다는 행동에 대해서 말할 것

② 판단하기보다는 정보를 교환할 것

③ 충고나 해결방안보다는 대안을 제시할 것

④ 타인에게 자유로운 제안을 하되 강요하지 말 것 등

3) 의사소통을 방해하거나 왜곡하는 망

① 과거의 경험

② 선입견

③ 고정관념

④ 잠재적 의도

⑤ 물리적 환경 등

4) 의사소통 유형과 본질적 요소

(1) 의사소통의 세 가지 유형

① 직선적 유형
② 순환적 유형
③ 나선적 유형

(2) 의사소통의 본질적 요소

① 체계적임
② 지각과 밀접한 관계임
③ 의미와 융합함
④ 과정적 성격임

5) 언어적 의사소통 및 비언어적 의사소통

(1) 언어적 의사소통

사회복지실천에서 의사소통, 특히 언어적 의사소통을 핵심적인 것으로 훌륭한 의사소통을 하기 위해서는 다음과 같은 태도를 가져야 한다.

① 모든 인간은 독특한 방법으로 사건을 인식하고, 경험하고, 상호교환 한다는 것을 이해한다. 그러므로 의사소통에 있어서 어느 정도의 오해는 예상해야 하고 이러한 문제를 줄여 나가려는 자세
② 남들이 이해하기 쉬운 방법으로 사고를 조직하고 메시지를 전달하려는 의지
③ 남들이 말하는 것을 들을 수 있도록 자신의 방어를 줄이는 의지
④ 말하고 있는 사람에게 주의를 기울여 듣고자 하는 의지

⑤ 자기자신의 사고와 감정, 행동에 책임을 지려는 의지
⑥ 잘 이해하고 이해받기 위해서 의사소통에 필요한 시간을 가지려는 의지가 있어야 한다.

듣는 입장에서 메시지 수신을 할 때 다음과 같은 규칙들이 필요하다.

① 말하는 것을 멈추고 듣는다. 말하는 동안에는 들을 수가 없다.
② 메시지 전달자를 편안하게 해주고 전달자의 불안을 줄이기 위해 할 수 있는 노력을 기울인다.
③ 주의를 집중하여 말이나 행동으로 당신이 듣고 싶어한다는 것을 나타내야 한다.
④ 말하는 사람을 참을성 있게 대하고 말을 끊지 않는다.
⑤ 더 잘 이해하기 위해서 혹은 전달자가 자신의 메시지를 명확히 하도록 돕기 위해서 질문을 한다.
⑥ 감정을 통제한다. 의사소통에 장애를 일으킬 수 있는 비판이나 논쟁을 하지 않는다.

또한 메시지 전달을 할 때는 다음의 규칙이 필요하다.

① 명확하고 단순한 용어를 사용한다. 분명하고 너무 빠르지 않게 말한다.
② 전달하고자 하는 메시지 내용과 몸짓이 일치해야 한다. 적절한 시선 접촉과 몸짓을 사용한다.
③ 너무 많은 정보로 수신자를 압도하지 않는다. 길고 복잡한 메시지는 몇 개의 문장으로 나누어 보다 쉽게 이해될 수 있게 한다.
④ 수신자가 잘 이해했는가를 확인하기 위해 질문이나 코멘트 등 피드백을 요구한다.

(2) 비언어적 의사소통

이애재(2013)는 사람들의 만남에서 의사소통의 약 90%는 비언어적이다. 어떤 연구자는 모든 메시지의 약 50%가 얼굴 표정, 특히 눈을 통해서 전달되며 또한 약 30%는 목소리의 어조나 음조 등을 통해 표현된다고 하고 있다. 사회복지실천 상담 면접 시에 클라이언트의 비언어적인 의사소통에 집중하여 살펴보면 사회복지사는 자신이 클라이언트에게 어떻게 인식하고 있는지를 알 수 있다. 비언어적 행동의 관찰은 클라이언트가 말하는 것이 그의 사고나 감정과 일치하는지 알려준다고 하였다(이애재, 2013 : 190-192).

① 시선접촉

의사소통에 있어서 시선접촉은 커뮤니케이션의 중요한 수단이다. 눈을 마음의 창이라고 하는 것처럼 눈은 우리의 감정 상태에 대해 많은 것을 알려준다. 시선접촉은 의사소통에 참여하겠다는 뜻의 표시이고, 민감성과 이해를 나타내는 표시이다.

시선접촉이 없는 것은 진실성이나 흥미가 없는 것으로 해석되기도 한다.

클라이언트에게 눈을 맞추고 있는 것이 중요하지만 지나치게 응시하거나 노려보게 되면 무례함이나 분노로 받아들여질 수 있다. 또 어떤 문화권에서는 강하게 쳐다보는 것이 허용되지 않기도 한다.

② 목소리의 어조

목소리의 어조에 따라 클라이언트가 받아들이는 것이 달라질 수 있다. 상대방에게 "맞아, 맞아"라는 말을 전달할 경우 같은 말도 어조에 따라 전달이 달라진다.

말할 때 목소리의 높낮이는 말하는 사람의 감정 상태를 나타낸다. 목소리가 너무 크고 강할 경우 상대방으로 하여금 공격적인 느낌을 갖게 할 수 있다. 그리고 약하고 잘 들리지 않는 어조는 철회나 두려움, 약함을 나타내기도 한다. 또한 단조로운 어조는 흥미가 없다는 것을 나타낸다. 자신의 억양이 지나치게 단조롭거나 소리가 작아서 잘 안 들린다거나, 말이 너무 빠르다는 등의 이야기를 자주 듣는다면 그러한 지적을 염두에 두고 개선해야 한다. 너무 빨리 말하는 경향이 있을 때에는 속도를 조금 늦추어야 하는데, 여기에는 자신의 감정을 조정해야 하는 과제가 따른다. 이러한 문제를 해결하기 위한 좋은 방법 하나는 목소리와 친숙해지는 것인데 자기 목소리를 녹음테이프에 담아서 들어보고 개선해 본다.

③ 얼굴 표정

대화의 내용은 긍정적일지라도 얼굴 표정에 따라 상대방이 부정적으로 받아들일 수도 있다. 미소를 짓고, 고개를 끄덕거리는 것, 흔드는 것, 입을 우물거리는 것, 인상 쓰는 것 등의 얼굴 표정(facial expressions)은 클라이언트를 관찰하는 자에게는 여러 가지 메시지를 보내는 것이 된다. 그러므로 좋은 인상, 좋은 표정을 습관화할 필요가 있다.

④ 팔과 손의 동작

팔과 손의 동작은 이외의 강한 느낌을 전달한다. 대화 시에 팔장을 낀다거나 손이나 발을 떤다거나 하는 행동들은 숨겨진 불안이나 분노의 표현일 수 있기 때문에 원활한 의사소통에 방해가 될 수 있다.

다리를 꼬거나 팔을 가슴에 교차시키고 있는 등 신체의 엄격한 긴장은 방어적인 태도를 나타낸다. 반면에 팔과 손이 몸의 가장자리에 있거나 뻗고 있으면 타인에 대한 개방성을 나타낸다. 주먹을 쥐고 있으면 분노나 불안의 표시이다.

⑤ 몸의 자세

몸의 자세도 의사소통에 영향을 준다. 대화할 때 어떤 자세로 앉느냐, 어느 정도 떨어져 있느냐 등은 개방적인 태도인지 아니면 방어적인 태도인지를 보여준다.

사회복지사가 클라이언트와 일대일로 대면하여 앉을 때 자리의 위치를 상호 90도

(직각)의 방향 위치로 앉는 것이 좋다. 이것이 안전성과 개방성을 나타낸다.

클라이언트를 똑바로 쳐다보는 것은 공격성을 전달할 수도 있으므로 주의한다. 클라이언트와 사회복지사가 책상을 사이에 두고 마주 앉아 상담하게 될 때에는 개방성과 밀접성을 저해하고 사회복지사가 클라이언트보다 우월한 위치에 있음을 보여주는 것이 된다.

⑥ 옷차림과 외모

외모와 옷차림도 비언어적 의사소통의 중요한 형태이다. 사회복지사는 자신의 의복이나 머리모양에 신경을 써야 한다. 아동복지기관에서 알맞은 복장이 병원이나 법원에서는 적절하지 않을 수 있다. 이처럼 청소년 클라이언트에게는 받아들여질 수 있는 의복이 나이 든 클라이언트에게는 공격적으로 느껴질 수도 있다. 어떤 기관은 정해진 의복규정이 있다. 신참 사회복지사는 수퍼바이저에게 적절한 의복의 선택 등에 대해 조언 받을 필요가 있다.

6) 효과적인 의사소통기술

말하는 사람은 자신이 무엇을 말하는지, 어떻게 말하고 있는지, 자신의 신체언어가 전달하고 있는 메시지 등에 대해서 잘 알아야 한다. 또한 그들은 듣는 사람이 메시지를 잘 이해하고 있는지를 관찰해야 한다. 듣는 사람은 말하는 사람을 관찰하고, 필요하면 질문을 하고, 무엇을 말하고 있고 어떻게 전달하고 있는지에 주의를 기울이는 등의 능동적 청취자가 되어야 한다(전재일 외, 2010 : 47-48).

(1) 효과적인 의사소통의 방법

- 감정이입을 한다.

- 장애물을 의식한다.
- 피드백을 주고받는다.
- 상대방의 말을 경청한다.
- 권력과 조작에 의한 전달을 피한다.
- 일대일로 의사소통한다.
- 상대방을 수용하고자 노력한다.
- 자기 자신과 상대방을 신뢰한다.

(2) 메시지를 계획하는 기술

사회복지사가 더 효과적인 의사소통을 하는 데 도움을 주는 기술들은 다음과 같다. 사회복지사는 의사소통을 하기 전에 다음과 같은 몇 가지 질문을 통해 메시지에 대한 계획을 세워야 한다.

① 어느 정도의 시간을 메시지 전달에 사용할 수 있는가?
② 내가 전달하고자 하는 메시지의 핵심적인 내용은 무엇인가?
③ 나의 메시지 중 어느 부분이 오해의 소지가 있고 혼란스러운가?
④ 나의 메시지를 상대방이 잘 이해하고 받아들일 수 있도록 어떻게 조작할 것인가?
⑤ 나의 메시지를 받는 사람이 언제, 어디에서 관심을 가장 잘 기울일 것인가?
⑥ 나는 이 메시지를 전달할 신뢰성과 지위를 가지고 있는가? 혹은 다른 사람이 이것을 전달하는 것이 나은가?

(3) 자신을 소개하는 기술

의미 있는 의사소통의 중요한 첫 단계는 사회복지사가 자신을 소개하는 것이다. 자신은 누구이고, 원하는 메시지나 정보의 교환에서 역할이나 책임이 무엇인지 간단히 묘사할 수 있어야 한다.

(4) 의사소통의 목적을 설명하는 기술

이 기술은 전달자가 메시지를 전달하는 이유를 언급하는 것이다. 이를 통해 수신자가 메시지를 적절한 맥락에서 파악할 수 있다.

(5) 비언어적 의사소통을 염두에 두는 기술

수신자가 메시지에 동의하고 있지 않음을 비언어적 의사소통을 통해 전달할 때 이를 염두에 두고 반응하는 시도가 필요하다.

(6) 메시지 수신을 확인하는 기술

수신자가 송신자의 메시지를 완전히 그리고 정확하게 받아들였는지 확인하기 위해서 다양한 질문과 탐색을 할 수 있다.

(7) 자신의 메시지 수신을 확인하는 기술

이것은 자신이 메시지를 받았고 전달자가 의도한 것을 오해하지 않았다는 것을 입증하기 위해 여러 가지 탐색과 질문을 사용하는 것이다.

(8) 질문에 응답하는 기술

이 기술은 질문에 대해 직접 부합하는 응답을 분명하게 하는 것이다. 이것은 단순해 보이지만 사람들은 종종 질문을 제대로 듣지 못하는 경우가 있다.

(9) 단어의 의미를 확인하는 기술

사람들은 단어나 말을 서로 다른 방법으로 사용하기 때문에 의사소통의 문제가 많이 일어난다. 의사소통을 하는 사람들이 주요 단어들을 같은 의미로 생각하고 있는지 확인하기 위한 질문이다.

7) 의사소통기술 향상을 위한 자기표현

(1) 자기표현의 정의

자기표현이란, 확신을 가지고 기술적으로 자기의 생각이나 감정을 폭넓게 전달하는 능력이며 어떤 상황에서 자신에게 도움이 되는 결정을 하도록 설득하는 대화방법을 말한다. 이것은 상대방의 감정과 입장을 고려하지 않고 계속해서 자기 생각과 입장을 강력하게 주장하는 공격적인 표현과는 다르다. 따라서 자기를 표현하는 능력이란 단지 한 가지 능력에만 국한된 것이 아니라 어떠한 상황에도 적절한 행동방식을 선택할 수 있는 능력을 의미한다.

(2) 자기표현적 사람의 특징

① 자기의 생각을 전달함
② 의견표현을 두려워하지 않음
③ 요청, 설명을 할 줄 암
④ 항상 감정표현을 적절하게 함
⑤ 자신감이 있음
⑥ 자신의 두려움을 다스릴 수 있는 용기가 있음
⑦ 기술을 하나 더 가졌다고 자부함

(3) 자기표현의 방법

① 자기표현을 할 때는 상황에 따라서 구체적으로 한다.

② 상대방의 인격이나 입장, 감정을 충분히 고려하면서 솔직하게 상대에게 직접 자신의 권리를 자기표현으로 주장한다.

③ 말소리는 분명하게, 적당히 큰 목소리로 안정된 태도로 말한다.

④ 상대의 시선을 피하지 말고, 자신 있게 말한다.

⑤ 나의 생각을 자기표현으로 주장하는 것만이 해결책은 아니다. 항상 자기표현으로 주장할 필요는 없다.

⑥ 자기표현적인 주장을 하지 않다가 갑자기 주장하게 되면 다른 사람들은 그것을 공격적이라고 생각하기 때문에 고려해야 한다.

⑦ 불안을 느낄수록 주장하는 데 곤란을 느낀다. 그러므로 처음에는 불안을 덜 느끼는 이야기부터 시작한다.

⑧ 자기표현적 주장하기를 통해서 자신이 원하는 바가 이루어지기도 하고 그렇지 못하기도 한다. 설령 구체적인 소득이 없었다고 하더라도 노력해 보았다는 자체에 만족을 얻을 수 있는 것이다.

⑨ 설득적 행동에는 타인에 대한 좋은 점을 얘기하는 것도 포함된다.

⑩ 새로운 것을 시도하는 것은 처음에는 불편하고 이상하게 보일지도 모른다. 인내심을 가지고 행동하면 점점 쉽고 자연스럽게 된다.

(4) 자기표현적인 방법으로 기대되는 결과

① 개인성장 및 상호성장

② 스트레스 대응능력 증대

③ 문제해결의 열쇠로서 활용

④ 사회생활에 대한 긍정적인 태도

⑤ 상호자존심이 높아짐

⑥ 자기문제영역 검토

(5) 비자기표현의 결과 및 근원

① 비자기표현의 결과

- 사회적 손실
- 심리적 손실
- 정신 및 신체 건강상 손실

② 비자기표현의 근원

- 더 좋은 모델의 결핍
- 비자기적 행동의 강화
- 자기표현 행동에 대한 처벌 경험
- 한 가지 이상의 신화적 믿음 등

(6) 나 전달법

"나 전달법"은 효과적인 의사소통을 하는 메시지 구조의 한 유형이다. 이 구조는 분명하고 직접적인 메시지를 보낼 수 있고 메시지를 받는 사람이 방어적이지 않도록 하는 방법이다. 나 전달법은 특히 갈등이나 논쟁이 벌어지는 상황에서 토론이 무익한 말싸움이 되지 않도록 하면서 서로 간의 실망이나 분노, 좌절 등의 감정을 적절히 표현할 수 있도록 하므로 의사소통에서 매우 유익한 방법이다.

① You-Message

우리는 일상적인 대화에서 You-Message를 너무 많이 사용하는 경향이 있다. 예를 들어 "너는 방을 꼭 치워야 해", "너는 네 스스로 더 솔직해야만 해", 혹은 "너는 나를 정말 미치게 만들고 있고"하는 식이다. 이러한 메시지는 잘 전달되더라도 듣는 쪽의 사람이 기분을 상하게 할 수 있다. You-Message는 다른 사람의 필요한 행동변화를 요구하는 것을 목적으로 하지만 대개는 변화에 대한 부가적인 저항으로 끝나곤 한다.

You-Message의 다른 형태로는 지시나 명령("그거 하지마"), 비난이나 낙인식의 이름을 붙이는 것("너는 마치 아이처럼 구는구나"), 해결책을 제공하는 언급("너는 그 생각을 버리고 내 충고를 받아들이는 것이 좋겠다")이 있다. 아마도 You-Message의 가장 혼란스러운 형태는 "만약 ...한다면"식의 위협이다. 예를 들어 "네가 이것을 하지 않는다면 그때 너를 가만두지 않겠다", "네가 이번에 한번만 더 결석하게 되면, 이제 더 이상 너를 도와주지 않을 것이다" 등이다.

② I–Message

I-Message는 의사소통을 가로막는 You-Message와는 대조적으로 다른 사람의 행동을 비난적이지 않은 방법으로 그 행동이 영향에 대해 표현할 수 있게 한다. 이때 그 문제행동을 수정할 책임은 당사자에게 남겨둔 채로 행동의 영향을 표현하는 것이다. 사실상 I-Message는 "이것이 나의 관심사다. 이게 내가 느끼는 것이다. 그 일로 난 이렇게 당황하게 되었다"는 식으로 표현한다. I-Message는 비난하거나 책임을 묻는 대신에 "난 당신 행동에서 변화가 필요하다는 결심을 할 것으로 믿는다"는 것을 암시적으로 전달한다. I-Message는 세 부분으로 구성된다.

- 특정행동에 대한 간결하지만 분명한 묘사
- 그 특정행동으로 인해 경험된 감정
- 그 특정행동으로 인한 명백한 영향의 묘사

예를 들어, 나 전달법을 사용하는 사회복지사는 클라이언트에게 다음과 같이 말한다.

> 당신이 우리와 약속한 시간에 나타나지 않았을 때(구체적 행동) 나는 놀라고 당황했습니다(감정). 왜냐하면 난 기다리는 것을 좋아하지도 않지만 내 일과 스케줄을 어렵게 만들어 버렸거든요(명백한 영향).

I-Message는 매우 널리 적용할 수 있는 기본적인 의사소통기술이다.

사회복지사는 이러한 메시지를 클라이언트나 다른 전문직과의 대화에 많이 사용하는 것이 필요하다. 또한 이러한 기술은 부모와 자식 간 혹은 부부간과 같은 일반적인 대인관계의 문제를 스스로 해결할 수 있도록 원조하는 기술로서 클라이언트에게 가르칠 수도 있다.

'나－전달법'의 공식 절차는 다음과 같다.

- 감정의 원인에 대한 진술
- 감정의 확인에 대한 진술
- 타인에 영향에 대한 진술

위의 세 가지 진술방법을 구체적으로 설명하면 다음과 같이 묘사할 수 있다.

> 당신이 _______했을(할) 때 _______했(한)다.
> 왜냐하면 당신의 그 행동(말)은 나의 감정을 _______하게 만들기 때문이다.
> 따라서 나는 당신이 _______행동(말)하기를 정말로 원한다.

다음의 〈표 2－1〉은 자기표현적인 방법에서 I-message와 You-message의 차이를 요약설명한 것이며 〈표 2－2〉는 주장성, 비주장성, 공격성의 표현행동을 비교설명한 것이다.

표 2-1 **자기표현적인 방법(I-message와 You-message)**

구 분	I-message	You-message
정 의	「나」를 주어로 하여 상대방의 행동에 대한 자신의 생각이나 감정을 표현하는 대화방식	「너」를 주어로 하여 상대방의 행동을 표현하는 대화방식
특 징	• 문제가 되는 상대방의 행동과 상황을 구체적으로 말한다. 이때 어떤 평가, 판단, 비난의 의미를 담지 말고, 객관적인 사실만을 말하는 것이 좋다. • 상대방의 행동이 자신에게 미친 영향을 구체적으로 말한다. • 그러한 영향 때문에 생겨난 감정을 솔직하게 말한다.	• 해결책을 제시하는 말투 – 강요하고, 지시하고, 명령하는 말 – 경고, 위협하는 말 – 당부, 설교하고 도덕적 행동을 요구하는 말 – 충고하거나 이론적으로 설득하는 말투 • 정신적 좌절감을 일으키는 말투 – 평가, 비판, 우롱하는 말투 – 탐색, 질문 및 심리분석의 말 – 둘러대거나 관심을 전환시키는 말투 및 비교하기

표 2-2 **주장성, 비주장성, 공격성의 표현행동 비교**

구분	주장성	비주장성	공격성
특징	개인적 권리를 내세우고 생각과 감정을 직접적으로 정직하게 그리고 적절한 방법으로 표현하는 행위이다.	공격적 자기주장은 타인의 인격과 권리를 짓밟고서 자기를 주장하는 행위이다.	자신의 솔직한 감정, 사상, 신념을 표현하지 못함으로써 자기의 권리를 타인으로 하여금 침해하도록 허용함을 의미한다. 따라서 자기 자신에 대한 존경의 결핍을 나타낸다.
행동 특징	자신의 욕구, 권리표현	자신의 욕구, 권리표현하지 못함	타인을 희생하여 욕구, 권리표현
감정	정서적으로 정직하고 직접적 표현	정서적으로 정직하지 못하고 간접적으로 표현	정서적으로 정직하나 누군가를 희생하도록 표현
결과	인간적 권리를 유지하나 타인의 권리를 침해하지 않음. 목표성취	바라는 목표 불성취	타인을 희생하여 목표성취

8) 거절하기

들어주기 어려운 것을 거절하는 것은 상대방 자체를 거절하는 것이 아니라 그 사항만을 거절하는 것이다. 거절에 앞서 상대가 현재 느낄 수 있는 감정을 이해하고 그것을 미리 전달한 후 거절의사를 밝히는 게 좋다.

거절하는 방법은 다음과 같다.

① 가부를 확실히 밝힐 것, 만일 가부를 밝히기 어려울 때는 생각할 시간을 가진 후 솔직하게 표현한다.
② 대답은 간단히, 많은 변명은 필요 없다.
③ 미안하다는 말은 꼭 그렇게 느낄 때만 쓴다.
④ 상대가 나의 말을 받아들이지 않을 때는 나 역시 대화를 끝마칠 수 있다.
⑤ 침묵은 필요할 때 사용한다.
⑥ 일단 가부를 밝혔더라도 나의 말을 바꿀 수 있다.
⑦ 조용한 목소리로 말하고 몸짓으로 표현한다.
⑧ 대안을 제시하는 것도 한 방법이다(예 : '다른 기회에 만나도록 할까?').

2. 의사소통기술의 분류

1) 기본적인 의사소통기술

직접적인 서비스를 제공하는 사회복지사는 원조과정에 긍정적인 영향을 미치는 관계를 발달시키려고 한다. 이때 사용되는 의사소통기술에는 공감, 온화함, 진실성이 강조되고, 간접적인 서비스를 제공하는 사회복지사에게는 정확성, 명확성, 그리고 목표지향적인 기술이 더욱 필요하다.

의사소통은 다음과 같은 경우에 문제가 일어날 수 있다.

① 스스로 이야기하도록 두기보다는 대신 이야기할 때

② 편견이나 고정관념을 가지고 듣고 말하게 될 때

③ 다른 사람이 말하려는 것을 경청하지 않고 이해할 시간을 갖지 않을 때

④ 자신이 실제로 믿고 느끼는 것을 다른 사람이 인정하지 않을 까봐 말하지 않으려 할 때

⑤ 자신이 생각하고 느끼는 것을 다른 사람이 이미 알고 있을 것 같아 이야기하지 않을 때

⑥ 솔직하고 개방적으로 이야기하는 것을 두려워할 때

⑦ 지시하기, 위협하기, 설교하기, 심판하기, 비난하기, 또는 비위맞추기로 의사소통을 억압하거나 무력하게 할 때

⑧ 낮은 자긍심으로 인해 말할 것도 없고, 이야기를 들어 줄 사람도 없다고 생각할 때

2) 공감적 의사소통기술

사회복지실천의 초기부터 공감의 중요성은 강조되어 왔다. 공감(empathy)은 클라이언트 입장에서 그들의 감정, 생각과 표현을 존중하고 이해하고 인정하는 것을 의미한다. 공감적인 이해는 사회복지실천에 있어서 클라이언트와의 관계에서 가장 중요한 부분이다.

즉, 공감은 클라이언트와 함께 이해하는 것이지 클라이언트의 진단이나 평가적 이해를 하는 것이 아니다. 공감적 의사소통기술은 자연스럽게 반응하거나 반영하는 것이다. 공감적 반영은 사회복지사가 클라이언트의 언어적 표현뿐만 아니라 비언어적 표현에 반응하며, 클라이언트의 주관적인 경험으로 들어가는 것이다.

사회복지사가 공감적으로 의사소통을 할 때 클라이언트는 자신이 이해와 존경을

받고 있고, 그리고 수용되고 있음을 느낄 수 있다. 사회복지사의 공감적 반영은 클라이언트가 자신들에게 의미 있는 생각과 감정, 경험을 지속적으로 탐색하도록 도와줄 수 있다. 사회복지사가 클라이언트와 라포를 형성하여 지지할 때 그들이 더욱 가치 있는 존재로 느끼고 긍정적인 자아상을 개발할 수 있다(전재일 외, 2010 : 57-60).

(1) 내용의 반영

내용의 반영은 클라이언트의 문제, 환경이나 그들의 삶의 다른 면들에 대한 표현을 이해하고 있다는 것을 전달하는 것이다. 사회복지사는 대부분 클라이언트에게 문제와 상황에 대해 말하도록 요청하는 것으로 시작한다. 클라이언트가 어느 정도 말을 하고 난 후, 사회복지사가 그 메시지를 정확하게 다시 말하는 것은 그 내용에 대해 이해하고 있음을 반영하는 것이다.

(2) 감정의 반영

감정의 반영은 클라이언트가 자신의 문제나 상황, 다른 성원들 또는 사회복지사에 대해 느끼는 언어적, 비언어적 표현을 이해하는 의사소통을 말한다. 감정의 전형적인 반영은 클라이언트가 표현하는 느낌이나 감정을 다시 말함으로써 "당신은 ~을 느끼는군요", 또는 "당신은 ~을 느끼고 있군요"라고 할 수 있다. 그러나 그들에 의해 사용된 말을 되풀이하는 것보다는 오히려 동등한 느낌을 나타내는 다른 단어를 사용하는 것이 효과적이다.

(3) 의미의 반영

의미의 반영은 사회복지사가 클라이언트의 경험에서 나오는 생각과 의미를 이해하여 전달하는 것이다. 클라이언트는 초기에 문제나 상황을 설명하면서 그와 관련된 감정을 표현할 수 있다. 그때 사회복지사는 "당신은 ~라고 생각하는군요"라고 클라이언트가 암시적으로 분명하게 표현한 메시지들을 반영함으로써, 이러한 경험들에 대한 생각을 탐색할 수 있게 한다. 또는 "당신이 말하고자 하는 것은 ~입니까?", "집단은 ~라고 생각하는 것 같군요"라고 반영할 수도 있다.

(4) 결합적 반영

결합적 반영은 클라이언트가 말하는 내용, 감정, 생각, 의미를 혼합하여 직접적이거나 간접적으로 표현하는 것에 대해 반응하는 것이다.

이러한 표현들은 둘 이상의 경험들이 서로 연결된 것처럼 보이지만 반드시 인과관계로 연결되지 않은 클라이언트의 관점을 반영할지도 모른다. 또 어떤 때는 클라이언트가 하나의 경험을 다른 경험의 결과나 원인으로 여길 수도 있다. 사회복지사는 클라이언트가 관계를 우연이 아니라 오히려 연결된 것으로 볼 때 '그리고', '그러나', 또는 '그렇지만'이라는 단어를 사용하여 공감적인 반영으로 연결해야 할 것이다. 클라이언트가 관계를 우연으로 보게 될 때는, '왜냐하면'이라는 단어로 바꾸어 말을 연결하게 된다.

3) 표현적 의사소통기술

사회복지사는 표현적 의사소통기술에서 클라이언트의 준거틀에서보다는 자신의 준거틀에서 의사소통을 하는 것이다. 사회복지사는 새로운 주제를 소개하거나 클라이언트가 시작한 주제를 확장하게 될 때 표현적 의사소통기술을 사용한다.

(1) 목적, 역할 및 기대의 명료화

사회복지사에 의해 사용되는 모든 표현적 기술 중에서 가장 기본적으로 중요한 기술은 목적, 역할 및 기대의 명료화라 할 수 있다(Shulman, 1992). 이것은 사회복지사가 새로운 클라이언트나 집단을 만날 때 가장 먼저 사용하는 의사소통기술 중의 하나이다. 사회복지사는 명료화를 통해서 사회복지실천의 방향이 정해질 뿐만 아니라 이 과정을 통해 클라이언트의 동의를 구하게 된다.

(2) 질문하기

질문하기나 탐구하기의 의사소통기술(Kadushin, 1995)은 사회복지사가 질문을 하거나 질문으로 설명을 할 때 사용된다. 사회복지사의 질문하기는 클라이언트가 배우고 성장하도록 도울 수 있는 다기능의 도구이다. 그러나 너무 많은 내용을 차례대로 질문했을 때 클라이언트가 면접을 받고 있기보다는 심문을 받고 있는 것처럼 느끼게 할 수도 있다.

(3) 초점화(focusing)

일반적으로 클라이언트가 자신의 문제와 관련되는 감정을 사회복지사에게 표현하는 것은 사회복지사가 클라이언트 자신보다 문제를 더 잘 이해하고 해결할 능력을 가지고 있으며, 그가 필요한 도움을 줄 수 있다고 생각하기 때문이다.

따라서 사회복지사는 클라이언트의 문제를 듣고 클라이언트가 문제를 극복하거나 목표를 달성하는 방법을 발견하도록 도움을 주어야 한다. 클라이언트는 많은 문제를 한꺼번에 해결해야 할 때, 혼돈상태에 빠지거나 자신을 상실한다. 단순한 문제일지라도 여러 가지 수준에서 고려되어야 한다. 즉 문제의 표면, 상황적 표현, 문제의 심리적 의미, 개인의 특수한 반응형태와 그 문제와의 상호관계 등에서 고려되어야 한다.

초기단계에서 초점(focusing)을 두어야 할 내용을 파악하는 데는 다음 세 가지 지침이 도움이 된다.

① 클라이언트 자신이 가장 중요하다고 느끼는 문제나 문제의 일부를 선택할 것
② 기관의 기능에 해당하는 문제의 부분을 선택할 것
③ 사회복지사의 판단에서 도움이 가장 필요하다고 생각하는 문제를 선택할 것

(4) 부분화(세분화)

초점의 일반적인 영역이 명백해졌을지라도 문제가 너무 복잡하고 크기 때문에 문제가 해결되려면 더욱더 좁혀야 할 필요가 있는 경우가 많다.

이와 같이 문제가 복잡하거나 클 경우에는 문제 전체를 동시에 다룬다는 것은 어렵기 때문에 문제를 해결해 나가는 데 집중적으로, 또는 먼저 다루어야 할 어떤 명백한 문제의 부분을 가려내는 것이 요구된다. 문제를 이러한 여러 개의 작은 부분으로 나누어 초점을 모으는 것을 부분화(partialization)한다고 한다.

초기단계에서 클라이언트가 그의 문제를 취급할 때 부분화의 기준은 다음과 같다.

① **긴급성** : 사회복지사와 클라이언트가 명백하고 직접적인 부분으로서 가장 먼저 다루어야 할 부분
② **대표성** : 보다 큰 문제에 밀접하게 관련된 부분
③ **처리가능성** : 두려움이나 방어가 작용하더라도 클라이언트가 처리할 수 있는 것으로 기대되는 부분

(5) 정보공유

정보공유하기(Kadushin, 1995 ; Shulman, 1992)나 또는 교육하기(Cournoyer, 1996)는 사회복지실천에서 특히 중요한 기술이다. 때때로 클라이언트는 지역사회 환경가운데

이용할 수 있는 자원들을 쉽게 알지 못한다. 사회복지사가 지역사회 프로그램과 서비스에 대한 정보를 클라이언트에게 알려줄 수 있는데, 이러한 정보는 어떤 클라이언트에게 매우 확실한 자원이 되기도 하고, 또한 분명하지 않는 자원이 되기도 한다.

(6) 자기노출(self disclosure)

자기노출 기술은 사회복지사가 자신의 생각과 감정, 삶의 경험을 밝히는 것이다. 사회복지사가 자신의 감정과 경험들을 적절하게 노출할 때(Hommond, Hepworth & Smith, 1977), 클라이언트들은 사회복지사를 진실하고 진솔한 인간으로 인식할 것이다. 사회복지사의 개인적인 감정과 경험들을 클라이언트와 함께 나눌 때 신뢰감과 상호이해를 증진할 수 있다.

그러나 자기노출을 부적절하게 사용하게 된다면, 클라이언트가 사회복지사의 정서적 안정성이나 전문적 능력에 대해 의문을 가지고 심지어는 조종당한다는 느낌을 가질 수도 있다. 그래서 사회복지사의 자기노출은 긍정적일 수도 부정적일 수도 있다(Sheafor, 1997).

(7) 재구성하기

재구성하기(Brown, 1991 ; Toseland & Rivas, 1995 ; Cournoyer, 1996) 기술은 클라이언트들이 새롭고 다른 방식으로 문제나 상황을 보도록 도와주는 것이다. 이러한 기술은 종종 부정적 상황에 대해 긍정적 면을 인식하도록 돕기도 한다. 예를 들면, 완전히 반항적인 행동을 하는 10대의 딸을 둔 부모는 딸의 독립적인 사고능력이 성인기의 복잡한 삶을 다루는 데 있어서 도움이 될 것이라는 생각을 하게 된다면, 오히려 편안해질 수 있을 것이다. 부정적인 것을 긍정적인 것으로 재개념화하는 것은 클라이언트들이 변화할 수 있음에 희망을 가질 것이고, 문제해결과정에 영향을 미칠 것이다.

(8) 대결

대결은 클라이언트에게 말과 행동 사이에 불일치나 모순을 직접적으로 지적하는 것을 의미한다(Cournoyer, 1996). 그러나 대결은 다른 사람들을 공경하거나 비평할 때 쓰는 기술이 아니라 그들의 행동이 역기능적으로 되거나 언어적 메시지와 비언어적 메시지가 일치하지 않을 때 이용된다(전재일 · 이성희 · 김연희, 2010 : 76).

대결(confrontation, 직면, 맞닥뜨림)이란 클라이언트의 행동과 표현하고 있는 말 사이의 불일치를 사회복지사가 지적해 주는 것이다. 이 맞닥뜨림의 가치는 클라이언트가 자신을 평가하는 과정에서 고려할 수 있는 또 다른 견해를 그에게 제공한다는 점에 있다. 사회복지사가 유능한 사람이라면 그는 클라이언트의 문제에 대하여 클라이언트보다 더 정확하게 인식할 수 있어야 한다.

직면할 시 유의해야 할 사항은 다음과 같다.

- 구체적인 증거를 바탕으로 해야 한다.
- 변화를 강요해서는 안 된다.
- 사전에 충분한 신뢰관계를 형성하여 클라이언트가 어떠한 지적도 감수할 수 있는 분위기를 조심해야 한다.
- 일단 시작했으면 가능하면 끝까지 마무리하도록 한다. 상대가 처음, 또는 순간적으로 다소 반발을 보이더라도 소신껏 마무리 지어야 한다.
- 가능하면 부정적인 평가를 내리지 않는 범위 내에서 해야 한다.

사회복지사는 공감적 의사소통기술로 클라이언트들의 경험을 이해하는 의사소통을 해야 한다. 그들의 언어적, 비언어적인 메시지를 정확하게 반영함으로써 응집력을 형성하도록 돕고, 집단이 쉽게 발달하도록 도와준다. 사회복지사가 공감적인 이해를 제대로 전달할 때 집단은 클라이언트들의 생각, 감정, 경험을 자유롭게 말할 수 있는 활기차고 서로에게 영향을 주는 활동을 하게 된다.

또한 사회복지사는 표현적 의사소통기술을 통해서 사회복지실천준거기준에서 온 자신의 생각, 감정, 정보를 전달한다. 이러한 표현적 의사소통기술은 클라이언트들이 미지의 영역에 새로운 정보, 새로운 경험, 새로운 관점을 탐구하고 실험하면서 계속 성장하고 발달해 나갈 수 있도록 도와주는 것이다.

토론해 봅시다

01. 본인의 대화 모습, 목소리를 녹음하거나 비디오카메라로 대화하는 모습을 촬영하여 함께 보며 토의해 본다.

02. 의사소통에 방해를 가져오는 언어적 · 비언어적 요소는 무엇인가, 대안은?

03. 경청의 걸림돌은 어떠한 것들이 있는가? 바르게 잘 듣기 위하여 갖추어야 할 내용은?

CHAPTER 03

상담면접기술

1. 상담면접의 기초기술
2. 질문기술
3. 내용확인 기술
4. 핵심과 목적을 유지하는 기술
5. 종결기술

제3장

상담면접기술

면접은 치료적 과정의 기본이기 때문에 사회복지실천에서 매우 중요하다. 사회복지사의 면접기술은 의사소통기술과 함께 클라이언트를 직접 만나 서비스를 제공할 때 이용될 뿐만 아니라, 다른 전문가, 가족구성원, 이웃과 일반 대중들과 의사소통을 잘 할 수 있게 하므로 면접기술은 사회복지실천에서 대단히 중요한 역할을 한다. 본 장에서는 상담면접의 기초기술과 질문기술, 내용확인 기술, 핵심과 목적을 유지하는 기술, 종결기술을 살펴보기로 한다.

1. 상담면접의 기초기술

1) 상담면접의 준비

사회복지사가 사회복지를 실천함에 있어 가장 기본적으로 사용되는 기술은 상담면접을 통한 면담이다. 사회복지사와 클라이언트와의 상담면접의 관계에서는 면접의 준비로서 관계형성이 중요하다. 즉, 사회복지사의 따뜻함으로 클라이언트의 표현을 민감하게 알아차리고 반응해 주는 태도가 필요하다. 이러한 태도는 점차 클라이언트와 더 깊은 정서적인 관계를 맺게 한다.

면접은 사회복지실천에서 중요한 역할을 한다. 사회복지사는 상담면접을 통하여 의사소통을 촉진하고, 가능케 하고, 문제를 사정하고, 계획을 세우고, 개입하고 서비스를 제공하는 역할을 하는 것이다(CCETSW, 1995 ; 전재일 외, 2010 : 79 재인용).

사회복지사의 면접기술은 의사소통기술과 함께 클라이언트를 직접 만나 서비스를 제공할 때 이용될 뿐만 아니라, 다른 전문가, 가족구성원, 이웃과 일반 대중들과 의사소통을 잘 할 수 있게 한다(Kadushin, 1990 : 3).

사회복지사는 면접을 시작하기 전에 면접의 목적과 할당된 시간 안에 얻고자 하는 것이 무엇인지에 대하여 주의 깊게 생각하는 것이 중요하다. 즉 면접은 훌륭한 계획과 준비가 중요하며, 특정한 욕구나 기대를 포함한 보다 포괄적인 상황에서 고려해야 하는 것으로 예를 들면 다음과 같다(전재일 외, 2010 : 80-81).

- 도움을 바라는 개인이나 집단의 클라이언트
- 이러한 사람이나 집단을 포함한 다른 사람들(예를 들어, 이웃이나 다른 가족구성 성원들)
- 전문가로서 개인적이고 전문적인 기대
- 기관장이나 직원으로서 기관의 정책, 절차, 실행, 자원과 욕구
- 관련 있는 다른 전문가 : 개인이나 집단과 관련 되어 있음

2) 상담면접의 사전 기초기술

커노예(Cournoyer, 2000)는 상담면접에 임하기 전 사회복지사가 갖추어야 할 준비사항과 태도를 여덟 가지를 제시하였다. 이를 살펴보면 다음과 같다(이영호, 2009 : 63-64).

① 사전 검토

사전 검토(preparatory review)는 클라이언트 이전 기록과 기관의 정보를 검토하고 클라이언트의 기본적 배경(예 : 교육 정도)을 검토하는 것이다. 하지만 이 단계에서 클라이언트에 대한 편견이나 선입견을 갖는 것에 대해서는 주의를 요한다.

② 사전 탐색

사전 탐색(preparatory exploring)은 정보를 수집하는 것이다. 접수나 초기면접을 담당한 사회복지사가 클라이언트의 의뢰자에게서 클라이언트 및 그의 상황에 대한 질문을 통해 탐색하는 것이다. 종종 클라이언트가 같은 기관의 다른 사회복지사로부터 서비스를 제공받았다면 이전에 서비스를 제공했던 동료 사회복지사로부터 정보를 수집하는 것도 이에 해당된다.

③ 사전 협의

사전 협의(preparatory consulting)는 수퍼바이저나 동료에게서 조언을 구하는 것을 의미한다. 예를 들면, 우울증을 보이는 여학생을 면접할 예정인 사회복지사는 우울증 증상 및 잠재적인 자살 가능성을 파악하기 위한 질문목록을 수퍼바이저, 동료와 협의해 볼 수 있다.

④ 사전 정리

사전 정리(preparatory arranging)는 첫 상담면접을 위해 체계적인 물리적 준비를 하는 것이다. 예를 들어, 약속시간을 확인하는 것, 상담실의 충분한 시간 확보, 비밀보장이 될 수 있는 공간 확보를 비롯하여 상담실의 사전예약, 가구배치 그리고 필요한 경우 교통편의 및 주차, 장애인을 위한 편의시설 등과 관련한 준비를 한다. 나아가 대기실에 최신 잡지 등과 같은 읽을거리와 음료수, 간단한 그림 등을 비치함으로써 방문하는 클라이언트로 하여금 안락감을 가질 수 있도록 하는 준비도 이에 해당한다.

⑤ 사전 공감

사전 공감(preparatory empathy)은 여러 가지 다양한 정보에 의거하여 초기 상담 때, 클라이언트가 초기면접에 오기 전이지만 클라이언트가 겪을 수 있는 느낌이나 현재의 문제 및 상황에 민감하게 반응할 수 있도록 사전 공감을 실천해 보는 것이다.

⑥ 사전 자기탐색

사전 자기탐색(preparatory self-exploration)은 자기분석의 한 형태로서 타인과의 상호작용에서 어떻게 영향을 주고받는지를 파악하는 것이다. 자기 인식 및 전문적인 자질향상과 매우 관련이 깊다. 이것은 사회복지사 자신의 가족력과 개인력을 파악하고, 자신의 특징, 욕구, 선입관, 가치관, 편견, 정서적 약점, 행동양상 등을 이해하는 것이다.

⑦ 철저한 자기관리

철저한 자기관리(intensive self-management)는 사회복지사의 개인사정이 전문가로서의 의무와 서비스 전달에 방해가 되지 않도록 하기 위한 것이다. 예를 들어, 집안 문제나 개인 문제로 상담면접에 집중하기 어렵거나 클라이언트와의 면담에 있어서도 집안 문제가 자꾸 떠오르면 사회복지사는 적절한 조치를 취하여야 한다. 예를 들면, 클라이언트에게 양해를 구하고 면접을 취소하거나 재조정하는 것이다.

⑧ 사전 계획

사전 계획(preliminary planning)은 사회복지사가 상담면접 전에 면접의 목적과 목표를 검토하고, 면접에서 논의하여 주요 과제를 임시적으로 설정하는 것을 의미한다.

3) 상담면접 장소

상담면접은 다양한 현장에서 이루어지고 있다. 면접에서 이용할 수 있는 모든 장면들은 제각기 특성을 가지고 있다(Davies, 1997). 업무시간 외 또는 다른 장소에서 면접하는 것을 때때로 '이차적 장면'이라고도 하는데, 이러한 장소들의 예는 다음과 같다.

- 사회복지기관/보호관찰 사무실
- 가정
- 사회복지시설
- 교도소
- 학교
- 병원(정신병원과 일반병원)
- 주간보호센터
- 정신보건센터
- 비공식적인 장소나 장면(카페에서, 자동차 여행에서의 대화)

이와 같이 면접 장소는 지역사회보호시설, 병원, 보호관찰시설, 정신과 병동, 위탁보호와 입양시설, 지역사회 아동보호시설, 학대여성을 위한 쉼터, 피해여성을 위한 상담시설 등이 있다. 최근 사회복지실천 영역에서 사설 상담소를 운영하는 경우가 늘고 있는데 이 경우, 개인이나 팀워크로 출자하여 직접 운영하며, 정부나 지자체가 운영하는 상담면접관련 기관과는 달리 클라이언트에게서 비용을 받기도 한다.

4) 상담면접의 시작단계 기초기술

상담면접의 시작단계에서는 사회복지사와 클라이언트의 첫 상담이기 때문에 다양한 감정과 반응을 불러일으킨다. 클라이언트는 문제해결을 위한 희망으로 도움 요청을 기재하면서도 한편으로는 기관으로부터 도움을 받을 수 있을지, 사회복지사가 자신을 수용할지에 대해 의문을 갖게 된다. 이러한 양가감정을 해결하는 성공적인 상담면접은 클라이언트의 참여 동기를 강화시키고, 조기탈락이나 조기종결을 예방하므로 중요하다. 면접의 시작단계의 기술을 살펴본다(이신영 · 박선영, 2012 : 74-76).

① 사회복지사의 자기소개

사회복지사는 자연스럽게 소개해야 한다. 퀴즈나 질문을 통해서든지 시청각 도구를 활용하여 소개하면 좋을 것이다. 사회복지사 자신의 성명, 소속기관 및 부서, 직위 등에 관해 소개한다. 필요 시에는 학력과 출신학교, 자격증 여부에 대해서도 알려준다. 이는 사회복지사가 전문가로서 자격을 갖추었는지, 신뢰할 수 있는 사람인지를 클라이언트가 확인하려는 의도에 대한 반응이다.

② 클라이언트 자신 및 동행인에 대한 소개

사회복지사 자신의 소개가 끝나면 클라이언트 자신 및 동행인에 대한 소개를 요청한다. 사회복지사 소개와 마찬가지로 소개도구를 활용하면 매우 효과적이다.

접수 양식과 사전 전화통화를 통해 방문할 클라이언트에 대해 알고 있다면 기관을 방문한 사람의 이름을 확인해 보고 인사를 나눈다. 경우에 따라 어떻게 부를 것인지 확인하는 것도 필요하다(예 : 제가 ○○어머니 또는 박선생님이라고 불러도 될까요?). 사회복지사가 아동을 접할 때는 교육적 측면에서도 존댓말을 쓸 필요도 있다(예 : 영희 어린이, 이 크레용을 탁자 한편으로 치워 줄래요?).

③ 상담면접의 목적 설명

상담면접의 목적을 사회복지사가 직접적이고 분명하게 설명한다. 이를 통해 클라이언트는 적절한 기대를 갖게 되고 불필요한 혼동과 막연한 불안을 해소할 수 있다.

④ 클라이언트의 역할 설명

초기 첫 면담을 구조화시키는 방법으로 클라이언트의 불안감을 감소시키기 위해서 고려해야 할 사항들이다. 즉, 첫 면담이 어떻게 진행될 것이고, 몇 분간 진행될 것이며 첫 면담에서 행할 과업이 무엇인지를 설명해 준다. 또한 클라이언트의 역할과 기대에 대한 설명도 불안을 감소시킬 수 있다. 이 과정에서 사회복지사는 클라이언트와 다음과 같은 기본 사항을 점검한다(이신영 · 박선영, 2012 : 75).

- 상담면접을 위해 약속 시간을 지킬 것
- 약속을 취소할 경우 사전에 통보해 줄 것
- 합의된 상담 내용을 확인할 것
- 클라이언트의 상황 변화를 사회복지사에게 알려줄 것
- 과제가 있을 경우 이를 성실하게 수행할 것

⑤ 기관의 정책 및 윤리적 요건에 대한 설명

사회복지사는 클라이언트에게 기관에서 제공하는 서비스의 수혜자격, 수혜기간, 전달방법, 절차, 후속조치 등을 충분히 설명한다.

⑥ 피드백 요청하기

사회복지사는 첫 면담을 통해 클라이언트에 대한 이해와 기관에 대한 설명을 끝마치면 클라이언트에게 궁금한 점이 있으면 물어볼 것을 요청하고 이에 대답해준다.

⑦ 비공식적 대화의 시작

클라이언트가 기관을 찾아오는 정보 등 교통편이나 날씨와 같은 주제로 시작하는 비공식적 대화는 초기면접에서 중요하다. 이것은 클라이언트를 따뜻하게 맞이하는 방법이 되며, 사회복지사가 어떤 방식으로 면담을 이끌 것인지에 대한 인상을 심어주고, 클라이언트에게 주제를 말할 수 있는 기회를 제공하기 때문이다. 짧은 대화는 급방 넘어간다는 느낌, 긴 대화는 시간을 낭비하는 것 같은 느낌을 갖게 하므로 사회복지사의 직관력에 따라 융통성을 발휘하도록 한다.

2. 질문기술

상담면접에서 질문은 중요한 기법이다. 사회복지사는 필요한 정보를 얻기 위해서 그리고 클라이언트의 생각과 느낌을 표현하도록 돕기 위해서 질문기술을 활용한다.

- 사회복지사가 질문을 하기 전에 먼저 클라이언트의 반응에 관심을 가져야 할 것이다.
- 사회복지사는 질문을 적게 하여 클라이언트가 자유롭게 의사소통을 할 수 있도록 돕는 기술을 발전시키는 것이 중요하다.
- 좋은 질문은 클라이언트가 모든 적절한 소재를 보증하고 자신의 표현을 조직화하도록 돕는다.
- 사회복지사가 질문할 때 클라이언트의 정서를 반영하여 질문해야 한다.

다음에서는 사회복지사가 되도록 피해야 할 다섯 가지 질문의 형태를 살펴보면 다음과 같다(박세정 외, 2010 : 154).

- 주도적인, 혹은 제안적인 형태의 질문
- 너무 많은 '예' / '아니요' 질문
- 혼동이 되는, 혹은 불명확한 질문
- 두 가지, 혹은 여러 가지 질문
- 너무 많은 '왜' 질문

1) 개방형 질문과 폐쇄형 질문

(1) 개방형 질문

개방형 질문은 클라이언트 자신이 하고 싶은 말을 할 때 자신의 방식대로 편하게 표현하는 것이다. 개방형 질문은 탐색을 하도록 돕기 위해서 또는 명료화하고 감정을 탐색하기 위해서 활용되는 질문이다. 초기면접이나 첫 상담에서 이용하는 것이 유용하며, 문제의 다양한 측면을 탐색하도록 도우며 한 부분에 초점을 맞추도록 돕는다. 개방형 질문에도 허용하는 대답의 자유 정도는 매우 다양하다. 다음 개방형 질문 세 가지 질문을 살펴보면

- "당신의 직업에 대해 이야기해 주십시오."
- "당신의 직업에 대해 어떤 점을 좋아하고 또 어떤 점을 싫어합니까?"
- "나는 당신의 직업의 성격을 잘 이해하지 못했습니다. 당신 직업의 과제와 책임에 대해서 예를 들어주시겠어요?"

위 세 가지 모두 개방형 질문이지만 개방성은 차이가 있다.

① 서비스 이용자가 자신이 말하고 싶을 때 자신의 생각과 감정을 표현할 수 있는 선택의 자유를 허용한다.

② 클라이언트가 어떤 관심사를 선택할 수도 있고 무시할 수도 있으므로 탐색하기 위한 충분한 시간을 가지는 것이 무엇보다 중요하다.

③ 클라이언트에게 가능한 한 자신의 대답을 선택할 책임과 기회를 많이 주는 것이다.

④ 초기면접이나 첫 만남에서 이용하는 것이 유용하다(단, 자신의 생각이나 감정을 개방하여 공식화하는 데 익숙하지 않은 클라이언트는 이러한 질문에 대해 좋지 않은 느낌을 가질 수도 있다).

⑤ 클라이언트가 그들에게 일어난 것을 설명하는 적절한 말을 할 수 없어서 개방형 질문에 답하는 것을 어려워할 수 있다.

(2) 폐쇄형 질문

클라이언트가 대답할 수 있는 방법을 제한하는 형태의 질문이다. 이러한 폐쇄형 질문은 사회복지사가 특정한 구체적 정보를 필요로 하거나 혹은 클라이언트가 너무 당황하고 혼란되어서 방향과 초점을 유지하기 위해서 특정한 구조가 필요한 경우에 적절하다.

① 클라이언트가 '예' / '아니요'로 답할 수 있거나 자신의 이름, 주소, 연령 등에 단지 몇 마디로 간단하게 답하는 것으로 반응하게 한다.

② 클라이언트에게 선택할 자유를 주지 않고 제한을 두는 것으로 구체적인 상황에 초점을 둠으로써 클라이언트가 대답할 수 있는 범위를 제한하는 질문의 형태이다(예 : "당신 아이의 이름이 무엇입니까?").

③ 사회복지사가 특정한 구체적 정보를 필요로 하거나, 혹은 클라이언트가 너무 당황하고 혼란스러워할 때 방향과 초점을 유지하기 위해 필요하다.

④ 주된 단점은 면접이 지나치게 집중되어 잘못된 방법으로 나아가게 되는 것이다. 이 형태의 질문의 클라이언트가 쉽게 무시당하거나, 범주화시키거나, 억지로 응답을 하도록 하므로 그들의 입장에서 좌절감을 느낄 수도 있다.

⑤ 사회복지사는 면접 전후에 충분한 시간을 가지고 클라이언트와 함께 이러한 방식의 질문(폐쇄형 질문)에 답하는 어려움을 이야기하는 것이 필요하다.

2) 간접질문과 '무엇'이란 질문

(1) 간접질문

질문이 구분할 필요가 있는데, 직접질문은 직선적으로 물어보는 것에 반하여 간접질문은 넌지시 물어보는 것이다. 간접질문은 그 끝에 물음표가 없는 것이 보통이지만 그러면서도 분명히 질문을 하는 것이고, 클라이언트의 답변을 구하는 질문처럼 작용하는 표현법이다(이영호, 2009 : 88).

- 낮에 일하고 밤에 공부하는 것은 고된 일입니다. 그렇지 않습니까?(직접질문)
- 낮에 일하고 밤에 공부한다는 것은 확실히 고된 일일 겁니다(간접질문).
- 당신은 그런 상황에 대해 어떻게 생각하십니까?(직접질문)
- 당신은 그런 상황에 대해 어떻게 생각하시는지 궁금합니다(간접질문).

〈간접질문의 전형적인 예시〉

- 그것이 가능하다고 믿는지 궁금합니다.
- 당신의 의견이 궁금합니다.
- 당신은 이미 결론에 도달했는지도 모르겠군요.
- 이에 대한 당신의 관점은 저에게 매우 궁금합니다.

이 인용된 간접질문의 일부 혹은 전부가 질문이라고 할 수 없을지도 모른다. 그러나 질문이 질문처럼 느껴지지 않을수록 더 좋은 질문이며, 간접질문은 관심을 보여 주면서도 질문처럼 들리지 않는다는 점에서 가치가 있다.

(2) '무엇'이라는 질문

① 개인과 가족치료와 단기치료에서 특히 유용하다.

② 이 질문의 주된 이점은 질문에서 "무엇"이 암시하는 것이 매우 불특정하기 때문에 면접을 받는 사람이 초점을 두고 싶어하는 관심사나 이슈를 스스로 자유롭게 정의할 수 있게 하는 점이다.

③ 장점은 과거보다는 현재를 강조한다(단, 과거와 관련하여 부가적인 질문을 할 수 있다).

④ 충분한 시간을 가질 수 없거나 문제의 원인이나 과거를 탐색하기 위한 때에는 이러한 질문이 항상 유용한 것은 아니다.

⑤ 사회복지사가 문제의 현재 영향이 무엇이고 어떻게 문제를 해결할지를 명확히 말하는 데는 도움이 되지 않을 수도 있다.

⑥ '무엇인가'라는 질문들은 광범위한 이슈나 영속적인 문제에 작용하는 요인들이나 관련이 있는 다른 사람들에 대해 탐색하려고 할 때 매우 적절한 질문이다.

⑦ 행동에 대해 모두 책임이 있기 때문에 이러한 질문은 체계적인 관점으로 볼 수 있다.

(3) 피해야 할 질문

① 유도하는 질문 : 클라이언트에게 특정한 방향의 응답을 하도록 이끄는 질문이다.

② 모호한 질문 : 클라이언트가 질문의 방향을 분명하게 이해하지 못하는 형태의 질문이다.

③ 다중적인 질문 : 폐쇄적 질문을 너무 많이 사용하거나, 질문을 한꺼번에 너무 많이 하거나, 유도하는 질문을 하거나, 혹은 '왜'라는 질문을 너무 많이 하는 것이다.

④ "왜"라는 질문 : 사회복지사의 일반적인 실수는 '왜'라는 질문을 지나치게 사용하는 것이다.

3. 내용확인 기술

내용확인 기술은 사회복지사가 지금까지 클라이언트와 의사소통을 해온 내용과 의미를 이해했다는 것을 확인하는 것이다. 이것은 가끔 추적이라고도 하며, '말한 것을 반영하거나 요약을 하여 클라이언트에 관한 순간의 탐색을 의도적이고 공감적으로 경청하는 기술'이다.

1) 바꾸어 설명하기

① 사람이 말한 본질을 정확하게 반복하지는 않지만 다시 말하는 것이다.
② 주요 목적은 사회복지사가 의사소통하고 있는 것의 감각과 의미를 파악했는가를 확인하는 것이다.
③ '바꾸어 설명하기'를 아는 것을 확인하는 방법을 사회복지사 자신의 생각과 인상을 알기 쉽게 말로 설명하는 것이다.

2) 명료화하기

① 주로 클라이언트가 보다 더 명확하게 말하도록 격려하고 클라이언트가 말한 것에 대해 이해했음을 입증하기 위해 질문하는 것이다.
② '명료화하기'와 같은 질문은 "당신이 말하기를……"로 시작하기도 한다.
③ 면담의 흐름을 방해할 수 있는 '바꾸어 설명하기'와 같이 어떤 사람은 쉽게 기분이 나빠질 수도 있다. 사람들 자신들이 의사소통을 잘못하는 것을 의미하거나 은근한 비난으로 여기기 때문이다.

3) 요약하기

① 사회복지사는 새로운 세션을 시작할 때 이전의 세션에서 다룬 요점을 끌어내거나 요약할 수 있다.
② 지금까지 다루어 온 것에 관해 정확하고 간결한 부분이나 자세한 내용을 제

공할 수 있다.

③ 치료과정 또는 면담이 방향을 잃게 되거나 방향 없이 시작할 때, 적절한 시기에 간략하고 요약하기는 유용할 수 있다.

4) 피드백 주고받기

① 확인적 목적 : 클라이언트들에게 과정 중에 있다는 것, 즉 목표를 향하여 여러 단계의 행동프로그램을 거쳐 성공적으로 이동하고 있는 것을 알릴 때

② 교정적 목적 : 클라이언트에게 그들이 옆길로 빗나간다면 과정으로 돌아올 필요가 있다는 정보를 제공할 때

③ 동기부여적 목적 : 적절하고 부적절한 프로그램의 결과를 지적할 때와 수행을 개선하기 위한 제안을 할 때

4. 핵심과 목적을 유지하는 기술

다음의 기술은 사회복지사가 면접의 핵심과 목적을 유지할 수 있는 몇 가지 방식을 설명한다. 이것은 사정의 목적을 위해 정보를 얻거나, 토의해야 할 이슈를 탐색한 것을 확인하는 것과 같은 구체적인 목적을 실천하기 위해 필요하다.

1) 핵심과 목적에 초점두기

초점두기는 현재 다루고 있는 주제에 주의를 끌거나 그것을 유지하기 위해 사용되는 기술이다. 이 기술을 통해 사회복지사는 관계되는 주제로 방향을 되돌릴 수

있다. 또한 클라이언트가 주목하지 않는 중대한 이에 주의함으로써 사회복지사는 클라이언트의 인식과 이해를 높일 수 있다.

① 사회복지사가 면접의 핵심과 목적에 충실하는 것은 그것이 클라이언트가 보다 적절하지 못한 이슈에서 벗어나게 하는 실천기술에 달려 있다.
② 이러한 기술은 사회복지사와 클라이언트 간의 라포(신뢰관계)나 신뢰를 방해받지 않고 면접의 목적에 충실할 수 있게 하는 것이다.
③ 사회복지사는 이런 방식으로 중재하는 데는 여러 가지 이유들이 있다.
- 다른 이슈들을 제외하고 한 가지 이슈에 지나치게 초점을 두게 될 때
- 다룰 내용이 없어지고 의사소통이 반복되고 있을 때
- 토의가 주변적이건 부적절한 이슈로 바뀌어질 때
- 다시 생각해 보기 위해 어려운 이슈나 욕구에서 벗어날 때
- 토론이 정서적으로 부담을 가지게 되어 침착함과 균형을 필요로 할 때

2) 고취시키기

① 면접을 시작하거나 면접을 받는 사람을 격려하는 데 사용된다.
② 고취시키기의 종류는 어떤 이야기와 다른 이야기를 연결시켜 주거나 미완성한 문장이나 설명으로 직접 암시를 하여 더 많은 설명을 끌어내는 것 등이 있다.
③ 사회복지사는 가끔 어떤 정보를 왜 필요로 하는가를 명백히 함으로써 고취시켜야 할 필요성이 감소될 수 있다.

3) 검증하기

① 구체적인 부가적 정보가 필요하거나 처음의 대답이 불충분하고 부적당하고 불분명하고 이전의 정보와 일치하지 않을 경우에 하는 질문이다.

② 클라이언트로부터 더욱 상세하고 구체적인 정보를 끌어 내는 데 사용되며, 잘못된 의사소통의 형태를 취하는 경향이 있는 개인으로부터 정보를 수집할 때 유용한 기술이 될 수 있다.
③ 지금까지 일어난 것을 이해하도록 돕는 기술인 동시에 사회복지사가 사정을 하는 데 있어서도 중심이 되는 기술이다.
④ 여러 가지 형태의 질문, 설명 또는 감탄의 형태를 취할 수 있다.
⑤ 사람의 경험에 관한 감각을 이해하거나 전체 상황을 보다 잘 알 수 있도록 정보를 제공하는 데는 의미가 없을 것이다.
⑥ 주의할 점은 질문하는 사람이 더욱 방어적이고 경계적이 되지 않도록 재치 있게 사용해야만 한다.
⑦ 사적이고 개인적인 일에 관해 두서없이 이야기하는 것을 피하는 것은 질문이 가설과 연결되는가를 검증하고, 어떤 질문을 왜 해야 하는가를 설명하는 데 도움을 준다.

4) 침묵에 대처하기

① 클라이언트와 사회복지사 모두에게 어려운 감정을 초래할 수 있다.
② 침묵이 너무 길면 면접은 성공하지 못하며 거절이나 불만의 신호로 사용될 수 있지만, 반드시 그렇지 않을 수도 있다.
③ 경험이 적은 사회복지사들은 클라이언트의 침묵에 불안해하고 의사소통을 잘 하지 못하거나 자신이 클라이언트를 다루는 데 있어서 실패의 신호로 침묵을 생각한다.
④ 사회복지사가 침묵을 다루는 데 있어서 여러 가지 점들이 강조되어야 할 필요가 있다.

- 면접에서 서비스 이용자와 면접자 두 사람이 모두 침묵을 하게 된다. 서비스

이용자가 침묵을 한다면 사회복지사가 침묵해야 할 필요가 없다.

- 사회복지사는 가끔 침묵을 하는 동안 자신의 침묵을 포함하여 무엇을 의사소통하는지 그리고 '생산적 침묵'인지 아닌지 확실히 이해해야 한다. 이러한 침묵을 극복하는 한 가지 방법은 침묵이 무엇을 의미하는 것인지 질문하는 것이다. 사회복지사 자신의 침묵과 관련하여 침묵으로 무엇을 의사소통하고 있고, 침묵이 무엇을 의미하는지를 생각하는 데 도움을 줄 수 있다.
- 아주 짧은 침묵이 오랫동안 계속된 것처럼 여겨질 수 있다는 것은 아주 중요하다. 여기에서 사회복지사가 침묵하고 있는 시간을 확인할 수 있는 기회를 가지는 것이 필요하다.
- 면접에서 침묵을 다루는 것은 중요한 기술이며, 모든 역량 있는 사회복지사들이 익숙할 필요가 있다.
- 짧은 침묵으로 면접의 중단을 이해하는 한 가지 방식은 생각과 감정을 정리할 시간을 가지며 휴식을 취하는 것이다.
- 사회복지사는 오랜 침묵으로 면접이 중단되는 경우 그 사람이 어떤 형태의 침묵을 한다는 것을 이해하기 위하여 면접의 흐름에 방해를 받지 않고 시간을 체크할 수 있도록 시계를 향해 앉는 것이 도움이 될 수 있다.

5) 자기노출 이용하기

자기노출이란 클라이언트가 원조관계를 통하여 결과적으로 최대한의 효과를 얻기 위해서는 앞에 앉아 있는 사회복지사가 과연 어떤 사람인지를 알아야 할 필요가 있으며, 그렇게 될 때 충실한 관계가 맺어질 수 있다. 일단 사회복지사가 클라이언트와 기본적인 인간관계를 맺게 하려면 사회복지사는 자신이 가진 인간으로서의 독특성을 클라이언트에게 나타내 보이는 것이 좋다. 높은 수준으로 자기노출을 하는 사회복지사는 과거, 현재, 미래의 참조체계를 통하여 자기 자신을 진지하게, 그리고 구체적으로 나타내 보인다. 즉, 자기노출이란 클라이언트의 문제해결을 돕는 선상에서 사회복지사가 자신의 느낌이나 생각, 경험을 클라이언트에게 전달하는 것을 말한다.

① 사회복지사가 특수한 상황이나 면접이 효과적이기 위하여 개인적인 생각과 과거를 드러내는 것이 중요하다는 것을 강조한다.

② 사회복지사의 자기노출이 자신에 관한 현재와 과거의 개인정보를 나타내는 것과 관련되기 때문에 '자기지식'과 '전문적 자기 활용'보다 한발 더 나가게 하는 것이다.

③ 일반적인 규칙은 사회복지사가 클라이언트를 돕는 데 관련되는 자기노출을 해야 한다는 점이다. 이것은 클라이언트가 수치감, 죄의식이나 자책감, 즉 '나는 다른 사람을 좋아하지 않는다'는 감정에서 벗어나게 하는 데 도움을 준다.

④ 사회복지사의 자기노출에 의해 클라이언트의 사고와 감정을 공유하는 것은 전문적인 사회복지사뿐만 아니라 '평범한 인간'으로서 자신을 이해할 수 있도록 서비스 이용자들을 도울 수 있다.

⑤ 자기노출을 클라이언트가 더욱 공감을 느끼도록 도우며 무엇을 말하고 있고 느끼는가를 이해하는 데 도움을 준다. 그렇지만, 자기노출은 많은 위험을 수반하기 때문에 민감하게 다루어야만 한다.

5. 종결기술

면접의 종결을 위한 준비는 면접의 초기에 계획된다. 종결이 중요한 한 가지 이유는 많은 실천 활동을 실제 생활에서 할 기회를 제공하기 때문이다. 훌륭한 종결을 하는 것은 클라이언트가 떠나게 되는 것처럼 느끼거나 떠나게 됨으로써 그 개인에게는 혼자서 생활해 나갈 기회를 준다는 것이다.

1) 면접 종결하기

① 면접은 명백한 시간 한계가 있지만, 클라이언트가 면접을 떠나 계속 변화를 위한 활동을 하는 것은 어려울 수 있다.

② 어떤 클라이언트는 필사적으로 끝까지 노력하지 않고 면접을 중단사례 종결하기를 하려고 한다. 그 결과 면접은 다루어 온 것을 검토하거나 시작할 때 가진 감정으로 충분히 활동할 시간도 없이 서두르는 식으로 끝날 수 있다.

2) 사례 종결하기

① 앞으로 면접하는 것을 종결하고 적절히 사례를 끝내는 것은 사회복지사가 알아야 할 가장 어렵고 중요한 기술 중의 하나이다.

② 사회복지사는 정서적 또는 물질적 자원을 가지고 있지 않는 클라이언트와 함께 일할 때 특히 종결하기가 어려워 가끔 필요 이상으로 오랫동안 서비스 이용자들과 계속 활동해야 하는 상황이 있을 수 있다.

③ 사회복지사는 필요 이상으로 관여하여 종결시기를 연장하는 것은 사회복지사의 활동이 목적과 방향을 상실하게 되는 상황을 초래할 수 있다(전문적 수퍼비전은 종결연장에 대한 어려움을 해결하는 데 많은 도움이 될 수 있다).

④ 바람직한 종결은 사회복지사와 클라이언트가 상호 동의한 시점에서 종결하는 것이다.

- 목표에 도달할 경우
- 활동을 위해 할당한 시간이 다 되었을 경우
- 서비스 이용자가 접촉을 끝낼 준비가 되었을 경우

토론해 봅시다

01. 사회복지사 자신이 문제해결을 위해 어렵고 낯선 사람, 권위적인 장소를 찾아 갔을 때 느꼈던 감정을 되살려 보시오. 어떤 감정이 있는지 나열해 보고 그렇게 느낀 이유가 어디에 있었는지 파악해 보시오. 또한 자신의 감정을 완화시키는 방법에는 어떤 것이 있었는지 논의해 보시오.

02. 자기노출 훈련－자기소개(개인발표) 활동지

1) 성명 : (   )
2) 자신의 이름 석 자를 자기의 인생관이나 가치관과 결부시켜 의미 있게 적으시오.
3) 내가 살아온 환경 중 중요한 면, 기억에 남는 점들을 오늘의 나의 모습과 연관시켜 적으시오.
4) 사회복지 일(사역)을 통해 이루고 싶은 인생의 목표 또는 꿈 3가지를 적으시오.
5) 자신에게 가장 깊은 영향을 끼친 사건(또는 인물)과 그 이유는?
6) 현재 자신의 약점 중 꼭 고치고 싶은 부분은?
7) 읽어본 책 중 타인에게 권해 주고 싶은 것과 그 이유는?
8) 최근 신문에서 가장 관심 있게 읽은 기사와 그에 대한 자신의 견해를 소개해 보시오.
9) 자신의 계발을 위해 현재 노력하고 있는 점은?
10) 살아오면서 자신이 가장 성취감을 느꼈던 일은?
11) 위 10가지 내용을 작성하면서 느낀 점은?

CHAPTER 04

사회복지실천과 정신역동모델

1. 정신역동모델의 등장배경
2. 정신역동모델의 이론적 기반
3. 사회복지실천에의 적용

제4장 사회복지실천과 정신역동모델

1. 정신역동모델의 등장배경

정신역동은 정신역학, 정신분석학, 무의식의 심리학 등으로 불리며, 프로이드와 그의 동료, 제자들의 학문적 업적에 기반을 두고 있어 프로이드 심리학이라고도 한다. 프로이드(Sigmund Freud, 1856~1939)에 의해서 만들어진 이론으로 성격이론이면서도 심리치료 기법에 관한 최초의 심리학 이론이다.

정신역동모델은 의식과 무의식의 구성요소로서 사고(thought), 소원(wish), 혹은 행위(acts)와 같은 현재의 정신활동과 과거의 경험 사이에 원인적 관계가 있다는 이론적 기초 위에 형성된 심리과학이다(Howard, 1980).

1) 등장배경

19세기에 나타난 다윈(Darwin)의 종의 기원, 헴홀츠(Helmholtz)의 물리학, 브르쉐(Bruche)의 생리학 등의 영향을 받았다(윤현숙 외, 2002 : 46).

정신역동모델은 프로이드가 개발한 인간행동에 대한 이해이자 사회환경 속의 인간을 보는 틀로서 사회과학의 거대이론 중 하나로 꼽힌다. 프로이드가 특별히 심리, 정신적으로 고통을 겪는 클라이언트를 돕는 방법으로 개발한 정신분석이다. 인간의 성격과 정신세계의 역동성을 설명하고, 히스테리나 신경장애를 해결할 수 있는 치료기법으로 정신분석이론을 개발하였다.

2) 사회복지에 있어서의 정신분석학의 영향

프로이드 이론에 대한 사회복지분야의 관심은 사회복지실천의 과학적 기반을 찾으려는 사회복지 전문직의 고민에서 싹텄다. 사회복지사들이 프로이드의 의료적 모델에 입각한 직선적 원인론을 채택함으로써 '시행착오의 예술'로 불리던 개별 사회사업실천은 '과학인 동시에 예술'이라고 불릴 수 있는 지적 기반을 형성하였고, 1909년 정신치료를 위한 이론으로 미국에 소개되면서 사회복지실천에 많은 영향을 주기 시작하였다. 1920년대에는 진단학파에서는 개별 사회사업실천을 내담 초기 아동기의 해결되지 않은 정신적 외상에 대한 진단과 치료를 강조하는 정신분석적 치료와 동일시할 정도로 정신분석이론이 사회복지실천에 미친 영향은 지대하다. 1930년대는 심리사회적 이론의 개별사회사업 모델로 확대되면서 현재까지도 사회복지실천의 중요한 이론적 토대가 되고 있다(김동배 외, 1998 : 175).

2. 정신역동모델의 이론적 기반

정신역동이론은 인간의 모든 행동이나 생각은 우연히 나타나는 것이 아니라 본능적 욕구인 성욕과 공격욕을 충족하기 위한 무의식적 충동에 의해서 나타난다고 보는 것이다. 그러나 모든 인간은 자신의 본능이나 욕구를 추구하는 과정에서 이를 억제하려는 사회적 환경이나 정신적 역동과정에 의해서 갈등을 경험하게 되며, 이러한 갈등이 원만히 해결되지 못했을 때 신경장애와 같은 비정상적인 행동을 보이게 된다는 것이다. 그러므로 정신분석이론은 문제를 일으키는 정신세계의 역동성을 이해하여 이들 간의 갈등을 해소하고 문제의 증상을 감소시키는 심리치료가 필요하다는 것이다. 여기서 정신분석 이론은 인간의 정신세계를 다양한 관점에서 설명하고 있는데, 이러한 관점들 중에서 지형학적 관점, 구조적 관점, 심리성적 발달 단계의 관점은 현재까지도 중요하게 받아들여지고 있어 이 세 가지 관점을 살펴보고자 한다.

1) 지형학적 관점

인간은 정신적 요소가 있는데 의식, 무의식, 전의식의 서로 다른 수준으로 구성되어 있다고 보았다(이인정 외, 2001 : 154-155). 프로이드는 인간의 마음을 구분하기를 세 가지로 의식, 전의식, 무의식 수준으로 구분하였다. 인간의 마음은 사고, 감정, 본능, 충동, 갈등, 동기로 채워져 있는데, 대부분은 무의식 혹은 전의식에 위치한다. 전의식은 의식의 영역으로 쉽게 바뀔 수 있지만 무의식은 의식의 영역으로 쉽게 바뀌지 않는다(이영실 외, 2011 : 37).

(1) 의식(consciousness)

의식이란 제한적이고 순간적인 개념으로 설명되고 있다. 즉, 주어진 시간제한 속에서 정신활동의 내용으로 의식의 개념을 파악하고 있다는 것이다(설진화, 2011 : 32). 현재 느끼거나 알 수 있는 모든 경험과 감각을 의미한다. 예를 들면, 직접적으로 관찰할 수 없고 인식하지 못하는 욕구나 본능으로 꿈이나 말의 실수를 들 수 있다.

(2) 무의식(unconsciousness)

인간의 행동이나 동기에 영향을 미치는 가장 중요한 요소로 정신내용의 대부분을 형성하며 인간행동을 결정하는 주된 원인, 무의식이 있다는 증거로는 최면에 걸렸을 때의 암시, 꿈, 잘못 튀어나오는 말, 불쾌한 사건의 망각 등이 있다. 무의식이란 의식과는 반대의 개념이다.

(3) 전의식(preconsciousness)

선의식 혹은 전의식이란 흔히 가능한 기억으로 불리며, 현재 의식되지는 않지만 전에 의식했던 것이 저장된 것으로 주의집중을 통해 쉽게 의식될 수 있는 경험을 의미한다. 따라서 의식의 전단계로서 언제든지 의식의 영역으로 불러 올려서 정신활동이 가능한 기억의 부분을 선의식이라고 할 수 있다.

2) 구조적 관점

인간의 성격이 원초아, 자아, 초자아로 구성되어 있다고 보는 관점으로써, 이들은 서로 상호 작용하면서 인간의 행동과 성격을 결정짓는다(윤현숙 외, 2002 : 47).

- 원초아(id) : 본능적 원칙을 따르며 태어날 때부터 존재하는 성적 욕구와 공격적 본능으로 쾌락을 추구하고 고통을 회피하는 쾌락원칙에 의해서 지배를 받는다.
- 자아(ego) : 현실적 원칙을 따르며 외부에 의해서 형성된 성격의 집행자로 원초아의 본능적 욕구를 현실원칙에 따라 통제하고 조절하여 불안을 감소시키는 역할, 제 기능을 수행하지 못할 경우 무의식에 의한 자기방어기제가 현실의 불안을 감소시키는 역할을 대신하게 된다.
- 초자아(super-ego) : 도덕적 원칙을 따르며 사회의 이상이나 도덕관에 의해 형성되는 성격의 마지막 구조로 이상아나 양심으로 구성, 이상아는 아이들이 품는 도덕적 선의 개념은 부모가 도덕적으로 선하다고 여기는 견해에 따르는 것에 해당되며, 양심은 아이들이 가지는 도덕적 악의 개념으로 부모가 도덕적으로 악하다고 생각하는 견해에 따르는 것으로 처벌의 경험을 거듭함으로써 형성되는 것이다(Freud, 1990 : 37).

자기 방어기제는 다음과 같다(김동배 외, 1998 : 189-194).

① 억 압

억압(repression)은 고통스럽거나 위협적인 충동, 감정, 소원, 환상, 기억 등을 무의식 속으로 추방시켜 의식화되는 것을 막아 주는 것이다. 예를 들어, 기억상실이나 하기 싫고 귀찮은 과제를 하지 않고 '깜박 잊었다'고 말하는 것이다.

② 투 사

투사(projection)는 사람들이 스스로 받아들일 수 없는 충동, 태도, 행동을 무의식적으로 타인이나 환경 탓으로 돌리는 과정이다. 가령, 시험 준비를 제대로 하지 못하여 만족스런 성적을 받지 못한 학생이 시험문제가 분명하지 못하다거나 다른 학생들이 커닝을 했다고 자기실패의 원인을 전가하는 것이다.

③ 전위(전치)

전위(displacement)는 본능적 충동의 표현을 재조정해서 그것이 위협을 많이 주는 사람이나 대상에서 덜 위협을 주는 것으로 방향을 전환하게 만드는 것이다. 예를 들어, 교사에게 꾸지람을 들은 어린이가 동생을 때리거나 개를 발로 차고 장난감을 부수는 행동을 하는 것이다.

④ 합리화

합리화(rationalization)는 인간의 행동이 합리적이고 정당하며 그리고 자기와 타인이 시인할 가치가 있다는 것을 입증하려고 시도하는 것이다. 아주 빈번히 사용되는 방어기제로서 우리가 인식·의식하지 못하는 동기에서 나온 용납할 수 없는 충동이나 행동에 대해 지적으로 그럴듯한 설명이나 이유를 대는 것이다. 예를 들면, 친구의 잘못을 선생님께 보고한 것은 내가 그렇게 해야 할 의무 때문이었다고 이유를 대지만 친구와의 경쟁에서 이기려고 하는 욕망이 실제적인 욕망이었던 경우이다.

⑤ 반동형성

반동형성(reaction formation)은 어떤 충동을 의식에서 추방하는 것이다. 예들 들어, '미운 놈에게 떡 하나 더 준다'는 속담처럼 자기를 학대하는 남편 앞에서 그를 매우 사랑하는 것처럼 행동하거나 어떤 사람에 대한 증오심이 있음에도 걱정해 주고 관심을 보이는 경우이다.

⑥ 퇴 행

퇴행(regression)은 실패 가능성이 있거나 불안한 상황에 대한 해결책으로 초기의 발달단계나 행동양식으로 후퇴하는 것이다. 예를 들어, 동생이 태어나 부모의 관심이 동생에게 집중되자 갑자기 말을 하지 못하고 대소변을 못 가리는 네 살 어린이의 경우이다.

⑦ 보 상

보상(compensation)은 심리적으로 어떤 약점이나 제한점이 있는 사람이 이를 보상받기 위하여 다른 어떤 것에 몰두하는 경우이다. 가령, 자신의 친부모에게 효도를 하지 못한 사람이 이웃의 홀로된 노인을 극진히 부양하는 경우이다.

⑧ 동일시

동일시(identification)는 용납할 수 없는 충동 그 자체는 부정하고 그 충동을 갖고 있는 사람 또는 그 사람의 일면과 동일화하여 받아들이는 것으로, 주로 부모, 형, 윗사람, 주위의 중요한 인물의 태도와 행동을 닮은 것로 불안을 없애기 위해서 오히려 불안의 원인이 되는 그 사람과 똑같이 되려는 것을 말한다. 예를 들면, 아버지를 무서워하는 아들이 그 아버지를 닮아가는 경우이다.

⑨ 전 이

전이(transference)는 어떤 사람에 대한 심상이 무의식적으로 다른 사람에 대한 심상과 동일시될 때이다. 예를 들면, 무서운 아버지 밑에서 성장한 여성이 남편에게 쉽게 말을 걸지 못하는 것이다.

⑩ 감정이입

감정이입은 공감, 그 사람이 되지 않고서도 마치 그 사람이 된 듯 그가 느끼는 것을 같이 느낄 수 있는 일시적, 한정적이면서 건전한 형태의 동일시이다. 예를 들어, 상대의 슬픈 사연을 듣고 이에 대해 진지한 표정을 짓는 것이다.

⑪ 합일화와 함입

합일화는 '자기'와 '자기가 아닌 것'을 분별하지 못하는 영아기에 일어나는 동일시(합일화)와 유아가 좀 커서 '자기'와 '자기가 아닌 것'을 이제는 적어도 구별하는 시기에 일어나는 동일시(함입) 하는 것이다. 예를 들어, 배신당한 애인을 증오하고, 그를 함입하여 죽이는 경우, 즉 자살로도 나타난다.

⑫ 관심사

관심사는 타인에게 스스로를 인식시키는 수단으로 사용되는 행위의 일종이다. 예를 들면, 고층 빌딩에서 아래로 떨어지겠다고 말하는 사람이 있는데 그는 좌절과 갈등이 너무 심하여 그런 행동을 할 수도 있고, 반면에 지나친 관심을 끌기 위한 수단으로 그런 행동을 보일 수도 있다.

⑬ 거부증

거부증은 주의를 끌기 위한 수단으로 사용되므로 관심사와 중복되는 면이 많다. 예를 들면, 한 여대생이 시험 문제를 한번 살펴보고 어렵다는 것을 발견했고 이에 대해 분노를 품으며 아는 한도 내에서 쓸 수도 있었지만 백지답안지를 제출하고 나가는 경우이다.

⑭ 지적화

지적화는 말의 위협으로부터 도피하는 방어기제로써 함축적이고 간결한 말 대신에 긴말이나 과장된 말을 사용하려는 경향이다. 가령, 정서적으로 위협이 되는 상황을 추상적이고 지적인 용어를 사용함으로써 초연하게 보이려는 시도이다.

⑮ 고 립

긴장을 일으키는 상황으로부터 신체적으로 자기 자신을 철거시키려는 사고이다.

⑯ 백일몽 또는 공상

실제생활의 어려움으로부터 성공하기 위한 모든 장애를 무시하거나 효과적으로 극복할 수 있는 영역 안으로 도피하는 것(백일몽), 또는 만족스럽지 못한 현실에 위로를 주고 해방될 수 있다는 착각을 하는 것이다(공상). 예를 들면, 인기가 좋지 않다면 백일몽으로 인해 그동안에는 군중이 찬양하는 인기의 중심인물로 자신을 그림으로 그동안은 행복해하는 것이다.

⑰ 상 환

상환(restitution)은 무의식에 있는 죄책감을 씻기 위해서 사서 고생하는 것 같은 행동이다. 예를 들어, 단칸방에서 셋방살이를 하면서 돈만 생기면 전부 자선사업에 바치는 것이다.

⑱ 상징화

상징화는 어떤 특징을 가진 중립적인 대상이 금지된 어떤 면을 가진 다른 대상을 대신하는 과정이다. 예를 들어, 고향을 떠난 이가 고향으로 가는 기차 길 옆에서 살려고 하는 것이다.

⑲ 분 리

분리는 고통스러운 생각이나 기억을 그에 수반되는 감정상태와 분리시키는 것이다.

⑳ 부 정

부정은 인정하기 고통스러운 어떤 일을 전혀 보지 않으려는 것이다. 가령, 어머니가 사망했음에도 불구하고 돌아가신 것이 아니라 며칠 다른 곳으로 여행을 간 것이라고 하는 것이다.

㉑ 해 리

해리는 의식에서 떨어져 나와 하나의 독립된 기능을 하는 경우이다. 예를 들면, 이중인격, 다중인격, 몽유증, 잠꼬대, 건망증 등이다.

㉒ 전 환

심리적 갈등이 신체증상으로 전환되는 과정이다. 예를 들면, 글을 쓰는 데 갈등을 느끼는 소설가가 원고를 쓰는 오른팔에 마비를 느끼는 것이다.

㉓ 저 항

저항은 억압된 자료들이 의식으로 나오는 것을 막고 싶어하는 것이다. 예를 들어 정신치료 도중 사회복지사의 해석에 대해 화를 내는 경우이다.

㉔ 증상의 형성

자아가 금지된 충동과 그것에 대항하는 자아 반응, 둘을 모두 부분적으로 만족시키려 하는 병적인 방어 기제이다. 예를 들어, 임신에서 나타나는 병적 구토현상은 태아를 없앴으면 하는 금지된 충동의 표현이기도 하지만 동시에 이 신체 증상으로 파괴적인 충동을 무의식화시키는 것이다.

㉕ 반복강박

경험으로부터 배우지 못하고 계속 일정한 병적 행동양상을 보이는 것이다. 예를 들어, 가난한 유년기를 보낸 후 성인이 되어 부자가 되었음에도 마음은 항상 가난하고 돈을 쓸 줄 모르는 경우이다.

㉖ 자신에게 향함

자기가 사랑하는 사람에게 공격적 충동이 생길 때 이를 자신에게 돌려 자신을 해치는 것이다. 예를 들어, 엄마에게 야단을 맞은 어린이가 화가 나서 머리를 벽에 박는 것 경우이다.

㉗ 취 소

취소는 무의식에서 어떤 대상을 향해 품고 있는 자기의 성적인 또는 적대적인 욕구 등으로 인해 그 대상이 입었다고 생각하는 그 영향을 취소, 원상복귀, 불인정하는 행위이다. 예를 들면, 선물을 주거나 사과를 하는 경우이다.

㉘ 차 단

불쾌한 생각이나 느낌을 의식화시키지 않으려는 노력이다. 예를 들면, 좋지 않은 기억은 잘 생각나지 않는 경우이다.

㉙ 신체화

심리적 갈등이 감각기관, 신체부위를 증상으로 표출되는 경우이다. 예를 들면, 다가올 기말고사를 생각하니 벌써부터 머리가 아픈 경우이다.

㉚ 금욕주의

금욕주의는 경험을 통해 얻을 수 있는 직접적인 쾌감의 근원을 차단하는 것이다.

㉛ 유 머

다른 사람과 자신에게 거북하고 불쾌한 감정을 느끼지 않게 하면서 자기 느낌을 공개적으로 표현하는 것이다. 예를 들어, 직장에서 여직원에게 남직원이 '오늘따라 몸매가 훌륭합니다'고 했다.

㉜ 이타주의

남들의 본능적 욕구 충족을 건설적인 면으로 도와주는 것이다. 예를 들어, 학업 성취도에서 여동생과의 라이벌 관계를 포기하고 여동생이 공부를 잘하도록 도와주는 언니가 있다.

㉝ 분 단

자기와 다른 사람의 심상과 태도에서 '전적으로 좋은 것'과 '전적으로 나쁜 것'이라는 두 개의 상반된 정서를 자아가 가지는 것이다. 예를 들면 좋게 느껴지던 사람이 갑자기 원수로 느껴지는 것이다.

㉞ 투사적 동일시

내적으로 용납될 수 없는 자신의 부분을 상대에게 투사시키고 상대방에게 투사된 부분을 동일시하도록 유도하고 조종하는 방어기제이다.

3) 심리성적 발달단계

(1) 세 가지 기본원칙

심리성적 발달단계로서 다음 세 가지 기본원칙이 있다(조휘일 외, 1999 : 102-103).

① 정신적 결정론(psychic determinism) : 행위는 단지 우연히 발생한다기보다는 인간의 사고 과정으로부터 일어난다는 원리이다.

표 4-1 심리성적 발달단계와 성격특성

단계	성감대	주요활동	갈등의 장	방어기제	성격특성	주요과업
구순기 출생~ 1.5세	입, 혀, 입술	받기, 먹기	음식섭취	투사, 거부, 내면화	낙천－비관 어수룩함－의심 능동적－수동적 감탄－시기	분리・개별화, 대상관계의 형성
항문기 1.5~ 3세	항문	주기, 보유	배변훈련	지성화, 반동형성, 격리, 무위	인색－관대 고집－순종 청결－지저분 정확－애매	책임성과 통제의 수용, 권위적 인물과의 협상
남근기 3~5세	성기	이성교제	오이디푸스 (남아) 엘렉트라 (여아)	억압	허영－자학 자신－소심 저돌－우유부단 모양냄－수수함 순결－음란 남성적－여성적	가족 내에서 자신의 지위와 일치하는 성적 오리엔테이션 설정, 한 사회의 가치와 윤리적 지향을 다룰 수 있는 능력의 표현
잠재기 6세~ 사춘기	성 본능 잠재, 성 본능과 관련 없는 기술습득					보다 높은 수준의 자아방어기제 활용
생식기 사춘기~	전신	성교	오르가즘 (orgasm)	승화	성숙－미숙 적응－부적응	일과 성공적인 사랑

출처 : 김동배 외(1998 : 195-202)

② 무의식(the unconscious)의 중요성: 인간의 행동이 의식적 과정이라기보다는 인식할 수 없는 무의식에 의해 동기가 유발된다고 본다.

③ 성적 에너지인 리비도(libido): 본능적인 성적 에너지가 행동과 사고의 동기가 된다고 간주한다.

(2) 성적 충동이 정신적 활동에 미치는 영향과 생식기능에 미치는 영향을 구별하여 아동이 생식을 할 수는 없을지라도 아동의 성적 충동이 환상, 문제해결, 사회적 상호작용 등에 작용한다.

3. 사회복지실천에의 적용

정신역동모델은 문제해결과 사회적 기능의 향상을 목적으로 하는 당시의 사회복지실천에 유용한 이론으로 받아들여지면서 진단주의 학파를 형성하는 이론이었다.

1) 정신역동모델의 목표

(1) 정신분석 치료

비정상적 행동이나 증상의 원인을 파악하고 이를 제거하는 치료적 절차이다.

(2) 치료의 목표

첫째, 증상완화와 더불어 환자가 지닌 기본적 성격 양상과 방어의 재건 내지는 대수정에 기초를 두고 있는데 이를 위해 우선 사회복지사가 할 일은 과거사를 이해하여 그것이 오늘날 환자의 감정생활에 어떤 영향을 주었는지 분석과 함께 아는 것이 필요하다. 둘째, 중요한 것은 병식으로서 종전까지 자기 의식상에서 멀리 동떨어져 왔던 것으로 여겨왔던 2개 이상의 체험, 기억, 행동양상 등이 실은 서로 밀접하게 관계되어 있음을 환자가 인정하는 것을 의미한다. 다음으로는 작업수행이 있어야 하는데 이는 어떤 특정한 인물이나 일련의 경험 또는 갈등 상황이 똑같은 형태의 자료로 오랜 시일을 두고 반복되어져 나오는 가운데 서서히 환자의 감정적 견해가 변화하는 과정이라 할 수 있다. 이러한 작업수행을 통하여 이제 환자는 새로이 얻은 병식을 자기 자아의 일부로 단단히 하여 변화된 사람이 되는 것이다(이영실, 1996 : 50-51).

(3) 치료의 목적

개인의 내적인 심리적 조직을 재구조화하여, 보다 융통성 있고 성숙하게 만드는 것으로 이런 목적을 성취하기 위하여 정신분석적 치료에서는 무의식적 정신과정에 대한 의식적 통제력을 증진시키기 위하여 자아를 강화한다.

(4) 정신분석적 치료방법

사회복지실천에 적용할 때 사회복지사가 수용해야 할 기본가정이다.

표 4-2 정신분석적 사회복지실천의 기본가정

- 증상의 상징적 속성을 파악하고 해석하는 것이 과거 사건 특히 아동기의 외상을 재구조화하는 첩경
- 지속적으로 억압된 무의식을 발견하여 이를 의식수준으로 끌어올리는 것은 원조과정의 필수적 요소
- 정서적 갈등을 표출하는 것은 외상적 기억에서 벗어나는 데 도움이 됨
- 초기의 어려운 생활사건을 이해하고 재구성하는 것이 치료적
- 사회복지사와 클라이언트 사이의 원조관계에는 이전의 중요한 경험이 내포되어 있음
- 자아의식과 자아통제력을 증진시키는 것이 치료적 개입의 목적

출처 : 김동배 외(1998 : 208)

2) 정신역동모델의 과정과 사회복지사의 역할

(1) 치료의 과정

사회복지사가 클라이언트와 신뢰관계를 형성한 후에 클라이언트의 전이를 활용하여서 클라이언트가 자신의 문제를 통찰할 수 있도록 도와주는 단계로 구성

- 전이 : 클라이언트가 특정한 사람에게 느꼈던 과거의 감정을 무의식적으로 사회복지사에게 옮겨가는 것을 의미한다.
- 역전이 : 클라이언트가 마치 자기과거에 그 어떤 중요한 인물로 사회복지사의 무의식에서 부각되어 일어나는 현상이다.

(2) 사회복지사의 기능

클라이언트가 자신을 인식하고, 정직하며, 다른 사람과 효과적인 인간관계를 맺고, 불안을 현실적으로 잘 처리하고, 충동적이고 비합리적인 행동을 통제하도록 돕는 데 관여한다.

(3) 사회복지사의 역할

변화시키는 힘의 주체가 아니며 도와주는 산파의 역할을 한다. 변화는 변화하고자 하는 클라이언트 자신의 몫이며 사회복지사는 클라이언트를 치료하는 데 집중하고 클라이언트가 감정적인 성숙을 하게끔 도와주어야 하며 사회복지사 자신의 개인적 이득을 위해서 환자의 성장함을 방해하지 말아야 한다(이영실, 1996 : 51).

표 4-3 정신분석적 접근방법의 실무원칙

- 모든 행동은 의미가 있고, 설명이 가능하다는 점을 수용하라.
- 원조관계에서 클라이언트가 제시한 재료가 지니는 의미를 파악할 수 있도록 경청하라.
- 현재의 박탈된 행동을 관찰하고 분석함으로써, 심리성적 발달단계의 결과를 평가하고 사정하라.
- 자아방어기제의 활용유형과 활용정도를 사정하라. 자아방어의 성숙수준뿐만 아니라 융통성, 유약성을 평가하라.
- 자신의 동기와 감정에 기울여라.
- 클라이언트가 원조자인 당신에게 보이는 반응에 대해 해석하라.
- 비강요적인 상태에서 클라이언트가 감정, 사고 그리고 행동을 돌이켜 볼 수 있도록 한다.
- 환상, 감정, 그리고 사건에 대해 해석하라. 클라이언트에게 해석이 효율적인지에 대해 환류할 수 있게 하라.

출처: 김동배 외(1998: 209)

3) 정신역동모델의 기법

정신역동모델의 개입기법들은 다음 여러 가지가 있다(Nye, 1991: 37).

(1) 자유연상

클라이언트는 일상생활의 상념과 선입견을 제거하고 어떤 감정이나 생각도 억압하지 않은 채 마음에 떠오르는 것이면 무엇이든 즉시 말하도록 하는 기법이다. 자유연상의 과정동안 표현의 자발성이 매우 중요하기 때문에 환자가 최대한 자발적으로 참여하도록 해야 한다.

(2) 해 석

치료관계에서 나타나는 클라이언트의 행동의 의미를 설명하고 때로는 가르치기도 하는 것으로, 행동에 대한 단순한 설명이 아닌 자아가 더 깊은 무의식의 자료를 탐색할 수 있도록 도와주는 기술이다.

(3) 꿈의 분석

꿈은 무의식적 원망을 표현하는 것이다. 의식의 수준에 있는 꿈은 가장되었거나 상징적인 것으로 명시적인 꿈이 주로 무의식적인 성욕과 관계가 있는 상징들로 채워진다고 하였다.

(4) 저항의 분석과 해석

저항을 참을 수 없는 불안에 대항하여 자아를 방어하려는 무의식적 역동으로 보았다. 사회복지사는 이 저항을 지적하고 해석함으로써 클라이언트가 이에 대한 통찰을 할 수 있도록 한다.

(5) 전이의 분석과 해석

전이의 분석은 클라이언트로 하여금 과거 자신의 미결사항이 현재 자신에게 어떻게 영향을 미치는지 통찰할 수 있는 기회를 부여하며, 통찰된 미결사항을 적절히 해석하고 훈습함으로써 클라이언트가 자신을 변화시킬 수 있는 기회를 갖게 한다.

(6) 경청과 감정이입

경청(listening)은 사회복지사가 클라이언트를 위해 할 수 있는 가장 의미심장한 일이다. 경청은 모든 상담과 반응과 전략을 위한 선행조건이다. 사회복지사가 클라이언트의 언어적・비언어적 표현에 귀를 기울이는 것으로 의사소통의 숨겨진 의미를 이해하는 것이다. 이완된 경청의 자세에 대하여 이 모든 것을 관찰하고 상황을 정확하게 판단할 수 있을 때 참다운 정신분석적 경청이 가능해진다.

한편 클라이언트의 무의식적 감정과 사고, 소망을 이해하고 이에 개입하기 위해서는 감정이입(empathy)이 이루어져야 한다. 즉, 객관성을 유지한 상태에서 클라이언트의 마음속으로 들어갈 수 있어야 한다.

(7) 버터주기와 간직하기

잡아주기 일명 버텨주기(holding)는 클라이언트가 경험하고 있거나 혹은 뭔가 막연하게 느끼기는 하지만 감히 직면할 수 없는 깊은 불안과 두려움을 견딜 수 있는 힘을 제공하는 것이다. 한편 간직하기(containing)는 클라이언트가 두려워하는 모든 충동과 경험들을 간직하여 완화시켜주는 기법이다.

4) 정신역동모델의 유용성

프로이드의 정신분석이론과 이를 기초로 한 성격발달에 관한 설명들이 사회복지실천에 제공한 유용성은 다음과 같다(엄명용 외, 2000 : 118).

① 심리 내적 상황에 대해 관심을 집중시켜 무의식의 존재, 무의식이 성격에 미치는 영향, 성격의 구조 및 무의식과 성격의 상관관계를 이해하도록 하기 위해 원초아, 자아, 초자아의 개념을 활용하게 한다. 또한 자아와 방어기제의 역할 등에 많은 관심을 갖게 한다.

② 가족관계의 심리·성적인 측면을 중요시한다. 심리·성적 요인의 분석을 통해 행동의 이해에 역동적인 이론 제공한다.

③ 가족 내의 상호인간관계에 대한 주의를 환기시킴으로써 부부간, 부모자녀 간, 형제 간의 관계에 관심을 갖게 한다.

④ 사회복지사의 자기인식과 클라이언트와의 관계의 중요성을 인식하도록 한다.

5) 정신역동모델의 문제점

무의식, 전이, 역전이, 애착, 정서적 발달과 같은 개념은 인간의 행동을 이해하는데 매우 도움이 되는 중요한 개념이다. 복잡한, 어려운 행동을 포함한 모든 인간의 행동과 개인이 그 사건에 어떤 의미를 부여하는지를 설명할 수 있는 이론이라는 장점을 발견하게 된다.

그러나 한계점을 발견하게 되는데, 그것은 인간과 사회 환경간의 상호작용을 중시하는 사회복지 실천의 관점과 상반되는 견해로 인해 사회복지사들 간의 내적 갈등과 분열을 조장하기도 하였다. 특히, 정신분석적 치료는 클라이언트의 문제를 진단하고 범주화하는 특성으로 인해 사회복지사의 권위와 우월성을 강조할 뿐만 아니라 클라이언트를 낙인화시키는 문제점이 있다(윤현숙 외, 2002 : 50).

사회복지실천에 있어 의료적 모델(사회적 원인, 문화적 영향과 같은 외적요인의 중요성 간과)을 탈피하고자 하는 노력으로 인해 정신분석적 치료기법은 점차 통합적 방법에 흡수되어 그 본래의 자취를 찾아보기 힘들다(손광훈, 2009 : 131).

이러한 한계점이 보이지만 계속해서 사회복지실천뿐만 아니라 상담심리학이나 정신의학의 기본적인 심리이론으로 활용되고 있다.

토론해 봅시다

01. 정신역동모델의 기법들에는 어떠한 것들이 있으며, 이 기법을 사회복지실천현장에서 어떻게 적용해야 하는가?

02. 정신역동모델의 방어기제들이 실제 삶의 현장에서 어떻게 나타나는가?

03. 정신역동모델의 사회복지실천에 있어 한계점을 논의하시오.

CHAPTER 05

사회복지실천과 심리사회적 모델

1. 심리사회적 모델의 등장배경
2. 심리사회적 모델의 이론적 기반
3. 사회복지실천에의 적용

제5장

사회복지실천과 심리사회적 모델

1. 심리사회적 모델의 등장배경

심리사회적 모델 이론은 개별사회사업을 최초로 체계화한 이론가인 메리 리치몬드(Mary Richmond)에서 그 기원을 찾을 수 있으며, 인간의 문제를 심리적 혹은 정서적이고 사회적인 문제로 이해하면서 '상황 속의 인간'(person-in-situation)을 강조하는 관점으로 본다. 또한 클라이언트를 수용하고 개별화하며 '클라이언트가 있는 곳에서 출발'(start where the client is)하는 등의 실천원칙을 강조한다(윤현숙 외, 2001 : 53).

심리사회적 이론은 1930년대 후반에는 고든 해밀턴(Gordon Hamilton)에 의해서 심리사회적 이론으로 처음 불리기 시작했고 그 후 1960년대에 플로랜스 홀리스(Florence Hollis)에 의해서 사회복지의 실천이론과 접근방법으로 구체화되었다. 전통적으로 사회복지실천의 내용은 개인 내적 요소와 사회적 요소를 모두 중시하는 심리사회적인 것이었으며, 이 전통을 계승하고 집약한 것이 심리사회적 모델인 것이다. 심리사회적 모델의 주요 이론적 배경은 정신역동이며, '상황 속의 인간'의 시각을 강조하지만 개입의 초점은 역시 클라이언트 개인의 심리적 상태, 개인을 둘러싼 사회 환경, 그리고 개인과 환경과의 상호작용 양상에 동시에 주어진다(엄명용 외, 2001 : 271).

즉, 심리사회적 모델에서는 클라이언트가 자신의 행동과 감정에 대해 이해하고 통찰함으로써 자신의 문제를 해결하기 위한 능력을 고취하도록 원조하는 것을 강조한다(김혜란 외, 2001 : 72).

우즈와 홀리스(Woods & Hollis, 1990)는 심리사회적 모델의 이론적 배경으로 생태체계론, 정신역동이론, 역할이론, 의사소통이론 등을 제시하였다. 하지만 앞에서 언급하였듯이, 심리사회적 모델의 가장 주요한 이론은 정신역동이며, 이 가운데 정신분석 이론과 대상관계이론은 심리사회적 이론에 큰 영향을 미치고 있다.

심리사회적 모델 이론은 인간의 심리적 요소는 물론 그가 속한 사회환경과 이 둘 사이의 상호작용에 의한 결과까지도 고려하는 3가지 측면에서 문제의 원인과 해결을 찾으려고 하는 이론이다. 따라서 이 이론은 개인의 심리적인 특성뿐만 아니라 신체 생리적인 상황 속의 인간이란 관점을 제시하면서 사회복지실천의 고유한 이론으로 발전하게 되었다.

상황 속의 인간에서 의미하는 인간은 변화하고 발전 가능성을 가진 존엄한 존재를 정의하며, 상황은 의식주와 같은 물질적인 자원뿐만 아니라 대인관계를 통해 얻게 되는 개인의 사회적인 관계도 포함한다. 따라서 심리사회적 이론은 인간의 수용과 자기결정권의 가치를 존중하며, 사회적 자원의 결핍이 개인의 문제에 미치는 영향력을 중시한다.

초창기의 사회복지실천에 많은 영향을 준 정신분석이론은 문제의 원인을 인간의 본능적 충동과 과거의 경험으로 보는 단선론적인 관점 때문에 상황 속의 인간을 중시하는 사회복지실천의 기본적 관점과 상반된다는 비판을 받기 시작했다. 또한 정신분석이론은 신경장애나 정신질환의 문제가 아닌 일상적인 삶에서 나타나는 문제로 고민하는 대다수의 클라이언트에게 적용하기에는 한계가 있었다. 이러한 문제점으로 인해 정신분석이론에 기초한 진단주의 사회복지사들 중에서는 클라이언트의 문제를 사회적 환경과의 상호작용에서 파악하려고 하는 심리·사회적 관점에서 관심 갖기 시작하였다. 이러한 관점은 초창기의 전통적인 사회복지실천방법을 유지하려는 사회복지사의 욕구와 자아심리학의 영향으로 인해 점차 구체적인 이론으로 등장하기 시작하였다(윤현숙 외, 2001 : 54).

2. 심리사회적 모델의 이론적 기반

심리사회모델의 주요 이론적 배경은 정신역동이며, '상황 속의 인간'이 시각을 강조하고 있다(이영실 외, 2011 : 56). 이론적 기초는 크게 나눠서 네 가지 이론에 기초하고 있고, 그 내용들을 다음과 같다.

1) 정신분석이론

프로이드의 이론은 결정론적인 인간관을 통해 진단주의를 이끌고 있다. 이에 따르면, 모든 현상은 우연히 발생하는 것이 아니라 선행 사건에 의해 결정된다고 본다. 따라서 정신병리, 실수 등과 같은 인간 행동도 우연히 발생하는 것이 아니라 원인이 있다고 본다. 물론 그 원인은 무의식에 있으며, 무의식 과정은 직접 관찰할 수 없기 때문에 정신분석이라는 특별한 방법을 필요로 한다.

즉, 정신분석을 통해 정신병리 혹은 문제행동의 무의식적인 근원을 찾아낸다면, 인간은 자신의 상황에 보다 현실적으로 적응할 수 있다는 것이다. 정신분석은 자유연상이나 무의식적 소망을 꿈을 분석함으로써 이루어진다(김혜란 외, 2001 : 73).

프로이드에 의하면, 마음은 id, ego, super-ego로 구성되어 있는데, 이드(id)는 즉각적이고 맹목적, 이기적으로 만족하려는 성향을 가진 것으로 무의식적으로 일어난다. 자아(ego)는 이드로부터 분리되어 외부세계와의 상호작용 과정에서 발달되는 것으로 논리적이고 현실적인 성향을 가진다. 초자아(super-ego)는 현실보다는 이상적인 것을 추구한다.

이러한 성격구조를 통해 인간은 신경증적 불안, 현실적 불안, 도덕적 불안의 세 가지 불안을 근원적으로 가지게 되며, 이러한 불안으로부터 벗어나기 위해 방어기제(defence mechanism)를 사용한다. 방어기제를 사용하게 되면 일시적으로는 불안에서 해방되지만, 지나치게 방어기제를 사용하면, 또 다른 병리적 문제를 유발하게 될 수도 있다. 방어기제는 억압, 부정, 회피, 투사, 내면화, 합리화, 반동형성, 취소, 격리, 지성화, 전치, 승화, 동일시, 퇴행 등을 포함한다(김혜란 외, 2001 : 74).

2) 대상관계이론

정신분석이론이 인간의 심리 내적인 부분을 강조한다면 대상관계이론은 인간이 속한 환경과의 경험에서 발전한 대인관계를 강조한다. 인간은 과거 경험에 형성된 기대에 따라 현재의 대인관계를 맺으며, 과거 경험은 내부대상(internal objects), 즉 자기 자신과 대상, 관계에 대한 정신적 이미지로 남아 대인관계에 영향을 미친다는 것이다.

즉, 인간은 다른 사람들의 실제 특성보다는 내부대상과의 유사성에 따라 대인관계를 맺으며, 특히 생애 초기에 경험한 애착대상의 관계는 이후의 대인관계 유형을 결정짓는다고 강조한다.

또한 이 이론에 따르면 태아는 자기와 외부를 구별할 능력이 없고 따라서, 자신의 보호하고 보살피는 어머니 또한 객관적인 외적 대상이 아니라, 자기 자신으로 체험하게 되는데 이러한 것을 자기 대상(self objects)라고 한다. 이때 어머니가 긍정적인 경우 긍정적 자아를 경험하며, 반대로 부정적인 경우 부정적 자아를 경험한다.

이유기가 되면서 아기는 자신과 어머니를 구분하며, 아이가 걸을 수 있게 되고 운동능력이 발달함에 따라 어머니로부터의 분리를 위한 연습을 하게 된다. 물론 어머니로부터 완전히 분리되는 것은 아니며, 이때 어머니 대신 안정을 느낄 수 있는 대상으로 인형과 같은 과도기적 대상(transitional objects)을 갖는다. 아이는 만 2세가 지나면서 어머니와 분리되어 개별화를 경험하는데, 어머니는 이때 아이의 분리 개별화 과정을 적절히 지원해야 한다.

아이가 만 3세가 되면, 눈에 보이지 않더라도 어머니가 존재한다는 사실을 인지하게 되는데, 이렇게 눈에 보이지 않더라도 그 대상이 존재하는 것을 인식하는 것을 대상관계 영속성이라고 한다.

대상관계이론에 따르면, 적절한 부모 역할이 자녀의 분리 개별화를 돕게 되고 그럼으로써 독립적인 자기 개념을 형성하게 된다고 한다. 만약, 자기 개념이 잘 형성되지 않았다면, 취학기, 청소년기, 성인 독립기가 되었을 때 어려움을 겪을 수 있다. 또한 자녀가 병리적인 대상을 내면화한 경우, 이후 대인관계에서 문제를 경험하게 된다(김혜란 외, 2001 : 75).

3) 자아심리이론

자아심리학의 뿌리는 정신역동이론이었지만 몇 가지 점에서 중요한 차이를 보였다. 정신역동이론은 모든 에너지의 근원이 원초자아라고 하였으며, 따라서 자아가 활동하는 데 필요한 에너지조차도 원초자아에게 의지할 수밖에 없었다. 반면에 자아심리학에서는 자아를 무의식적인 성적에너지 또는 공격적 에너지에 좌우되는 연약한 존재가 아니라 나름대로의 독립성과 자율성을 가진 존재로 보았다. 따라서 자아심리학에서 자아는 원초자아의 충동을 억제할 수 있는 힘과 초자아의 지나친 윤리적 요구를 완화시킬 수 있는 힘을 동시에 가진 창조적이고 주체적인 현실적응기제이다.

자아심리학에서 개입대상은 무의식 가운데 있는 보이지 않는 힘이 아니라 자아의 상태였다. 자아의 수행능력, 자기방어기제, 자아의 자신감, 자아의 현실판단능력 등을 회복, 향상, 보존해 주는 것 등이 개입의 목표였다. 자아심리학에서는 무의식보다는 인식할 수 있는 세계, 과거의 사건보다는 현재의 사건, 피동성보다는 능동성, 성격의 단점보다는 강점을 강조한다(엄명용 외, 2001 : 277).

4) 기타 사회과학이론

(1) 체계이론

개인체계와 환경체계는 상호역행을 주고받는 개방체계라는 점, 그리고 개인의 행동은 이렇게 상호작용하는 개방체계의 맥락 속에서 이해되어야 한다는 점이다.

(2) 인류학

각 개인의 독특성을 인정하고 차별적 진단 및 차별적 개입을 강조한 심리·사회 모델은 각 개인들이 갖고 있는 문화적 배경의 차이이다. 즉, 관습의 차이, 특정 상황에서의 행동양식의 차이, 사회역할 및 성역할의 차이, 어린이나 노인에 대한 보호양식의 차이 등을 역설한 인류학에 영향을 미친다.

(3) 가족체계에 대한 이론, 결혼생활과 관련된 사회학 연구

이밖에도 사회구조가 클라이언트의 문제발생에 영향을 주고 사회구조의 개선 없이는 클라이언트의 문제해결이 어렵다는 사회학 측의 주장은 심리·사회 모델의 초점이 개인에서 사회로 이동하는 데 영향을 준다.

이외에도 역할이론, 의사소통이론 등의 영향이 이 모델에서 유입되었다.

3. 사회복지실천에의 적용

1) 심리사회적 모델의 개입목표

심리사회적 모델에서는 클라이언트의 과거 경험이 현재의 심리적·사회적 기능에 영향을 미친다고 본다. 따라서 클라이언트의 과거와 그리고 현재의 경험과 관련한 내적 갈등을 이해하고 통찰함으로써 클라이언트가 성장하도록 할 수 있다고 본다.

심리사회적 이론은 상황 속의 인간이란 관점을 중시하기 때문에 사회복지실천의 목적도 클라이언트와 사회환경 간 혹은 클라이언트와 타인의 상호작용에서 나타나는 사회적 역기능을 해결하는 것으로 정의한다(윤현숙 외, 2001 : 55).

사회복지사가 클라이언트 주변의 변화를 직접 행하기보다는 클라이언트 스스로가 주변을 변화시키는 노력을 하는 과정에 최대한 도움을 제공하도록 하고, 모든 변화가 가능한 것이 아니기 때문에 변화가 가능한 선까지 변화가 있을 수 있도록 현실적 지원 제공을 해주는 것을 목표로 해야 한다.

심리사회적 모델의 실천목표는 클라이언트가 경험한 과거의 사건이나 경험들 혹은 현재의 경험들과 관련된 심리 내적인 갈등과 어려움을 클라이언트 스스로 이해하고 통찰할 수 있도록 도와주어 클라이언트의 어려움을 경감시키는 것과 동시에 개인과 상황체계에서의 역기능을 감소시키는 것이다(임안나 외, 2011 : 79).

2) 심리사회적 모델의 개입과정

(1) 클라이언트와 사회복지사와의 의사소통 과정

① 지지

② 직접적 영향

③ 탐색, 묘사, 환기

④ 상황 속의 인간 반영

⑤ 발달적 반영

(2) 클라이언트에게 서비스를 제공하기 위해 자원을 활용

① 사회복지사 자신의 사회복지기관 활용

② 사회복지사가 고용된 비사회복지기관 활용

③ 다른 사회복지기관 활용

④ 사회복지사를 고용하거나 전혀 고용하지 않은 비사회복지기관 활용

⑤ 클라이언트와 도구적, 정서적 관계를 가진 사람들을 활용

(3) 클라이언트를 위한 "행동하는 역할"

① 자원 제공자

② 자원 발굴자

③ 클라이언트를 다른 사람에게 설명하는 사람

④ 클라이언트와 다른 사람 사이에서 중재자

⑤ 클라이언트와 다른 사람 사이에 공격적 개입자(조휘일 외, 1999 : 112)

3) 심리사회적 모델의 기법과 사회복지사의 역할

심리사회적 모델에 의한 개입은 위의 클라이언트와 사회복지사와의 의사소통 과정에 따라 다음 여섯 가지로 구분될 수 있으며, 각각의 기법에 따라 사회복지사들의 역할이 행해진다.

(1) 지지

클라이언트의 문제해결능력에 대해 확신감을 표현해줌으로써 클라이언트의 불안을 감소시키고 자아존중감을 증진시키는 과정이다.

언어적·비언어적 의사소통을 모두 동원해 클라이언트를 지지하며, 필요하다면 클라이언트의 문제를 돕는 실질적인 활동을 통해 지지를 제공하기도 한다(예를 들어, 만성질환자의 가족이 클라이언트이며, 보호를 위한 가족의 역할 수행에 어려움을 겪는다면 간병인을 연결하거나 혹은 경제적인 원조서비스 등). 이렇게 실질적인 도움을 제공함으로써 사회복지사가 클라이언트를 수용하고 지지함을 나타낼 수 있다.

(2) 직접적 영향

클라이언트의 행동을 촉진하거나 향상시키기 위한 조언, 제안 등을 통해 사회복지사의 의견을 클라이언트가 받아들이도록 하는 개입과정이다. 클라이언트의 자기결정권도 중요하지만, 때로 직접적으로 영향을 미침으로써 보다 적절한 결과를 얻을 수 있을 때 사용한다. 강도에 따라서, 단순히 강조하기, 제안, 충고하기, 독려하기 등으로 구분된다. 물론 사회복지사가 원하는 것을 조언하는 것이 아니라, 클라이언트의 욕구에 따라 조언을 해야 하며, 충분히 문제 상황을 이해하고, '클라이언트가 있는 바로 그곳에서부터 출발'해야 한다.

(3) 탐색 – 기술 – 환기

탐색(exploration), 기술(description), 환기(ventilation) 등은 클라이언트의 문제와 관련하여 클라이언트의 환경, 혹은 환경과의 상호작용에 관련된 사실을 이해하고 설명하도록 원조하며, 나아가 사실과 관련된 감정을 표출하도록 도움으로써 감정적 해소감을 느끼게 하는 것이다. 탐색–기술과 환기는 연관되어 있는데, 사실을 진술하거나 설명하는 과정에서 자연히 감정이 표현되기 때문이다.

특히, 분노, 상실감, 죄책감, 불안 등의 감정적 반응에 적절하게 활용될 수 있다. 이런 감정들은 말로 표현함으로써 강도가 현격히 줄어드는데, 클라이언트가 방어하지 않고 편안하게 자신의 감정을 표현할 수 있는 준비가 되었을 때에야 비로소 클라이언트는 환기를 경험할 수 있다. 때로는 환기를 경험하는 것 자체로 문제가 해결되는 경우도 있다.

(4) 인간 – 상황에 대한 고찰

인간–상황에 대한 고찰은 모두 여섯 가지로 이루어진다.

① **다른 사람들, 건강, 상황**: 자신이 처한 상황과 가족 및 환경에 대한 이해가 정확하지 못한 경우가 있으며, 이를 질문이나 언급을 통해 클라이언트가 깨닫도록 해주는 것이다.

② **클라이언트의 행동이 자신과 다른 사람들에게 미치는 영향**: 클라이언트가 미처 깨닫지 못한 결과에 대해 주의를 기울이도록 한다.

③ **클라이언트 행동의 성격**: 자신의 숨겨진 반응, 사고, 감정의 성격에 대해 이해하도록 원조함으로써 클라이언트가 자신의 감정에 대해 통찰을 가지도록 한다.

④ **클라이언트 행동의 원인**: 다른 사람들과의 상호작용이나 상황적 자극에 대해 나타낸 반응 행동의 원인을 이해하도록 원조하는 것이다. 예를 들어, 자녀가 기숙사로 떠나는 것을 반대하는 부모는 자녀의 안전에 대한 걱정보다는 기숙사로 감으로써 자신들의 품을 떠나게 되는 이별이라는 개념을 가져 이별에 대한 불안과 두려움으로 반대를 하는 것일 수도 있다(분리불안).

⑤ **자기 평가**: 자신의 도덕과 양심, 자기 이미지, 가치 등에 관한 자기 평가를 원조함으로써, 자신의 가치를 명확히 이해하도록 돕는 것이다.

⑥ **사회복지사와 치료 과정**: 클라이언트가 가지고 있는 사회복지사, 치료, 기관의 규칙 등에 대해 클라이언트의 이해정도와 반응을 탐색함으로써 원조과정의 효과를 극대화하는 과정이다.

(5) 유형 – 역동에 대한 고찰

사회복지사는 클라이언트의 성격 혹은 행동 유형과 심리 내적 역동에 대해 고찰한다. 또한 클라이언트가 사용하는 방어기제를 분석하고, 내부대상에 대한 고찰도 포함하며, 분리와 개별화 정도 등에 대해 고찰한다.

(6) 발달적 고찰

클라이언트의 현재의 성격이나 기능에 영향을 미친다고 생각되는 원가족에서의 경험 또는 유아기 때의 경험에 대해 생각해 보도록 하는 의사소통 행위이다(엄명용 외, 2001 : 281).

환경에 대한 개입에 있어 사회복지사의 역할 유형 가운데 가장 중요한 사항은 비밀보장과 클라이언트의 책임성이다. 이에 따른 사회복지사의 역할을 살펴보면 다음과 같다.

- 자원의 제공자 : 기관에서 자원 제공 업무에 관여
- 자원 발견자 : 이를 위해 사회복지사는 지역사회자원에 대해 많이 알고 있어야 하며 클라이언트가 무엇을 필요로 하는가를 정확히 파악해야 함
- 자원의 창출자 : 사회복지사는 사회복지기관 또는 관련 기관들이 새로운 프로그램을 신설하도록 독려
- 해석자 : 클라이언트 주변의 사람들이 클라이언트를 다르게 이해하고 클라이언트에 대해 다르게 행동할 수 있도록 지원
- 중재자 : 옹호의 한 형태. 클라이언트 주변 사람들이 클라이언트의 인격, 욕구, 권리 등에 대한 이해를 바로 할 수 있도록 하는 역할. 해석자의 역할보다 더 적극적인 역할
- 공격적 개입자 : 클라이언트의 권리가 명백히 무시, 거부 또는 침해당하고 있

을 경우 그것에 직면하는 활동. 이것은 위의 중재활동이 소기의 목적을 달성하지 못했을 경우 동원되는 역할

4) 심리사회적 모델의 유용성

심리사회적 모델은 사회복지실천현장 어디에서나 발견될 수 있는 실천방법이며 개인, 커플, 가족, 집단치료, 환경과의 작업 등 여러 가지 형태로 실천되고 있다. 또한 장·단기개입, 위기개입, 예방적 개입, 외상치료 등 다양한 상황에서 사용되고 있다(Woods & Hollis, 1990). 이 모델은 개인, 환경, 개인과 환경 간의 상호작용 등을 모두 중시하고 지역사회를 포함한 모든 대상에 개입한다고 주장하고 있으나 주로 대화를 통한 개인에 대한 개입 쪽에 무게를 두고 있다고 평가된다. 특이한 점으로는 홀리스와 우드(Hollis & Woods)는 가족치료를 사회사업에 통합시키는 데 대해 강조하고 있어 가족 내의 개인을 보는 데 유용하다(엄명용 외, 2001 : 288).

심리사회적 모델에 입각하여 실천을 행하는 사회복지사는 사회복지실천 현장에서 만나는 각종 문제 상황을 해결해 주도록 문제에 대한 개입을 하는데, 여기서 문제해결이란 개인 또는 가족 내부의 해결, 개인 또는 가족 복지를 위협하는 사회환경의 변화, 개인 또는 가족의 사회적 기능의 회복 및 양성 등을 의미한다. 클라이언트에게 일어나는 이러한 변화를 통하여 다른 요소들의 변화를 촉발시키는 방법을 통해 발생한다. 즉, 개인의 삶에 큰 영향을 주는 보다 큰 사회체계 중 어느 한 부분을 변화시키면 다른 한 부분에서도 변화가 일어날 수 있다는 것이 전제가 된다.

심리사회적 모델은 1930년대에 사회복지 실천 분야에서 있었던 진단주의와 기능주의의 논쟁에서 진단주의 실천양식에 뿌리를 둔 모델이기 때문에 어떤 사례를 이해하기 위해 클라이언트의 근접환경을 현재 및 과거 시점에서 조사했던 리치몬드(Richmond, 1917)의 영향을 반영하고 있으며, 관련된 과거사실에 대한 세심한 개인력(history-taking)을 통한 사회연구를 강조한 프로이드의 관점도 반영하고 있다. 심

리사회적 모델이 리치몬드에 의한 사회복지실천 활동의 체계화 노력에 영향을 받은 점을 몇 가지 살펴보면 다음과 같다.

① 리치몬드는 개인에게만 초점을 둔 자선활동으로는 당시 클라이언트들이 경험하고 있던 문제들을 해결하기가 어렵다는 것을 발견했다. 그래서 리치몬드는 우선 클라이언트의 최근접 환경인 가족의 맥락 속에서 클라이언트의 문제를 진단하려 했고, 더 나가서 사회의 개량을 통해 개인 문제를 해결하는 쪽으로 시야를 넓혔다.

② 리치몬드에 의해 시도된 사회복지실천 과정의 과학화 노력이 심리사회모델로 이어졌다.

③ 각 개인 및 가족은 나름대로의 독특성을 지니며 독특성에 바탕을 둔 그 나름대로의 문제배경을 지니고 있으므로 클라이언트의 문제사례는 차별적으로 진단되어지고 차별적으로 개입되어져야 한다고 리치몬드의 실천관점이 심리사회모델 속에 유입되었다.

④ 클라이언트가 자신의 행동과 감정에 대해 이해하고 통찰함으로써 자신의 문제를 해결하기 위한 능력을 고취하도록 원조하는 것을 강조한다.

5) 심리사회적 모델의 문제점

심리사회적 모델은 자원을 창조하고 발견하고 제공하는 역할을 하거나, 클라이언트와 다른 사람들 사이에서 중재자로서 역할을 한다. 그러나 기관이나 지역사회, 또는 정치적 수준 같은 환경적인 작업에 대해서는 강조점이 덜 주어지고 있다는 비판이 있다. 또한 심리사회적 모델은 너무 좁게 정신분석적이고, 억압받는 인구와 다른 다양한 목표집단 욕구와 강점에 불충분하게 반응한다는 비판을 받았다.

홀리스는 그녀의 심리 사회치료가 더 추구해나가야 할 과제로 다음과 같은 질문을 하고 있다(Hollis, 1970 : 73).

① 사회복지사가 클라이언트를 변화시키기 위해 사용하는 언어적 또는 비언어적 지시를 어느 정도까지 무의식적으로 주는 것이 가능한가?
② 의식적이든 무의식적이든 간에 비언어적 커뮤니케이션이 어느 정도까지 치료의 결과에 영향을 미칠 수 있는가?
③ 사회복지사의 성격 중 어떤 요소가 치료에 영향을 미치며 또한 어떻게 영향을 미치는가?
④ 사회복지사의 방식 중 어떤 요소가 치료에 영향을 미치며 또한 어떻게 영향을 미치는가?
⑤ 어떤 상황하에서 시간이 제한된 치료가 효과적인가?
⑥ 어떤 차이가 1회나 여러 회의 클라이언트 면담이 가장 효과적인 상황을 결정하는가?
⑦ 어떤 사회문화적 요소가 치료에 중요한 영향을 미치며 이러한 경우 어떠한 방법으로 치료접근에 조정이 필요한가?
⑧ 어느 정도까지 클라이언트 교육이 치료과정을 선택하는 데 요인이 되는가?
⑨ 클라이언트와 사회복지사의 인종 차이가 치료에 어떻게 영향을 미치는가?

이러한 질문들이 해답될 수 있어야 함을 지적하면서 홀리스는 또 하나의 문제점으로 조사연구의 미비함을 지적하였다. 그동안 개별사회사업(case work)의 조사연구는 사회과학이나 행동과학의 조사방법을 빌려 쓴 것이 사실이고 개인수준의 실천 과정을 연구할 수 있는 방법이 개발되지 못했다. 따라서 개별사회사업 이론과 실천에 능한 사람 중에 조사방법론 또한 익숙히 알고 적용 할 수 있는 사람이 필요함을 강조하였다.

다른 학자 중에서 심리학자 아이젠크(Hans Eysenck, 1965)는 심리사회치료가 강조하는 통찰력이 행동변화의 선행조건이라는 가설은 실험적으로 증명되지 않았다는 점을 지적했고, 클로와드와 엡스타인(Cloward & Epstein, 1965)은 진단주의 학파가 클라이언트가 될 수 있는 많은 사람들을 어느 특정한 틀에 맞추려 하기 때문에 서비스를 받지 못하는 사람이 생기며 치료불능으로 간주되기도 한다고 비난하였다. 즉, 케이스 사회복지사는 치료모델을 이미 마음속에 가지고 있고 클라이언트가 얼마나 그 모델의 목표와 치료의 요구에 부응할 수 있는지의 정도에 따라서 그 클라이언트가 도움을 받을 수 있는지의 여부를 결정한다는 것이다. 따라서 개별사회사업가(case worker)에게는 동기가 유발되는 클라이언트는 자기를 알고자 하는 자이고 협조적인 클라이언트는 해석과정에 열심히 응하는 자이며 이상적인 클라이언트는 동기도 유발되고 협조적이기도 한 자로 이러한 사람들 외에는 서비스를 받기가 어렵다는 것이다.

브리아와 밀러(Briar & Miller, 1971)도 진단주의가 기법을 사용할 때 분명하고 적절히 규정하지 않았다고 지적하였다. 통찰력은 기법이 아니라 목표인데, 사회복지사가 어떻게 통찰력을 부여할 수 있으며, 지지 또한 관계과정에서의 한 특징일 뿐 기법이 아닌데, 어떻게 지지적 관계가 수립되고 유지되는지에 대한 분명한 규명이 부족하다고 보았다.

토론해 봅시다

01. 심리사회적 모델의 이론적 기반에 대하여 논의하시오.

02. 심리사회적 모델의 기법과 사회복지사의 역할이 무엇인지 논의하시오.

03. 심리사회적 모델이 사회복지실천현장에서 어떻게 활용되고 있는지 논의하시오.

CHAPTER 06

사회복지실천과 인지행동모델

1. 인지행동모델의 등장배경
2. 인지행동모델의 이론적 기반
3. 사회복지실천에서의 적용

제6장 사회복지실천과 인지행동모델

1. 인지행동모델의 등장배경

인지행동모델은 행동을 수정하는 방법으로 인지론과 행동론의 조화를 통해서 수정한다. 인지행동모델이 미국의 사회문헌에 소개되기 시작한 것은 1960년대 중반이었으나 지금은 임상사회사업의 주요 시각으로 자리잡았다.

인지행동이론에 영향을 준 엘리스(Ellis, 1962), 켐퍼(Kanfer, 1975), 벡(Beck, 1970), 마이켄바움(Meichen-baum, 1977), 반두라(Bandura, 1977) 그리고 행동주의자 울프(Wolpe)를 들 수 있다.[1)]

인지행동모델의 뿌리는 고대 그리스 스토아 철학에서 그 근원을 찾을 수 있다. 에픽테투스는 인간은 사물에 의해서가 아니라 그들이 그것을 어떻게 생각하느냐하는 관념에 의해 방해를 받게 된다고 주장했다.

이어 파블로프의 고전적 조건화 이론은 많은 인지행동적 개입들에 기초가 되었다. 고전적 조건화 이론은 울프의 체계적 탈감법[2)] 개발에 많은 영향을 주었고 체계적 탈감법은 인지행동모델의 주요기법으로 활용되게 되었다.

손다이크의 조작적 조건화 이론은 이후 인지행동모델 발달에 중요한 역할을 한 스키너에 의해 계승되었다. 반두라를 위시한 사회학습이론도 중요한 기여를 했으

---

1) 이들은 인간의 행동을 이해하고 예측하며, 이상 행동을 치료함에 있어 신념 · 기대 · 태도 · 귀인과 인지적 활동이 중요한 역할을 한다는 입장을 취한다.

2) 부적응공포나 불안의 소거를 주목적으로 사용한 기법으로, 클라이언트가 근이완장면에 있을 때 공포나 불안을 환기하는 장면이나 자극을 이미지화시켜서 공포나 불안을 제거하는 절차로 오늘날 행동치료에서 가장 많이 쓰이는 기법이다.

며 이외에도 바우어(Bower)의 '기분과 기억의 연결망 이론', 켈리의 '개인적 구조', 셀리먼(Seligman)의 '학습된 무력감 이론', 라자로(Lazarus)의 '행동변화에 미치는 사고와 정서의 영향', 보울비(Bowlby)의 '초기 애착이론'을 비롯한 발달심리학 등이 인지행동모델에 많은 영향을 주었다.

최근의 사회사업 임상에 거대한 영향을 주고 있는 인지행동모델은 생각하고 정보를 처리하는 과정인 인지과정의 연구로부터 도출된 개념과 함께 행동주의와 사회학습이론으로부터 나온 개념들을 통합 적용한 것이다.

2. 인지행동모델의 이론적 기반

1) 인지이론의 관점

인지이론은 클라이언트의 생각을 점검하고 정서와 행동에 대해 클라이언트가 가지고 있는 인지 경향과 타당성을 인정·평가한 후, 클라이언트의 역기능적인 태도, 신념, 가정들을 수정할 수 있는 객관적인 방법을 가르치는 모델이다.

인지이론에서는 사람들의 감정이나 행동이 어떤 사건에 대한 그들의 지각에 의해 영향을 받는다고 가정하고 사람들의 느낌을 결정하는 것은 그 상황 자체가 아니고 그들이 상황을 해석하는 방식에 달려 있다고 믿는다.

인지이론의 특징은 다음과 같다.

① 사고가 행위의 기본적 결정요인이라고 본다.

② 과거는 오로지 그릇된 사고의 근원을 규명하기 위해서만 중요한 의미를 갖는다.

③ 개인의 오인이 문제를 만들어 내며, 이것을 바로 잡을 책임 또한 개인에게 있다고 본다.

④ 인간의 본질을 선천적으로 악하다거나 선한 것으로 보지 않고 어떤 방향으로든 훈련될 수 있는 것으로 본다.

⑤ 인간의 사고는 목적과 관련된다.

2) 행동주의의 이론 관점

행동주의자들은 인간의 행동이 심리적 상태와는 아무런 관계가 없는 외적 자극 및 환경의 영향에 의해 변한다고 주장한다. 이를 맨 처음 주장한 사람은 왓슨으로, 그의 행동주의에 영향을 준 것으로는 손다이크의 조작적 동물실험[3)]과 파블로프의 동물의 조건반사 실험[4)]을 들 수 있다.

행동요법이란 말이 처음 나온 것은 1953년 스키너와 린즈리에 의해서였다. 이후, 아일론과 아즈린은 정신병원이라는 장면에서 스키너와 행동주의자들이 확립한 조작적 조건형성 기법을 적용한 결과, 전통적 치료 방법으로는 효과를 보지 못했던 만성 정신병자들에게 토큰경제(token economy)가 매우 효과적임을 입증하였다.

3) 인지행동주의 모델 관점

인지행동모델은 행동주의자들이 주장하는 환경결정주의와 프로이드주의자들의 정신 내적 결정주의를 통합시킨 모델이다. 인지행동 관점에서는 행동이 보상과 처벌에 의해 자동적으로 형성된다고 가정하기보다 환경이 제공한 정보와 개인의 인지적 과정이 상호작용한 결과 형성된다고 본다.

인지행동모델의 특징은 다음과 같다.

3) 보상을 얻기 위한 도구적 행동이 시행착오를 거듭하면서 학습이 되고 보상의 경험을 할수록 행동이 지속되고 빨라지는 것으로 손다이크는 이를 도구적 조건형성이라고 불렀다.

4) 이반 파블로프(Ivan Pavlov)는 개의 침샘 실험을 통해 침을 흘리는 것은 학습을 통한 것이 아니라 생득적임을 알았다.

① 문제중심적이며 목표지향적이다.
② 협력적이다.
③ 치료사는 적극적이며 직접적으로 개입한다.
④ 과제중심적이다.
⑤ 현재에 초점을 맞춘다.

행동주의(behaviorism), 사회학습이론(social learning theory), 행동치료(action theory), 기능주의 사회사업(functional social work), 과업중심치료(task-centered treatment) 등에서 채택한 개념과 기술 그리고 인지모델(cognitive model)에 근거한 접근방법으로써 특수한 문제를 해결하는 데 도움을 준다. 이런 유형의 모델은 통찰치료와는 반대되는 비교적 단기적이고 현재에 초점을 맞추며, 목표도 한정되고 특수하다. 인지-행동지향적인 치료사들은 상당히 직접적인 경향을 지니며 클라이언트의 표출된 문제에 초점을 맞춘다(사회복지실천이론의 토대, 1999).

3. 사회복지실천에서의 적용

1) 인지행동모델의 목표

인지행동모델은 목표지향적이고 문제중심적인 치료이며, 교육적이고 클라이언트 자신이 스스로 사회복지사가 될 수 있도록 교육하는 것과 단기적이고 시간 제한적인 치료를 목표로 한다.

모든 심리적인 장애에서 왜곡되고 역기능적인 사고가 공통적이며, 이러한 역기능적인 사고는 환자의 기분과 행동에 영향을 미친다고 가정하는 인지이론과 기능적인 행동은 학습을 통해 습득될 수 있다고 가정하는 행동주의이론의 영향을 받았다.

따라서 인지행동모델은 인지 치료적 방법으로 교육을 통해 상황을 해석하는 왜곡된 방식을 변화시키거나 기능적인 차원에서 해석하는 방식을 배우며, 관찰학습을 통해 변화를 유지시키는 것을 목적으로 한다고 할 수 있다.

2) 클라이언트와 사회복지사의 역할

(1) 클라이언트의 역할

인지치료에서는 클라이언트의 학습 경험을 강조한다.

클라이언트는 첫째, 자신의 부정적 자동 사고를 모니터하고, 둘째, 인지와 정서, 행동의 연관성을 인식하며, 셋째, 자신의 왜곡된 자동 사고를 뒷받침하거나 반박하는 근거를 점검해 보고, 넷째, 왜곡된 인지를 보다 현실 지향적 해석으로 대체하고, 마지막으로 왜곡된 인지유형으로 기울어지게 된 저변의 가정들과 믿음을 규명하고 변경할 수 있도록 학습한다(Beck, Rush, Shaw, & Emery, 1979).

그리고 합리적 치료에서 사회복지사는 교육적 환경에서 클라이언트의 비합리적 신념을 합리적인 신념으로 바꾸도록 원조한다. 먼저 클라이언트가 부정적 감정 혹은 행동과 연관된 비합리적 신념을 찾아내고, 비합리적 신념이 옳은지 그른지 사회복지사와 토론함으로써 비합리적 신념과 합리적 신념을 구분해 내도록 교육한다(김혜란 외, 2001 : 234).

(2) 사회복지사의 역할

① 주관적인 경험의 독특성

각 개인이 갖는 삶의 사건과 정서반응의 독특한 의미, 현실은 조직하는 데 작용하는 정보전달과정, 신념, 신념구조와 같은 주관적 경험의 독특성 사회복지사는 클라이언트의 정보를 탐색한다.

② 협력적인 노력

클라이언트의 문제에 대한 해결은 클라이언트와 사회복지사의 협력적인 노력이다. 클라이언트는 자신과 타인, 세계에 대한 견해와 관련된 특정한 내용을 가져온다.

사회복지사는 클라이언트의 문제와 치료, 개입전략에 관련된 개입의 구조화, 사정, 지침, 특정한 정보들을 제공한다.

③ 자신과 타인을 위한 무조건적 관심

사회복지사는 모든 인간은 가치가 있다는 견해를 나타내며, 클라이언트가 이러한 철학을 적용할 수 있도록 개입한다. 자신과 타인에 대한 무조건적 관심은 인간은 누구나 강점과 제한점, 기술과 재능, 지식과 무지, 예외적인 특성과 흐름을 가지고 있다는 자기수용을 기반으로 하고 있다.

④ 구조화되고 직접적인 접근

치료는 문제를 해결하기 위한 방향과 처방된 절차를 갖고 있으며, 사회복지사는 치료지침에 의해 치료과정을 유지하고 비협조, 힘의 갈등, 종결준비 등과 같은 이슈를 관리하고, 표적이 되는 문제에 전략적인 초점을 유지한다.

클라이언트와의 협력관계를 전반적으로 견지하지만 치료과정의 궁극적인 책임은 사회복지사에게 있다.

⑤ 적극적인 접근

클라이언트는 치료세팅 내외에서 모두 적극적인 역할을 수행하도록 기대된다. 협력을 통해 변화를 위한 전략이 세워지면 클라이언트는 변화노력을 기울이며 성취자료를 모으고, 치료세팅으로부터 클라이언트의 자연적인 상황에 이르기까지 성취된 것이 유지되도록 집에서의 과제가 주어진다(양옥경 외, 2001 : 58).

3) 인지행동모델 치료기법, 개입 기법

인지행동모델의 개입 목표는 클라이언트가 당면한 문제를 해결하고, 역기능적 사고와 행동을 수정하는 것이다. 그러므로 사회복지사는 클라이언트의 문제를 사정할 때 클라이언트의 역기능적 인지 왜곡이나 잘못된 사고, 감정, 행동 등을 파악하고 내적 의사소통 명료화, 설명, 과제, 역설적 개입, 역동적, 실존적 반영, 인지 재구조화 모델링, 행동시연 등의 기법을 활용하며 이를 구체적으로 살펴보면 다음과 같다(Corey, 1991 ; 이영실 외, 2011 : 79-86 재인용).

(1) 내적 의사소통 명료화

내적 의사소통 명료화(clarifying internal communication)는 클라이언트 스스로 자신에 독백하고 생각하는 것으로 이에 대해 사회복지사가 피드백을 제공하는 장점 때문에 효과적이며, 인지적 사회복지실천에서 흔히 사용하고 있다. 이를 통해 클라이언트는 자기 자신과 다른 사람에게 하는 말 속에 숨겨진 잘못된 생각과 비합리적 신념에 대해 더 잘 이해할 수 있게 된다. 클라이언트가 이러한 잘못된 생각을 깨닫게 될 때 인지적 검토를 통해 인지변화가 유발될 수 있다.

(2) 설 명

설명(explanation)은 클라이언트에게 감정이 어떻게 행동에 영향을 미치는지에 대한 ABC모델을 설명하기 위해 사용된다. ABC모델의 A는 촉발사건(activation event), B는 신념(brief), C는 감정적 결과(consequences)를 설명하는 것이다.

(3) 과 제

과제(written homework) 혹은 숙제는 클라이언트의 적극적 협조와 참여를 기반으로 하고 있다. 과제는 클라이언트가 자신의 문제에 대한 인식을 향상시킬 뿐만 아니라 새로운 행동을 획득하거나 과거의 반응을 제거할 수 있도록 돕는다(Comier & Cormier, 1991).

(4) 역설적 개입

역설적 개입(paradoxical intention)은 클라이언트가 어떤 불유쾌한 구체적 행동이 자꾸 발생할 것을 불안해하는 나머지 그 행동을 오히려 더욱 발전시킬 경우에 가장 적절하게 사용될 수 있다. 그러나 이 기법은 많은 유용성에도 불구하고 주의를 요한다. 이 기법은 클라이언트의 불안에 대한 인지적 오류에 도전하고 두려워하는 행동을 하도록 지시하는 것으로 이중구속메시지를 전달하는 것이며, 클라이언트는 이중구속메시지에 관계없이 변화를 일으키게 된다.

(5) 인지 재구조화

인지 재구조화(cognitive restructuring)는 클라이언트가 자신의 기능에 부정적 영향을 미치는 역기능적 사고와 관념을 인식할 수 있도록 돕고, 이를 현실에 맞는 신념과 행동으로 대치하여 기능을 향상시킬 수 있도록 하는 기법이다.

이 기법은 다음과 같은 절차를 통해 활용된다(Hepworth et al., 1997)

① 클라이언트는 생활사건에 대한 자신의 정서적 반응을 매개할 가정이나 신념을 갖고 있다. 따라서 사회복지사는 클라이언트가 이 점을 수용할 수 있도록 돕는다.

② 클라이언트가 문제에 내재해 있는 역기능적 신념과 사고과정의 유형을 파악

할 수 있도록 돕는다.

③ 클라이언트가 자신의 역기능적 인지를 유발할 상황을 파악할 수 있도록 돕는다.

④ 클라이언트가 자학적 인식을 대치할 만한 긍정적이고 순기능적인 대안적 자기진술로 대체할 수 있도록 돕는다.

⑤ 클라이언트의 성공적 대처노력을 클라이언트 스스로 보상할 수 있도록 돕는다.

(6) 모델링

모델링(modelling)은 관찰 학습을 통해 클라이언트가 시행착오 학습을 거치지 않고 원하는 행동을 하게하는 것이 모델링이다. 즉, 클라이언트가 사회복지사가 제시한 방법에 따라 직접 해 볼 수 있도록 하는 기법으로서, 이 기법은 역할극을 통해 종종 사용되며, 클라이언트가 보인 행동에 대해 다시 피드백을 제공해 준다. 이 기법의 과정은 다음과 같다. 첫째, 변화를 필요로 하는 구체적 행동을 파악한다. 둘째, 모델을 제시한다. 셋째, 클라이언트가 모델링에 주의와 관심을 갖도록 한다. 넷째, 모델의 행동을 따라하도록 한다. 다섯째, 따라한 행동을 강화한다(신성자 외, 2012 : 187).

(7) 행동시연

행동시연(behavior rehearsal)은 심리치료에서 클라이언트로 하여금 치료실 내에서 어떤 역할을 시험적으로 해보도록 함으로써 인간관계의 형성과 유지에 필요한 태도나 행동 특징을 습득할 수 있도록 하는 행동수정기법이다. 흔히 사회복지사가 시범을 보이고 클라이언트가 이를 모방한다. 역할놀이와 같은 뜻으로 쓰이기도 한다.

(8) 자기지시훈련

자기지시훈련(self-directive training)은 과제의 수행, 기술성취, 문제해결을 안내하는 자기진술의 사용이다. 클라이언트는 지시 받은 것을 언어화를 통해 반복하면서 자기지시기술을 익히고, 자동적으로 이를 수행할 수 있게 된다. 자기지시훈련은 다음의 다섯 단계를 거친다.

① 1단계 : 사회복지사는 스스로에게 말하면서 과제수행을 하는 모델이 된다.
② 2단계 : 클라이언트는 사회복지사가 했던 대로 따라한다.
③ 3단계 : 클라이언트는 스스로 큰소리로 자신에게 지시하면서 수행한다.
④ 4단계 : 클라이언트는 스스로에게 속삭이면서 과제를 수행한다.
⑤ 5단계 : 클라이언트는 개별적으로 자신에게 지시하면서 머릿속으로 과제를 수행한다.

이처럼 자기지시훈련은 사회복지사의 모델에 의해 클라이언트가 몇 가지의 역할연습을 통해 스스로 적응적인 자기진술을 할 수 있도록 도울 수 있다. 위와 같은 자기지시 안내로 과제수행을 위한 진술을 할 수 있게 되면, 과제수행을 성취할 수 있도록 하는 자기지시 안내가 필요하다. 이는 성취를 격려하는 자기진술, 문제에 대처하여 문제해결을 할 수 있도록 하는 자기진술, 그리고 성취 후 자기강화를 위해 자신을 격려하도록 하는 자기진술로 구성된다. 이러한 자기진술 방법을 실생활에 응용할 수 있도록 반복해서 연습하여야 한다. 이런 자기지시훈련은 학업성취나 시험불안, 대중연설의 두려움 극복, 문제해결기술향상에 효과가 있다고 임상적으로 입증되었다.

(9) 문제해결 기술 훈련

문제는 직접적으로 효과적인 반응이 존재하지 않는 일련의 조건들을 의미한다. 즉, 문제는 박탈 상태 있는 사람이 이전에 강화인으로 강화되었던 행동을 방출할 수 없는 경우에 발생한다. 예를 들어, 배고픈 사람이 이전에 음식으로 강화되었던 행동을 방출할 수 없다면, 그는 문제에 당면한 것이다. 따라서 사람들은 그것을 해결하기 위해 반응이 발생할 때까지 자신을 변화시키거나 상황을 변화시켜야 한다. 이러한 변화를 일으키는 과정을 문제해결과정이라 부르고 그것이 촉진하는 반응을 해결이라 한다.

인지행동적 차원에서의 문제해결이란 매일의 삶 속에서 만나는 문제를 확인하고 발견하고 효과적으로 개입하거나 적응하는 인지적－정서적－행동적 과정이라고 할 수 있다. 문제해결의 목표는 부적응적인 반응을 일으킨 선행사건이라는 생활문제를 고려해야 하는 것이다. 선행문제가 정의하기 어렵거나 변화하기 어려울 때만이 부적응적인 반응이 나온다고 본다. 이에 따라 문제에 대한 명확한 정의와 구체적 대안의 탐색으로 문제해결을 할 수 있다. 스키너는 문제해결의 5단계 모델을 제시하였는데 문제오리엔테이션, 문제의 정의와 형성, 해결대안의 모색, 결정, 해결에의 적용과 입증이다(임의영, 1993).

- 문제해결 이슈를 다루는 구체적인 훈련의 예는 다음과 같다.
  - 어떻게 나의 시간을 더 잘 사용할 수 있을까?
  - 어떻게 나와 나의 남편은 보다 고상한 시간을 보낼 수 있을까?
  - 어떻게 노인이 되어 가는 나의 아버지를 더 잘 돌볼 수 있을까?
  - 어떻게 나의 일에서 오는 스트레스를 줄일 수 있을까?

이처럼 단계적으로 문제의 정의를 구체화하면서 해결대안을 찾기 위한 구체적 문제 진술을 적용하도록 도와 문제해결을 도모한다.

(10) 이완훈련

이완훈련(relaxation training)은 클라이언트가 겪을 수 있는 스트레스 상황에 적절히 대처할 수 있도록 돕는 기법으로 근육의 수축과 이완, 깊고 규칙적인 호흡, 즐거운 사고나 심상 등을 훈련함으로써 일상생활에서 유발되는 불안 장애, 중독, 기타 스트레스성 장애에 매우 유용하다. 클라이언트에게 테이프를 주어서 매일 듣고 적용하게 하는 것도 이러한 개입방법을 간단하게 채택한 것이다.

(11) 역할연기

역할연기(role-playing)는 클라이언트가 어떤 상황에서 무엇을 느끼고 있는가를 알아보기 위해 그 행동을 시연해 보는 기법이다. 클라이언트의 관심이 되는 특정 상황을 그가 있는 자리에서 재현되도록 요청하는 행동기법이다. 이것은 발생한 사건을 사회복지사가 더 잘 이해하는 데 도움이 된다.

4) 인지행동모델의 유용성

인지행동모델은 최근 몇 년간 가장 빨리 성장하고 있는 가장 대중적인 상담 접근 중의 하나다. 그 이유는 다음과 같은 장점이 있기 때문이다(브루스 리치필드 외, 2002).

- 단기적이다(10~20회).
- 현재에 초점을 맞추지만 과거를 무시하지 않는다.
- 사회복지사와 클라이언트가 함께 작업한다.
- 효과성이 입증되었다.
- 구조화되어 있으며 목표지향적이어서 상담이 수월하다.
- 사회복지사 자신들도 그 유익을 얻을 수 있다.

우선, 현재에 초점을 맞추지만 과거를 무시하지 않으며, 사회복지사와 클라이언트가 함께 작업을 하게 된다. 또한, 구조화되어 있으며 목표지향적이어서 상담이 수월하다는 것이다.

인지치료의 개입은 정서장애, 불안장애, 후유증 스트레스장애, 결혼생활 문제 등을 포함하는 폭넓은 정서장애와 행동문제에 대한 치료에서 인지적 치료방법의 효과성이 많이 발견되었다.

인지행동모델은 임상적 질병중심보다는 문제점을 중심으로 범위를 이야기하는 것이 현재의 추세라고 할 수 있지만 질병 위주로 설명을 한다면, 우울증, 범불안장애[5], 공황장애[6], 사회공포증, 물질남용, 식사장애(비만 및 폭식 등), 부부문제 등의 치료에 효과적으로 적용이 되며, 그 외 강박장애, 인격장애, 재발성 우울증, 건강염려증, 만성통증, 정신분열증 등에도 적용할 수 있다.

인지행동치료의 장점은 치료효과가 높은 점, 약을 끊은 후 재발이 적다는 점, 치료기간 단축 등이다. 또 재발 시에도 스스로 조절하여 대처할 수 있다는 것이다. 인지행동모델이 유용성은 새로 획득한 통찰을 행동으로 옮기는 것을 강조한다는 것이다. 그리고 과제는 클라이언트가 새로운 행동을 실행하고 재조건화 과정을 형성하도록 돕는 데 적합하다.

5) 인지행동모델의 문제점

인지행동모델은 인간의 인지 혹은 신념이 부적응의 원인이라고 전제하면서 실천과정에서 이에 대한 통찰의 중요성을 주장한다. 이는 다양한 문제에 적용할 수 있고 클라이언트 스스로의 삶에 대한 책임을 강조하며 교육을 통한 능동적인 변화방법을 제시하였다는 점에서 기여한 바가 매우 크다. 그리고 인지행동적 접근은 인간

5) 불안장애 중 가장 흔한 장애 중의 하나로 만성적인 경과를 밟으며 사회적 또는 직업적으로 상당한 장애를 가져오는 질환이다. 미래의 사건, 행동, 개인적인 안건, 사회적 평가 등으로 복통, 두통 등 신체적인 증상들도 흔히 나타난다. 아동들은 아이에 비해 성숙하고 다른 사람들의 비위를 맞추려고 노력하며 완벽한 것을 추구하는 특성을 갖는 경우가 많다.

6) 인체를 보호하기 위해 일어나는 일종의 투쟁 · 도피반응으로 응급반응의 일종인데, 실제적인 위험대상이 없는데 일어나며 죽거나 미치거나 자제력을 잃을 것 같은 공포감을 동반한다.

과 환경 간의 호혜적인 상호교류를 충분히 설명해 준다.

그러나 인지행동모델은 다음과 같은 한계점이 있다(브루스 리치필드 외, 2002).

① 자신의 인지구조와 불합리한 신념을 분석하는 것은 지적 수준이 낮거나 현실감이 없는 클라이언트 혹은 사고가 지나치게 경직되어 있는 클라이언트에게는 효과를 기대할 수 없다.

② 치료방법이 매우 지시적이고 교육적이므로 사회복지사의 가치와 철학을 클라이언트에게 강요할 수 있어 사회복지사는 가치 중립적이어야 한다는 전문적 윤리원칙과 갈등을 초래할 수 있다.

③ 인지와 신념에 대한 강조는 자칫 사건 자체의 중요성을 간과할 수 있다. 즉, 빈곤, 박탈, 학대, 차별 등의 사회적 사건이 인간의 행동에 영향을 미칠 수 있다는 점을 간과할 수 있다.

④ 인지와 신념의 영향력에 한계가 있다. 예를 들어 신체적인 질병, 유전적 영향까지 인지와 신념으로 설명할 수는 없다.

⑤ 인지행동 접근만을 사용하는 사회복지사는 전인을 고려하는 바람직한 종합적 절충주의 접근(정신역동, 경험주의, 약물치료)을 소홀히 하게 된다.

⑥ 지금 여기에만 집중하면 과거의 상처와 억압된 분노, 적개심을 과소평가하는 결과를 낳는다.

⑦ 주의 집중, 존중, 공감의 기초 핵심 조건이 소홀히 될 수 있다. 종종 감정을 과대평가하거나 과소평가해 버린다(사람은 컴퓨터가 아니다).

⑧ 사회복지사의 접근이 지나치게 해결 중심적으로 될 수 있다.

⑨ 자칫하면 의미 없는 지적 훈련으로 끝날 수도 있다.

⑩ 열매 없는 이론적인 논쟁 다툼이 될 수 있다.

⑪ 단순한 긍정적 사고, 긍정적 정신태도, 가능성 사고, 자기칭찬으로 표류할 위험성이 있다.

⑫ 사회복지사의 접근이 지나치게 지시적으로 되기 쉽다.

토론해 봅시다

01. 인지행동모델의 실천기법들 중 역할연기를 하여 그 기법을 통해 실천방법에 대한 소감을 나눠보십시오.

02. 인지행동모델의 실천기법에서 이완훈련방법 중 스트레스 대처방법을 논의하시오.

03. 인지행동모델의 문제점에 대하여 논의하시오.

CHAPTER 07

사회복지실천과 위기개입모델

1. 위기개입모델의 등장배경
2. 위기개입모델의 이론적 기반
3. 사회복지실천에서의 적용

제7장 사회복지실천과 위기개입모델

1. 위기개입모델의 등장배경

위기개입모델(crisis intervention model)은 자연재해나 갑작스러운 사건으로 인해 격심한 고통의 감정을 일시적으로 경험하고 이로 인해 압도당하거나, 유발되는 스트레스로 인해 일상생활 수행에 어려움이 발생하는 경우, 이에 대처할 능력이 부족하여 문제를 갖는 사람들에 대한 관심에서부터 나온 모델이다. 이 모델은 극심한 스트레스 상황에서 즉각적으로 필요한 서비스의 지원과 격심한 고통 이후에 발생할 수도 있는 심각한 심리적 붕괴 현상의 예방에 관심이 있다.

에릭슨(Erickson)은 사춘기를 자아 동요로 인한 갈등이 증대하는 정신적 성숙단계로 보고 성숙위기, 상황적 위기, 환경적 위기에 대한 연구의 기초를 제공하였고 Hill은 가족 스트레스에 관한 연구로 위기이론 발달에 큰 영향을 끼쳤다.

린더만(Lindermann)의 이론적 틀은 위기개입 기술을 발달시키는 데 많은 기여를 했고, 집에서 재활프로그램을 실시하는 작업이 구체화되어, '치료적 지역사회(Therapeutic Community)'라는 개념도 출현하게 되었다(한국정신보건사회사업학회, 2001 : 336).

1970년대에 캐플란(Caplan)은 파괴적 위기 상황을 완화하고 예방할 수 있는 지역사회 내 자연적 상호지지체계에 관심을 갖게 되었고, Jacobson과 그의 동료들(1965)도 Benjamin Rush 생활문제연구소를 개설했다(양옥경 외, 2001 : 260). 이 모델은 우리에게 전혀 생소한 것이 아니며 근본적으로 기존 모델들과 절충적이며 통합적인 형태를 갖고 있다.

2. 위기개입모델의 이론적 기반

위기란 '위협적 혹은 외상적 위험사건을 경험함으로써 취약해지면서 여태까지의 대처전략으로는 스트레스나 외상을 대처하거나 경감할 수 없는 불균형의 상태가 되는 것을 말한다'(Robert, 2000). 위기란 위험과 기회라는 두 가지 요소가 혼합된 개념이다. 이는 외부사건으로 인해 격심한 심리적 혼란을 야기하는 경우가 많기 때문에 위기를 내면적인 갈등으로만 다루고자 하였던 전통적인 정신분석적 견해로는 설명이 부족하다.

위기란 균형 상태의 혼란을 말한다. 즉 위기는 지속적인 상태 속에서의 급격한 변화를 의미하는데, 개인은 적은 기제나 균형기제를 가지고 있지만 위기 상태에서의 개인의 습관적인 문제해결 활동만을 가지고서는 재빨리 균형 상태를 회복하지는 못한다. 위기는 개인이나 가족 및 집단에 있어서 좋든 나쁘든 어떤 전환점을 가져오는 계기가 될 수 있다(전재일 외, 2003 : 353).

생활하는 동안 어떠한 사건에 부딪히는 일은 흔히 있는 것이지만, 그 사건에 대한 반응은 사람마다 매우 다양하다. 그 반응의 정도에 따라 전문가의 도움을 받아야 하는 경우도 있다. 그 스트레스가 얼마나 심각하고 얼마나 지속되느냐는 그 사건의 성격에 달려 있기는 하지만, 그 의미를 어떻게 받아들이는가와 그 사건이 요구하는 개인적・환경적 자원이 얼마나 충분히 있는가에 따라서도 다르다. 위기개입이란 위기로 인한 불균형상태를 회복하기 위하여 일정한 원조수단을 개인, 가족 및 그리고 지역사회 등에 적용하는 단기적 과정이라고 할 수 있다(김기태 외, 1999 : 174-175).

이처럼 위기를 어떻게 이해하느냐에 따라 위기이론에 차이가 있는데 이를 심리학적 관점, 정신의학적 관점, 생태학적 관점으로 나누어 볼 수 있다.

1) 심리학적 관점에서의 위기

심리학적 관점의 대표적인 이론가는 린더만, 캐플란, 라자루스 등이다. 린더만은 "급성적인 비탄의 증후와 관리"라는 논문을 발표하였다. 그는 사별 후의 비탄이 일정하고 뚜렷한 이행단계를 거치며, 비탄은 사별에 따르는 필수적이며 자연스러운 반응이라고 보고, 어떤 사람은 4~6주 정도에 걸쳐 비탄을 겪고 난 후 다시 적응할 수 있었지만, 다른 사람들은 정신질환이나 신체질환을 앓으며 장기간 부적응 반응을 일으켰다고 지적하였다. 그는 정상적으로 비탄에 잠긴 행동으로 ① 사별한 사람에 대한 몰두, ② 사별한 사람과의 동일시, ③ 죄책감과 적대감의 표현, ④ 일상생활의 붕괴, ⑤ 신체적 증상의 호소 등을 포함한다고 하였다.

그리고 그의 위기개입의 패러다임은 ① 위기로 인한 일상생활 유지 균형의 붕괴, ② 단기치료를 통한 비탄다루기, ③ 문제 혹은 슬픔 속에서의 클라이언트의 활동, ④ 균형의 회복과정을 밟게 된다고 보았다.

캐플란은 제2차 세계대전 후 이스라엘의 수용소에 있는 아동들의 위기상황에 대한 연구를 하여 위기란 통상적인 행동을 통해 극복할 수 없는 일상의 장애로부터 위기가 발생한다고 보았고, 발달적 위기와 상황적 위기로 유형화하였다. 초기의 심리적 트라우마(trauma ; 외상)를 발생시킨 인지적·정서적·행동적 왜곡을 인정하고 수정하거나 제거하는 것이 위기개입이라고 하였다. 그는 정신적 건강에서 가장 중요한 측면은 자아의 상태, 자아의 성숙정도, 자아구조의 질(質)이라고 하였다. 자아상태의 평가는 이 세 가지 주요영역에 기초한다. 그것은 ① 대상이 되고 있는 사람이 스트레스와 불안을 참으면서 자아의 균형을 유지해 가는 능력, ② 문제를 해결해 가는 데 있어서의 현실에 대한 인지와 직면의 정도, ③ 대상이 되고 있는 사람이 자신의 심리적·생물학적·사회적 영역에서의 균형을 유지하기 위해 이용할 수 있는 효과적인 대처기제의 레퍼토리(repertories) 등이 그 평가기준이 된다고 하였다.

캐플란은 린더만과 함께 하버드 지역의 'Wellelsey 사업계획'이라고 부르는 정신적 건강에 관한 지역 프로그램을 실시하였다. 문제를 해결해 보고자 많은 시도를 통해 본질적으로 정서적 균형을 찾으려 노력하지만, 문제해결에 실패하면서 균형이 깨어지고, 내면적 긴장이 높아지고 불안이 나타나며 정서적 혼란이 야기되는 일정한 위기의 기간이 있는 것에 주목하게 되었다. 이 기간 동안 개인과 그의 정서적 환경에 있어서 중심이 되는 인물 사이에 어떤 상호작용이 일어나는가가 위기극복에 중요한 변수가 된다고 보았다.

2) 정신의학적 관점에서의 위기

(1) 지역사회정신보건 차원에서의 위기개입

린더만과 캐플란의 위기에 대한 초기이론은 1960년대 지역사회정신보건이 대두되면서 지역사회정신의학의 주요한 접근방식의 하나로 위기개입이 인정되었고, 그 효과성의 검증을 위한 많은 연구들로 이어지면서 위기개입이론이 발전하게 되는 초석이 되었다.

지역사회정신보건이 일반화되어 있는 현재에는 정서적 문제에 대한 응급처치로서 24시간 핫라인 및 긴급출동과 같은 위기개입서비스를 제공하여 지역사회 내에 설치된 위기개입센터에 의해 운영되는 것이 일반화되어 있다.

(2) 정신적 외상으로서 위기

정신적인 외상(trauma)은 인류의 기원부터 시작되었을 것이다. 수세기 동안 관찰되고 묘사되고 연구되어 왔던 외상 후 스트레스장애는 최근에서야 정신건강 영역에서 인지되기 시작하였으며 대중매체를 통해서도 일반대중에게 주목을 받기 시작하였다.

예를 들면, 1985년에 트림볼은 셰익스피어의 헨리 4세에서 호스퍼가 보이는 전쟁 후 증상들인 불면, 침입적 사고, 우울, 놀란 반응 등에 주목하였다. 1983년 사무엘 페피스는 1666년 런던 대화재 이후의 영향을 추적하였고, 거슬러 올라가면 디킨스의 1865년 열차사고 이후의 공포심을 발달에 대한 묘사추적 등 소설이나 실제 사건의 추적을 통해 재난사건이 사람들에게 미치는 영향이 연구되었다.

지난 150여 년 동안 다양한 외상적 사건 이후에 보이는 증상들을 묘사하는 데 다양한 용어들이 사용되었는데, 열차척추장애, 히스테리아, 보상신경증, 강간외상증후군, 아동학대증후군 등이 그것이다.

외상에 대한 반응에는 두 가지 분류가 있다. 1991년 테르는 단기간의 타입1과 장기간의 타입2의 외상사건에 대한 차이를 설명하였다. 전자는 예측되지 못한 한 번의 충격적이며 재난적인 특성이 있지만 단기간에 이루어지는 강간이나 자동차사고 같은 것이다. 이들은 침입적인 사고, 회피, 과민증상들을 일으키는 경향이 있다. 후자는 지속되고 반복되는 시련과 연관된 스트레스 요인이며, 좀 더 의도적이고 계획적인 경향이 있어 전투나 지속적인 학대와 같은 것이다. 이러한 스트레스 요인은 무력감, 해리(dissociation), 성격적 대인 관계적 장애, 분리, 제한된 정서, 물질남용 등과 같은 자기 방어적 기전(mechanism)을 사용하는 결과를 가져온다.

3) 생태학적 관점에서의 위기

위기이론은 스트레스에 관한 방대한 연구결과에 밀접한 영향을 받아왔다. 사회적・물리적 환경의 악화로 인한 인간의 문제를 다루어야 하는 현재의 서비스 실천에서 위기의 생태학적 개념, 즉 대인관계적, 상호작용적, 사회문화적, 사회구조적 측면을 고려해야 할 필요성이 증대되었다.

최근에 급속히 발달하고 있는 생태학적 관점의 이론에서 중요한 역할을 하는 세 가지 요소는 전자매체효과, 체계적 상호의존, 거시체계적 접근의 3가지이다.

전자매체효과는 전자매체를 통해 재난과 외상적 사건들이 가정에서 방송되어 희생자뿐 아니라 일반인들에게도 영향을 미쳐 그런 사고가 언제 자신에게 발생할지 모르는 위기의식을 고취시킨다는 것이다. 그러나 이러한 전자매체의 발전으로 허리케인, 지진, 화산폭발, 집중호우나 홍수 등과 같은 자연재해를 미리 예측하고 빨리 전달할 수 있게 되어 이를 예방할 수 있다는 강한 장점을 부인할 수는 없다.

체계적 상호의존은 인간이 생태적 주류를 이루고 있어, 약물남용이나 폭력과 같은 부정적 요소들이 급속히 확산되는 상호작용 속에 있기 때문에 이러한 문제들을 피하기가 쉽지 않은 속성이 있다는 것이다. 거시체계적 접근은 해결되지 않은 위기가 클라이언트의 인성적 · 사회적 · 재정적, 환경적 자원뿐만 아니라 전체 생태체계를 파괴시켜 공적체계를 통해 전체적인 생태체계에 접근하여 위기에 대처할 수 있다는 것이다(양옥경 외, 2001 : 261-266).

3. 사회복지실천에서의 적용

1) 위기개입모델의 개입 지침

개인이 위기의 원인이 되는 사건에 대하여 나타내는 반응이다. 반응을 하는 과정이 실제적으로 개인 쇠약화의 원인이 된다. 효과적인 위기해결을 위해서는 그 반응에 대한 치료가 필요하다.

(1) 신체적 · 정서적 · 행동적 반응(Hafen, Peterson)

- 신체적 반응 : 급작스런 식욕의 변화, 두통, 복통, 성적 충동의 상실, 숨이 가쁨, 근육의 심한 긴장, 메스꺼우며 설사를 함, 체중증가, 지속적인 불면증, 위궤양, 소화 장애, 고혈압, 심장이 빨리 뛴다.

• 정서적 반응: 두려움, 불안, 혼돈, 신경과민, 긴장, 피로, 적개심, 분노, 우울, 양가감정, 우유부단, 공황(panic), 이자극성(irritability), 죄의식, 편집정신병, 눈물을 흘리거나 화를 낸다.
• 행동적 반응: 주의집중이 안됨, 과거에 몰두함, 이야기 중에 실언을 함, 부정, 망상 혹은 환각, 습관의 변화, 지나치게 요구하고 매달리는 행동, 과음, 약물중독, 빈번한 환각제 사용, 범죄행위, 심한 소년비행, 알코올중독, 갑작스러운 옷차림의 흐트러짐 등이다.

(2) 불 안

• 뚜렷한 대상이 있어서 그것을 두려워하는 두려움과 구별된다.
• 불안: 기본적으로 개인이 잠재적인 위험에 대하여 방어를 준비하는 하나의 경보체계로서 나타나는 자발적인 반응이다. 불안의 이유가 얼마나 불합리한가와는 관계없이 모든 인간의 경험 가운데 가장 고통스러운 것이다. 불안의 근원을 모르기 때문에 그 고통은 더 강렬하다. 막연한 불안의 장기화는 정신기제에 의해 경감되기도 하고, 정신신체적 병을 일으키기도 한다. Langhlin은 인간은 공황불안(panic anxiety)으로 인해 사망하는 경우도 있다고 하였다. 불안한 상태에 있는 사람은 무력하고, 허약하며, 자신감이 없을 뿐만 아니라 위협을 느끼고, 당황하게 된다. 일상적인 힘과 능력을 발휘하지 못한다.
• 위기와 관련된 불안이 유발되는 기본적 상황은 다음과 같다.
  ㉠ 개인이 그의 생활이 위협받는다고 느낄 때, 생존에 필요한 사람의 상실이나 상실의 위협 등이 느껴질 때
  ㉡ 개인이 자신의 성적 혹은 공격적인 충동을 통제하지 못한다고 느낄 때
  ㉢ 신체적 통합에 위협이 있다고 느낄 때

※ 치료적 지침

- 적극적으로 격려하고 안도감을 주어 힘을 발휘하도록 하며, 희망과 자신감을 갖도록 도와주어야 한다.
- 신체적 증상 호소를 격려
  클라이언트가 고통스러운 감정과 정서를 표현하도록 유도하고 격려하는 동안에 신체적인 감각을 서술하는 것을 포함한 신체적 증세를 세밀히 관찰하여야 한다. 가슴이나 위가 아프다고 하면, 사회복지사는 구체적으로 어디가 불편한지 물어보며 그 느낌을 서술하도록 격려해야 한다. 신체부위의 고통을 말로 호소하는 자체가 불안을 경감시키는 효과를 준다.
- 신체적 증상의 의미 파악
  ㉠ 위의 통증 : 의존감에 대한 위협
  ㉡ 심장박동항진 : 죄책감을 나타내며 처벌을 예견하는 것이다.
  ㉢ 두통 : 표현되지 못한 분노와 긴장을 상징한다.
  ㉣ 등이 아프고 다리가 허약 : 집이나 침실에 제한되어 완전히 무기력하게 되고 의존하게 되기를 바라는 욕구 표시 사회복지사는 불안증상이 동일한 신체적 체계를 통하여 습관적으로 표현되는 것인지를 파악해야 한다. 만약 그렇다면 그것들은 특별한 정신적 의미와 가치를 가질 가능성이 많다.
- 개인의 불안이 저하됨에 따라 사회복지사는 촉진적인 사건을 토의하게 된다. 다른 치료적 과업을 위한 정보를 수집한다. 인지적 회복을 하는 동안 클라이언트가 이해할 수 있는 용어로 불안의 의미를 설명하는 것이 효과적이다.
- 만약 불안의 정도가 너무 심해 환기법을 포함한 모든 치료적 기법으로도 클라이언트의 불안을 감소시키지 못한다면 불안을 제거하는 약을 사용하도록 의사에게 의뢰한다. 시기를 늦추지 않도록 정확한 사정이 요구된다.
- 환경수정도 유익하다.

(3) 우 울

① 우울을 유발시키는 기본적인 원인

- 사랑하는 대상의 상실이나 상실의 위험
- 자존심, 자아개념 혹은 정신적 평형상태에 필요한 다른 자아가치의 상실이나 상실의 위험
- 내면화된 표준, 기대, 가치 혹은 목표에 맞는 생활을 하지 못할 경우
- 어느 정도 중요한 도덕률이나 지시에 위배되거나 위반하려고 할 경우

② 우울의 증상적 의미

우울한 사람은 사람들로부터 도피함과 동시에 타인과 접촉을 하여 만족하려는 욕구를 가진다. 즉, 우울한 사람은 타인으로부터 칭찬과 지지를 요청하거나 간청함으로써 무가치감 등에 관한 부정적인 내적 감정의 고통을 경감시키려고 한다. 부정적인 내적 감정이 강할수록 타인으로부터 관심을 끌려는 욕구가 더욱 강하다.

※ 치료적 지침

- 사회복지사는 클라이언트와 확고하고 건설적인 관계가 확립될 때까지 주의깊게 치료를 진전시켜야 한다.
- 클라이언트의 절망감, 자기탄원, 죄책감이나 열등감 등을 없애도록 칭찬이나 재보증과 같은 심리적 지지기술을 활용하는 것이 효과적이다.
- 클라이언트가 사회복지사로부터 얻기를 기대하는 것, 대인관계를 하는 방법, 처벌에 대한 욕구 그리고 피학적 성향의 정도 등을 포함하여 우울한 클라이언트를 심층적으로 이해할 때까지 심리·사회적인 지지를 적극적으로 제공하지는 않는다.
- 사회복지사는 클라이언트에 대한 진정한 관심, 존경 및 클라이언트를 도우려

는 의욕을 갖고 있어야 하며, 공감적인 태도를 견지해야 한다.

- 사회복지사는 감정, 특히 신체에 대하여 느끼는 감정을 표현하도록 하는데 관심을 가져야 한다. 효과적인 방법은 생육사적 자료를 탐구하는 것이다. 배우자뿐 아니라 양친, 형제, 친구 등과의 과거 대인관계, 감정과 경험을 말하게 한다. 이와 같은 과정은 클라이언트의 의존욕구를 만족시키는 것이기 때문에 건설적인 관계를 확립하는 데 도움을 준다.
  이것은 또한 사회복지사가 클라이언트의 정신구조와 기능을 이해하는 데 도움을 준다. 더욱이 여기에 초점을 두면 클라이언트의 절망감의 유발을 억제할 수 있다.
- 사회복지사는 우울증 클라이언트의 의존욕구에 대하여 지나친 관심을 갖지 말아야 한다. 더욱 중요한 것은 사회복지사와 관계를 갖는 것이 유익하고 가치 있는 것이라고 느끼게 한다. 이것은 인지적 회복과정에 좋은 영향을 미칠 뿐만 아니라 욕구가 적당히 충족된 후 의존성을 감소시키는 기능을 한다.
- 우울을 의식하지 못하는 클라이언트에게는 자신이 우울하다는 것을 암시해 주는 것이 치료적이다.
- 우울은 분노를 수반한다.
  우울한 사람은 일반적으로 강한 분노를 의식하지 못한다. 사회복지사는 분노에 대한 개인의 감정에 대해 토의할 수 있고, 왜 클라이언트가 분노를 외부로 표현할 수 없는가를 인식하도록 도울 수 있으며, 이를 논리적으로 말하도록 세심하게 시도해야 한다. 사회복지사는 분노가 외부적으로 표현되고 그것의 실제적 근원이 표현될 때까지 우울감을 계속 느낄 것이라는 것을 지적해줄 수 있다.
- 사회복지사는 클라이언트가 나타내는 어떤 희망과 긍정적인 감정을 활용해야 한다. 클라이언트가 그의 긍정적인 과거행동이나 성취 등에 관하여 표명하면 거기에 대하여 주의를 기울여야 한다.

(4) 비 탄

- 사별은 사망으로 인한 사랑하는 사람의 상실이며, 비탄은 그 상실에 대한 정서적 및 행동적 반응을 말한다.
- 개인의 비탄반응은 사망자가 생존자에게 너무 의미심장해서 그 상실을 감당할 수 없고, 사회적 역기능과 정신적 쇠약의 원인이 될 때 위기가 된다. 또한 사랑하는 사람의 죽음을 정서적으로 수용할 수 없을 때 위기가 된다. 슬픔, 상처, 고독감에 관한 고통스러운 감정이 적절히 표현될 수 없을 때 위기가 된다.

※ 치료적 지침

- 울음을 포함한 고통스러운 감정을 표현하도록 하며, 꼭 필요하지 않으면 안정제를 사용하지 않는다. 감정을 최대한으로 발산하는 것을 막기 때문이다. 감정과 정서 표현하도록 격려하며, 클라이언트가 원하는 방법으로 사망자에 대한 이야기를 하도록 허락되어야 한다. 사회복지사는 클라이언트가 정상적인 사회적 관계로 돌아가도록 동기부여하고 격려할 수 있다.
  어느 정도 지시적 충고가 필요하다. 클라이언트가 저항하게 되면 그것을 처리해야 한다. 사회복지사는 어떤 자살적 관념의 표현이나 기괴한 행동에 대해 민감해야 한다. 클라이언트가 상실에 대한 정서적인 수용을 하며, 정신적인 평형상태가 회복되고, 적절한 사회적 기능을 할 때 치료가 종결된다.

(5) 자살적 행동

- 자살적 행동의 동기를 가진 개인은 애정관계에 실패했거나 대인 간의 지배와 통제에 자신이 없다.
- 모든 자살적 행동을 하는 사람은 사랑과 애정 그리고 고통스러운 거절감을 느끼고, 분노를 나타내며, 보복하려는 원망을 가지고 있다. 자살기도는 기본적으로

대인 간의 지배와 통제를 이룩하도록 계획된다. 즉, 사랑하는 사람이 죄악감을 느끼도록 하거나 사랑을 하도록 그에게 강요하거나, 또한 그를 복수기 위한 것이다. 또한, 사랑하는 사람에 대한 강한 분노가 자신에게로 향한 것이다. 결국 자살은 타살이 역으로 된 것으로 타인에 대한 폭력은 오히려 자신에 대한 폭력이고 상징적으로 사랑하는 사람에 대한 폭력이다.

- 자살을 기도하는 사람은 더 이상 희망이 없다고 느낀다. 자살기도는 도움을 위한 울부짖음이다.

※ 치료적 지침

절박한 울부짖음이 규명되어야 하며, 그 의미를 파악해야 한다. 이 의미를 탐구하는 것은 치료적 효과가 있으며, 자아를 강화하는 것이 된다. 사회복지사가 클라이언트의 자실 의도에 대하여 말하게 하는 것은 개인의 절망과 무력감을 감소시키는 데 도움이 된다.

(6) 타살적 행동

- 타인의 신체에 손상을 입히거나 그 가능성이 있는 행동을 의미한다.
  타살의 위험을 나타내는 클라이언트는 사회복지사에게도 위험할 수 있으며, 사회복지사는 침착해야 하고, 위험한 상황에 잘 대처할 수 있는 대담한 사회복지사라야 하며, 타살의 가능성은 위기를 대처하지 못하는 결과이다.

※ 치료적 지침

- 건설적인 관계를 신속히 확립해야 한다. 개인이 혼란에 빠져 있고 분노해 있을 경우 사회복지사가 그 클라이언트가 어떻게 느끼고 있다는 것을 알면 그 상태의 원인이나 촉진적인 사건에 대해 토의할 수 있다.

- 치료과정에서 우선적으로 고려해야 할 사항: 클라이언트를 보호, 감금해야 할 필요가 있는지를 신속히 파악한다. 정신병원 입원의 필요성을 신속히 파악하여 보호자와 협의하여 적절한 조치를 취한다.
- 클라이언트가 폭행과 관련되어 있는 정서를 나타내지 않으면, 폭행을 하게 되는 원인규명에 들어가기 전에 클라이언트의 현재 감정이 논의되어야 하며, 촉진적인 사건을 논의하기 전에 사고와 감정이 검토되어야 한다.
- 원인을 발견하는 것은 자아를 강화하고 인지회복을 위해 중요하며, 클라이언트의 정신구조를 이해하기 위해서 그리고 핵심적 문제를 파악하기 위해서도 필요하다.
- 사회복지사는 과단성 있게 종종 지시적으로 행동해야 한다. 클라이언트의 폭력 가능성과 생활 경험에 관하여 구체적인 질문을 할 필요가 있다. 이러한 질문으로써 사회복지사는 폭력의 위험을 사정하고 평가하는 데 활용할 정보를 얻게 된다.
- 어린 시절에 심한 정서적 박탈과 거절을 경험한 사람은 위기상황에서 폭행을 행사할 수 있다. 타살행동의 경력을 가졌거나 과거에 충동통제의 문제가 있었을 경우 미래에도 타살행동의 가능성이 높다.
- 헬만(Hellman)과 블랙만(Blackman)은 어린 시절 야뇨증이 있었거나 화재를 낸 경험이 있는 사람, 그리고 동물에 대해 잔인하게 한 경험이 있는 사람은 타살의 위험이 높다고 발견하였다.
- 클라이언트의 공격적인 충동을 감소시키기 위해 정서적인 발산을 하도록 하는데 관심을 기울여야 한다. 클라이언트의 인지적 기능, 특히 지각, 판단, 현실검토를 증가시키는 치료를 해야 한다. 현실검토가 잘 되지 않을 때 사람들은 그들 행동의 결과를 잘 인식하지 못하므로 적절한 현실검토를 할 수 있도록 도와야 한다.

2) 위기개입모델의 목표

위기개입모델의 특징을 말한 카렌과 그래프튼(Karen & Grafton, 1993 : 242-243)을 통해 다음과 같이 개입목표로 볼 수 있다.

① 위기개입의 제일 목표는 클라이언트가 최소한 위기 이전의 기능 수준으로 회복하도록 돕는 데 있다. 이는 위기개입의 목표가 직접적으로 위기상황과 관련된 구체적인 문제에 일차적인 초점을 두는 현재 지향적이어야 한다.

② 위기개입은 상대적으로 단기적 접근이다.
위기개입의 의도가 클라이언트로 하여금 위기 이전의 기능수준으로 회복하도록 돕는 것이기 때문에 위기개입의 진전은 매우 빠를 수밖에 없다. 캐플란(Caplan, 1964)은 위기의 전체 기간은 적어도 4주에서 6주 정도라고 하였으므로 위기개입의 기간도 위기가 아닌 상황에 비해 상대적으로 단기가 될 것이다. 더구나 핫라인과 같은 위기개입서비스는 개입의 기회가 더욱 단기적일 수밖에 없다.

③ 구체적이고 관찰이 가능한 문제들이 위기개입의 표적이다.
위기개입은 위기와 그 위기에 대한 클라이언트의 문제양상에 초점을 둔다. 즉각적으로 현재의 위기를 해결하는 것이 중요하기 때문에 그것과 관련이 없는 과거로 인해 시간을 낭비하는 것은 불필요하다.

④ 위기개입을 할 때에는 가장 적절한 치료전략을 수립해야 하며, 단순히 차선책으로 접근해서는 안 된다. 위기란 본질적으로 심각하기 때문에, 가장 적절한 해결을 모색하는 것 자체가 개입의 최우선순위가 되어야 한다. 클라이언트가 갖고 있는 다른 문제들에 대해서는 위기개입을 하고 난 후에 다룰 수 있다.

⑤ 위기개입 사회복지사는 다른 어떤 실천접근에서보다 그 개입에 있어 보다 적극적이고 직접적인 역할을 수행해야 한다. 물론 문제해결 과정에서 클라이언트가 참여하는 것이 중요하나 위기상황에서는 클라이언트나 가족이 당황하여

어떠한 생각이나 대안을 찾아내기 어려운 행동 불가능상태에 있으므로, 사회복지사가 해결의 대안을 제시해 주고 이끌어갈 필요가 있는 것이다.

3) 위기개입모델의 특징

① 위기개입모델은 시간 제한적이다. 위기상황의 시작과 마지막 해결까지 시간적 길이는 위험한 사건의 심각성, 개인의 특정한 반응, 성취되어야 하는 과업의 본질과 복잡성 그리고 가능한 지지, 자원 등에 따라 다르지만 일반적으로 4주에서 6주까지 지속된다.

② 현재 상태에 중점을 두며, 생활문제에 초점을 맞춘다. 따라서 정신병리적인 문제나 무의식적 · 정신 내적 갈등 해결에는 역점을 두지 않는다.

③ 위기상황에서의 변화 노력의 첫 번째 전략으로 과업을 사용하며, 다양한 실천 이론과 개입에 적용할 수 있는 광범위한 모델이다.

④ 위기개입모델은 위기로 인해 도움이 필요한 클라이언트에 대한 집중적 · 구체적 · 즉각적인 개입의 중요성을 강조한다. 따라서 높은 수준의 사회사업가의 활동이 요구된다.

⑤ 위기개입모델은 사람들이 위기에 몰렸을 때 거기에 적응을 하든 못하든 대처하려는 잠재력을 가지고 있다고 가정한다. 위기개입은 긴장된 사건, 성숙 위기들, 숨가쁘게 변하는 긴급한 상황에 대한 개입이기 때문이다.

⑥ 시기적절한 개입은 위기 기간 동안 사람들의 방어를 낮추고 치료적 개입에 대한 수용성을 높여준다. 따라서 최소한의 노력으로 최대한의 효과를 거둘 수 있다.

⑦ 위기개입모델은 환경은 특성을 변화시키거나 개인의 대처양식을 변화시킴으로써 균형 상태를 회복할 수 있다.

⑧ 위기 이전까지 정상적으로 기능해 온 개인이나 가족에게 적합하다.

4) 위기개입모델의 과정과 사회복지사의 역할

(1) 전형적인 위기개입과정

위기상황의 치료모델에서 고란(Golan)은 위기개입의 단계를 초기단계, 중기단계, 종결단계로 분류하여 설명하고 있다. 초기단계에서는 관계형성, 위기의 실재여부, 현재 위기상황 파악, 사회복지사와 클라이언트가 수행할 계약의 수립이 이루어진다. 중기단계에서는 현재 상황에서 구체적인 문제해결을 위해 계획된 과업의 확인과 실행, 부적절한 과업의 수정, 새로운 대처방안의 습득이 이루어지는 본격적인 개입실행의 단계이다. 종결단계에서는 시작부터 현재까지의 개입상황을 자세히 검토하면서 종결과업수행이 이루어지는데, 이 단계에서 중요한 것은 새로운 자원과의 결속강화, 개발된 대처유형과 성취의 확인, 사후계획 등이다.

한편 맥기(McGee)는 위기개입을 4단계인 개시단계, 케이스의 취급, 케이스의 종결, 사후처리로 나누었다. 그는 개시단계에서는 관계형성, 사정, 행동계획의 개발을, 케이스의 취급단계에서는 행동계획의 실행으로 신속한 처리를 중시하였다. 케이스의 종결단계에서는 종결 또는 의뢰가 이루어지고, 사후처리단계에서는 클라이언트의 기능정도와 개입의 효과확인이 이루어진다.

또한 아귈라와 메식(Aguilar & Messick, 1974)은 사회사업실천에서의 문제해결모델에 의해 4단계의 위기개입 과정을 제시하였다. 그들이 제시한 4단계는 사정, 계획, 개입, 사후계획이다.

위에서 제시한 세 위기개입 단계 중 아귈라와 메식이 제시한 개입단계는 사회복지사에게 익숙한 문제해결모델을 기반으로 위기개입을 적용하고 있어 사회복지 임상에서 유용하게 적용할 수 있을 것으로 보인다.

① 사정단계

사정단계에서 그들은 좋은 사정을 위한 다섯 가지 세부영역을 고려하여야 한다고 제시하였다. 이를 토대로 구체적인 질문방법들을 제시하면 다음과 같다.

첫째, 클라이언트가 왜 오늘 도움을 받으러 오게 되었는가를 고려해 보아야 한다. 즉, 무슨 일이 있었는가에 대한 정확한 이해가 필요하다.

둘째, 클라이언트가 현재의 위기와 선행사건을 어떻게 인식하고 있는가를 고려해 보아야 한다.

셋째, 클라이언트에게 주위의 도움을 받을 만한 지지적인 자원이 있는지, 그 자원의 지지수준과 질은 어떤지 고려해 보는 것이다.

넷째, 클라이언트가 과거에 비슷한 문제를 겪은 적이 있는지, 있다면 어떻게 해결했는지 고려해 보아야 한다.

다섯째, 위기개입에서 반드시 고려해야 할 특수한 영역인 자살 또는 타살의 위험에 대한 부분이다. 클라이언트가 자해 또는 타해의 위험이 없는지의 치명성을 반드시 사정하여, 위험하다고 판단되면 바로 입원치료 의뢰와 같은 절차를 즉시 연결하여야 한다.

② 계획단계

이 단계에서는 위기로 인해 클라이언트의 기능에 어느 정도 손상이 있는지, 일상생활 수행이 어느 정도 회복될 것인지, 직업, 가사, 부모역할, 학업 등에서 얼마나 회복될 수 있을지, 클라이언트 주변의 자원들은 어떻게 반응하고 있는지, 그들로부터 클라이언트는 어떤 도움을 받을 수 있는지 등에 대한 평가가 우선 이루어져야 한다.

다음으로, 가능한 잠재적 대안들을 고려하고, 이들의 장단점 평가와 무엇을 추구할 것인지에 대한 행동계획을 수립한다. 또한 과거에 사용하였던 대처전략을 확인하고, 다시 활용하면 유용할 것인지 아닌지 결정하는 것이 포함되어야 한다.

③ 개입단계

위기개입에는 다양한 실천기술들이 사용될 수 있다.

아귈라와 메식은 다음의 4가지 개입단계를 제안하였다.

첫째, 개인으로 하여금 자신의 위기에 대해 지적인 이해를 하도록 돕는다.

둘째, 클라이언트가 표현하기 힘든 감정을 드러내도록 돕는다.

셋째, 대처기제를 탐색한다: 과거에 클라이언트에게 어떤 대처방식이 성공적으로 사용되었는지, 이것이 지금의 위기에도 적용 가능한지 탐색한다. 또한 새로운 대처기제로는 무엇이 적절한지 조사한다.

넷째, 사회적 활동을 재개한다.

④ 위기대비계획

위기대비계획(anticipatory planning)은 클라이언트가 미래의 다른 위기를 준비하도록 돕는 것을 의미한다. 스트레스에 대처하기 위해 클라이언트가 무엇을 하였고, 위기를 겪어오는 동안에 배웠던 것을 통해 앞으로 다가올 어려움도 대처해갈 수 있을 것인지 등을 물으면서 정리하도록 도울 수 있다. 이때 사회복지사의 과제는 클라이언트가 대처행동들을 명확하고 구체적으로 이해할 수 있도록 돕는 것이 중요하며, 이를 통해 클라이언트가 이해의 위기에 부딪쳐서 필요할 때 사용할 수 있도록 돕는 것이다.

(2) 위기개입의 단계

맥기(McGee)가 제시한 위기개입의 단계는 다음과 같다.

① 제 1단계: 개시단계

㉠ 이 단계에서 커뮤니케이션을 확립한다. 전화를 이용, 대면으로 초기접촉을 할 경우 사회복지사는 클라이언트와 충분한 신뢰를 형성해야 한다.

㉡ 클라이언트 상태 사정 시 사회사업가의 과제는 당면문제에 초점을 맞추는 데 있다는 점을 명심해야 한다. 첫 질문 중 하나는 보통 '왜 당신은 오늘 도움을 찾아 왔는가'하는 질문이다. 오늘이라는 시점이 중요하다. 위기는 대개 클라이언트가 원조를 찾아오기까지 10일에서 2주 이내에 발생한다. 가끔은 바로

전날 밤에 일어나기도 한다. 사정의 또 다른 측면은 위기 해결에 큰 도움을 줄 수 있는 자연스런 원조 네트워크와 자조집단에 관한 탐색이다. 이들은 비슷한 문제를 가진 사람들로 구성되어 있어 문제를 해결하기 위해 서로가 도움을 줄 수 있다(말콤페인 / 서진환 · 이선혜 · 정수경 역, 2001 : 363-364).

먼저 자살의 가능성이 있는지 없는지를 파악한다. 사회복지사는 민감하게 경청하고, 현재 감정에 대해 적절한 질문을 한다. 이 단계에서 정신 역동적 원인론은 포함하지 않는다.

㉢ 행동계획의 개발 : 효과적인 위기개입을 위해 지역사회의 원조자원과의 광범위한 기능적 관계를 확립할 필요가 있다. 스미스(Smith)는 위기개입 사회복지사는 클라이언트와 초기접촉에서 다음과 같은 과업을 이행해야 한다고 주장한다. 첫째, 촉진적인 사건을 파악할 것, 둘째, 위기에 대하여 클라이언트가 어떻게 느끼는가를 토의할 것, 셋째, 위기를 대처하는 데 어떠한 노력을 해왔는가 탐구할 것, 넷째, 클라이언트가 외래환자로서 도움을 받을 수 있을지 없을지를 사정할 것, 다섯째, 클라이언트가 왜 지금까지 위기상태에 있었는가를 설명할 것, 여섯째, 위기를 성공적으로 해결하는 데 성취될 수 있는 클라이언트의 과거를 토의하기 시작할 것이다.

② 제 2단계 : 케이스의 취급

- 전 단계에서 개발된 그 행동계획을 실행하는 것이다.
- 클라이언트가 독립성을 유지하면서 도움을 받아야 한다.
- 가능한 한 위기 케이스는 신속히 처리되어야 한다.
- 어떤 위기개입 사회복지사도 그 케이스를 단독으로 취급하도록 떠맡아서는 안 되며, 특히 직원이 비전문가인 자원봉사자로 구성된 기관에서는 더욱 그렇다.

③ 제 3단계 : 케이스의 종결

- 행동계획이 완전히 실행되고 케이스 취급이 끝나면 종결하며, 다른 기관으로 의뢰한다.

④ 제 4단계 : 케이스의 사후처리

- 가장 중요. 사후처리를 통해 기관에서는 클라이언트가 기능을 잘 하고 있는지 못하는지를 알 수가 있고, 사후처리를 통해 케이스 취급효과를 알 수 있다.

5) 위기개입모델의 기법

- 클라이언트의 위기해결을 위하여 사회복지사는 ① 불안을 감소시킴 ② 근래의 경험을 서술케 하고 검토케 하며 재정리하게 함으로써 지각적 및 인지적 혼란을 감소시킴 ③ 가능한 한 신속하게 클라이언트의 자율감과 통어력을 확대시킴 ④ 클라이언트가 갈등을 해결하거나 문제해결의 방법으로써 새로운 순응유형을 발견하도록 돕는다.
- 딕슨(Dixon)은 개입의 기술을 세 가지 범주로 나눌 수 있다고 했다. 첫째는 심리적 지지인데, 여기에는 경청, 환기법, 재보증, 명료화, 보편화, 직면, 설득, 암시, 충고 등이 있으며, 둘째는 인지적 회복인데 여기에는 원인에 대한 설명, 해석 등의 기술이 포함되며, 셋째는 환경수정이 있다.
- 시프너스(Sifneos)는 위기상황의 치료를 위해 불안자극의 방법과 불안억제의 방법을 제시했다.

  불안자극의 방법에는 목표지향적인 방법으로 라포(rapport)를 빨리 형성하고, 치료적 활동의 전이를 학습케 하는 것이다. 이 방법은 클라이언트가 그의 갈등을 이해하고, 그의 반응을 인식하도록 하며, 교정적 · 정서적 경험을 하게 하며, 이를 위해 어느 정도의 불안을 유발시켜야 한다. 이와 같은 불안은 부적응적 행동을 변화시키도록 도우며, 정서적 기능을 개선하는 데 이바지한다. 불안억제의 방법은 자아가 약화되거나 장애가 심한 환자에게는 재보증(reassurance)과 같은 지지적 기술을 사용하거나 환경조정을 통하여 불안을 감소시키는 것이다.

※ 다음은 위기개입에 적용할 수 있는 홀리스(Hollis)의 개인대상실천 개입기술이다.

A. 지지적 기술, 지시적 기술 및 탐구-서술-환기법

(1) 지지적 기술

클라이언트가 직면하고 있는 외적 위협이 클라이언트 자신이 생각하는 만큼 위험하지 않다는 사회복지사의 확신을 직접적으로 표현. 클라이언트에 대한 사회복지사의 관심과 수용 그리고 도우려는 사회복지사의 의지를 전달함으로써 클라이언트의 자신감과 자존심의 결여 및 불안감 등을 감소시켜 준다. 사례관리에서 가장 기본적이고 필수적인 기술인 지지적 기술을 세분화한다(한국정신보건사회사업학회, 2001 : 345).

① 수용
② 재보증: 클라이언트는 도움을 받을 수 있고, 그 상태가 절망적이 아니며, 위험적 상황을 성공적으로 조종하고 해결할 수 있을 뿐만 아니라 자신이 인식하고 있는 것보다 더 많은 능력이나 힘을 가지고 있다는 것을 사회복지사가 클라이언트에게 전달하는 방법이다.
③ 격려
④ 관심의 구체적인 표현: 지지에 대한 클라이언트의 욕구가 강하고 불신이나 불안이 심하므로 클라이언트를 도우려는 사회복지사의 관심과 욕구를 표시하기 위하여 말보다는 어떤 구체적인 서비스가 필요하다.
⑤ 비언어적 지지: 음.. 예..
⑥ 이차적 지지: 사회복지사의 관심과 끊임없는 주의를 클라이언트에게 전달하는 부차적인 효과를 가진다.

(2) 지시적 기술

지시적 기술은 고용주와 더욱 유익한 관계를 갖도록 제안을 하거나 조언을 하는 것, 의사의 자문을 받게 하는 것, 의학적인 충고를 따르도록 하거나 어떤 특정한 방법으로 어린이를 다루게 하는 것 등과 같은 특정한 유형의 클라이언트의 행동을 촉진시키도록 노력하는 제방법이 포함된다.

(3) 탐구–서술–환기법

서술 혹은 설명한다는 것은 단순히 사실을 아는 그대로 표명하는 것이고, 환기한다는 것은 사실과 관련된 감정을 표현하는 것이다. 클라이언트는 사회복지사에 의해 수용되고 관심이 가져질 때 지지되는 느낌을 갖는 경향, 지지된다고 느낄 때 클라이언트는 일반적 상황에서 억제된 감정이나 사고를 표현할 용기를 가진다.

환기란 클라이언트가 내면적으로 가지고 있는 감정을 이야기함으로써 발산하도록 돕는 것이다.

감정은 ① 분노와 증오 ② 비탄감정 ③ 죄악감 ④ 불안 ⑤ 적용할 수 없는 경우 등이 있다. 말하는 것이 클라이언트에게 안도감을 주거나 감정을 경감시키는 것이 아니라 그 감정에 더욱 깊이 몰두하게 하는 경우도 있고 정서의 한 측면의 표현은 다른 측면을 감추게 하는 것이 될 수도 있다.

B. 개인상황 형태에 관한 반성적 토의

노던(Northen)은 명료화란 클라이언트의 현실지각을 증진시키는 활동. 홀리스(Hollis)의 세 가지 반성적 토의 기술, 즉 현재나 근래의 클라이언트의 개인상황형태에 대한 반성적 토의, 클라이언트 행동의 심리적 유형과 역동성에 대한 반성적 토의, 현재행동과 관련된다고 생각되는 클라이언트의 과거의 요인들에 대한 반성적 토의 등을 명료화의 범주에 포함시킨다.

C. 환경조정

하밀톤(Hamilton)은 환경조정이란 클라이언트의 긴장과 압력을 감소시키기 위하여 사회적 상황을 교정하거나 개선하는 것. 환경조정은 클라이언트를 유해한 환경으로부터 옮기거나 환경의 본질을 변화시키는 의미이다.

※ 행동수정기술

위기개입의 목표는 클라이언트가 현재 상황을 극복하고, 미래에도 적응할 수 있는 적응대처반응을 개별하며, 감정, 사고 그리고 지각의 새로운 유형을 개발하는 것 포함이기 때문에 행동을 변화시키는 방법을 학습하도록 하는 기술이 위기개입에서 중요한 도구이다.

※ 보편적인 접근법

제이콥슨(Jacobson)과 그 동료들에 의해 위기개입과 관련하여 특별히 개발한 것으로 항상 지지적인 경청방을 이용, 가끔 환경조정방법도 포함한다.

특별한 관점: 중요한 상실을 수반하는 위기의 경우에도 보편적이며 식별할 수 있는 유형이 있다.

① 상담의 일반적인 지지의 방법 사용, 주의 깊은 경청－관심표현, 희망을 갖게 함, 의식적으로 감추어져 있거나 표현할 수 없었던 감정 표현을 격려 받는다.

② 위기개입 사회복지사들은 개인이 자신을 직접적으로 돌아볼 수 있도록 하고, 자신의 고조된 감정, 사고, 목적, 행위를 알도록 도와줌. 현재의 위기와 관련하여 각 클라이언트와 더불어 현재의 상황을 객관적으로 검토. 위기의 실체를 점진적으로 직면할 수 있도록 다루기 쉬운 것들로부터 원조를 받게 한다. 위기개입 사회복지사는 위기의 결과에 영향을 미치는 희망을 다시 찾는 데 도움이 될 수 있는 어떤 사실을 알도록 개인을 돕는다.

③ 위기개입 사회복지사들은 개인들이 적응적인 해결을 할 수 있도록 원조. 위기는 정상적인 어떤 사람에게도 일어날 수 있는 것으로 수용하는 것은 적응적인 대처방법을 찾도록 격려하는 것이 됨. 위기개입 사회복지사는 개인이 극복하는 여러 가지 방법을 시험해 볼 수 있도록 원조, 적응적인 행동을 하려는 노력 지지. 위기상황에서 클라이언트 스스로 할 수 있는 것은 자신들이 직접 하도록 하고, 사회복지사가 어떤 것을 해서는 안 된다.

④ 위기개입 사회복지사들은 어떤 형태의 환경조정을 통해 개입하게 됨. 클라이언트가 환경조정을 할 수 있는 가능성을 탐구해 볼 수 있도록 격려. 즉 직업전환, 이사, 학교에 가는 것, 또는 그들의 사회적 물리적 환경에서 변화를 시도하도록 한다. 환경조정은 또한 클라이언트가 지지적 관계의 대인관계망을 발전시키도록 돕는다.

⑤ 위기개입 사회복지사들은 특정한 위기의 일반적인 과정을 알기 때문에 어떤 반응들을 예상할 수 있다. 예비적인 지도는 절벽을 미리 보고 그것을 주의하도록 지시한다.

→ 그러나 이 접근은 아직 충분히 연구되지 않은 많은 종류의 위기가 있고, 그래서 적절하거나 부적절한 해결유형을 개관하는 것이 불가능하고 사람들의 공통적이나 독특한 반응 때문에 각 위기가 매우 다른 의미를 가지게 된다.

6) 위기개입모델의 유용성

(1) 전화 상담에 유용

① 치료적 관계의 확립

무엇보다도 치료적 관계를 확립할 것이 우선된다. 상대방이 수화기를 놓아버리면 관계가 끊어지고 복구될 수가 없다. 대화를 지속할 수 있도록 인내심과 관심을 보이며 대화에 응하고 위기적 상황을 묘사하도록 하며 적극적으로 대화를 이끌어 간다.

② 접근 수단의 확보

이름과 전화번호, 주소, 현재 위치하고 있는 장소, 사용하고 있는 공중전화기의 번호 등. 긴급 구제가 필요한 경우 즉시 출동하여 직접 만날 수 있도록 접근수단의 확보가 필요하다.

③ 상황의 심각성의 판별

자살 또는 타살 등의 상태나 의도를 가지고 있는지의 여부를 즉시, 직설적 화법으로, 구체적으로 질문한다. 자살 가능성의 평가를 내린다.

④ 중심되는 문제의 파악과 명료화

경청, 심층적 수준에서 의사소통을 하여 중심된 문제와 이차적 문제를 구별한다. 또한, 상대방을 수용하며 자유롭게 하고 싶은 이야기를 하도록 허용한다.

⑤ 공감대 형성

다양한 방면의 지식을 갖추어 어떤 주제에 대해서도 정확하게 이해하고 공감을 형성할 수 있게 한다.

⑥ 관계망 형성

클라이언트의 지지적 관계망을 탐색하여 동원한다.

⑦ 치료계획 수립

클라이언트에 관하여 치료적 계획을 수립한다.

(2) 가정폭력에 유용

① 가정에서 폭력이 발생한 상황은 언제나 위기적이다.

② 폭력이 만성적이어서 가족구성원이 폭력상황을 예측하고 익숙한 경우에도 가정이라는 존재 자체가 파괴될 것에 대한 불안과 공포는 항상 새롭게 다가오는 위기이다.

③ 가족구성원은 신체적으로 안전이 위협 당하고, 때로는 생명이 위협받는 상황에 처한다.

④ 가족구성원은 심리적으로 배신감과 분노, 사랑과 가족관계 유지의 실패에 따른 좌절감과 절망감, 수치감, 무력감과 무기력함, 가족구성원을 상실할 것 같은 불안과 공포 등을 경험하게 된다.

⑤ 폭력이 빈발하는 가정에서는 폭력으로 야기되는 위기적 요소가 언제 다시 발생할지 모른다는 점에 대한 예기불안이 상존하게 되고, 이러한 예기불안은 실제로 폭력상황이 발생할 때 과거의 폭력피해의 후유증과 함께 위기적 지각수준을 더 높여줄 수 있다.

※ 치료적 지침

- 신체적 위험을 방지하고 경감할 수 있는 조치를 즉각적으로 취한다 : 물리적으로 격리, 경찰에 신고, 응급처치 및 병원에 후송, 이웃이나 친지를 장면에 불러들임

- 신체적 위해를 가할 수 있는 물건(칼, 쇠몽둥이, 무기 등)을 신속히 제거한다.
- 법적 대응을 위한 자료를 신속히 확보한다 : 현장에 대한 사진촬영, 사용된 도구의 증거물 확보, 증인확보, 상처부위의 처음 상태를 사진(색상사진)으로 남김. 녹음 또는 녹화
- 어린아이, 노인, 환자 등 약한 사람을 신속히 폭력장면에서 대피시켜 그들의 불안 수위를 낮추어준다. 대피시킨 가족구성원들에게는 가급적 빨리 상황에 대한 정보를 제공하여 안심시키는 후속적 조처를 잊지 않는 것도 중요하다.
- 위기개입팀이 개입한다 : 상황이 난폭 또는 복잡할 수 있고, 여러 사람이 동시에 관여되며, 어린아이 등 특별한 조치가 필요한 경우 등 예기치 못한 사태에 대비하여 다수의 사회복지사가 함께 역할을 분담한다. 폭력발생 초기에는 특별히 여러 명이 개입하고 일단 폭력사태가 진정되고 문제가 파악되면 적임자가 선정되어 후속적 치료를 진행한다.
- 일단 물리적 위기가 진정되면 가족구성원의 위기에 대한 감정을 표현하도록 돕는다.
- 다음에는 일반적 위기개입의 원리와 기술을 활용한다.
- 가정폭력발생과 재발은 일시적 위기개입으로 해결될 수 없는 가족의 문제이므로 근본적으로 가족치료적 개입을 시도하며, 가정폭력의 이러한 본질과 개입방향을 가족이 이해하고 수용하도록 돕는 것은 매우 중요하다.

7) 위기개입모델의 문제점

개인이 자각하지 못하는 정신내적인 힘이 행동에 강하게 영향을 미치게 되므로 개인상황 반성만으로 클라이언트의 문제를 효과적으로 해결하기 곤란하다. 가끔 클라이언트 자신의 성격의 저변에 역동성이나 현재의 적응에 나쁜 영향을 미치는 초기 생활 경험에 자신의 관심을 기울이도록 하는 것이 도움이 된다.

토론해 봅시다

01. 위기개입모델의 목표를 설명하시오.

02. 위기개입모델의 특징을 설명하시오.

03. 위기개입모델의 위기상황의 전화상담 시 유용성을 설명하시오.

CHAPTER 08

사회복지실천과 과제중심모델

1. 과제중심모델의 등장배경

2. 과제중심모델의 이론적 기반

3. 사회복지실천에의 적용

제8장

사회복지실천과 과제중심모델

1. 과제중심모델의 등장배경

1) 등장배경

과제중심모델(task-centered model)은 단기치료의 한 형태로서 대인관계와 사회적 관계의 어려움, 역할수행의 어려움, 정서적 고통 등 생활상의 문제들을 다루기 위해 시카고 대학의 레이드와 엡스타인(Reid & Epstein)이 과제중심개별사회사업(Task-Centered Casework, 1972)을 발표하면서 과제중심모델을 소개했다. 이 모델이 발표될 당시에는 1960년대 후반 정신분석이론에 기초한 심리치료 분야에서 장기간의 치료에 대한 회의와 비판이 확대되고, 현재의 문제 상황에 개입의 초점을 두는 단기치료 방식에 대해 관심이 커지던 시기였다. 그래서 시간 제한적이며 명확한 목표, 예리한 초점, 체계적인 이행이 특징인 이 모델은 사회복지서비스에 대한 효율성의 요구가 강조되는 시점에서 특히 비용효과성 때문에 더 큰 매력을 갖는다(양옥경 외, 2003 : 387).

또한 과제중심모델은 한정된 이론이 아닌 체계적인 절차를 지닌 실천모델로서, 문제사정이나 해결과정에서 인간행동과 실천에 관한 다양한 여러 이론들을 융통성 있게 사용할 수 있다. 이들은 문제를 가진 개인이나 가족을 돕는 데 있어서는 종래와 같이 긴 개입기간을 요구하는 심리・사회적 실천방법에 비해 단기간의 심리・사회적 접근이 보다 효율적이라는 것을 발견하고 체계적이고 종합적이며 효과적인 단기치료 모델로서 과제중심모델을 개발하게 되었던 것이다(엄명용 외, 2000 : 326).

이 모델은 같은 시카고 대학교의 펄만(Perlman)이 개발한 문제해결중심의 방법론에 행동주의이론과 스텃(Studt)의 과업에 대한 개념을 접목한 것으로서 클라이언트가 자신에게 주어진 행동적 과업을 통하여 스스로 문제를 해결할 수 있도록 도와주는 사회복지의 대표적인 실천 방법이라고 할 수 있다(윤현숙 외, 2001 : 62).

과제중심모델은 단기개입모델의 한 형태로서 대인관계와 사회적 관계의 어려움, 역할 수행의 어려움, 정서적 고통 등 생활상의 문제들을 다루기 위해 1970년대 미국 시카고 대학교의 레이드(Reid)와 엡스타인(Epstein)이 당시 진행한 프로젝트의 목표는 첫째, 효육적으로 학습할 수 있는 전문적 원조기술을 개발하고, 둘째, 직접적 실천의 효과성을 증진하며, 셋째, 실천을 평가하는 능력을 증진할 수 있는 모델을 개발하는 것이었다(Epstein & Brown, 2002).

2) 사회복지에 있어서의 과제중심모델의 영향

과제중심모델은 모델의 간결성과 단기접근법으로 인하여 그동안 부부갈등, 청소년 비행, 학교 부적응, 재가노인 문제 등 사회복지의 다양한 실천현장에서 다양한 사람들에게 적용되어 왔으며, 미국뿐만 아니라 영국, 네덜란드 등에서 실시한 경험적 연구들을 통해 이 모델의 효과성과 효율성이 인정되었다.

이러한 단기모델에 대한 관심이 고양되자 정신건강 전문가의 부족, 치료를 요하는 사람들의 장기간의 기다림, 장기치료 결과에 대한 불만족, 단기치료 결과의 가능성, 위기이론에 대한 관심들은 단기모델의 영향을 받게 되었다. 레이드와 엡스타인(Reid & Epstein)의 연구(1972)에 의한 초기의 전반적인 모델형성 작업에서, 과제중심모델은 클라이언트와의 명확한 동의를 토대로 스스로의 행동을 통해 경감할 수 있는 특정문제들을 다루고 있다. 일단 동의에 의해 특정 문제가 결정되면, 사회복지사와 클라이언트는 문제해결행동과정 또는 클라이언트가 행할 수 있는 과제를 정한다.

과제중심모델에 대한 보고서들은 여러 영역의 문제들에 대해 만족할 만한 결과를 지적하고 있다. 의료기관이나 정신과병원, 공립학교, 교정, 주거보호를 포함한 노인에 대한 서비스, 아동상담소, 공공복지, 가족서비스, 아동복지, 그리고 근로자 지원 프로그램 등에서 단기치료로서의 과제중심모델이 사용되고 있다(Epstein, 1992 : 71-72).

사회복지사는 전통적인 케이스워크 기법, 즉 문제조사를 포함해 조언, 격려, 클라이언트가 자신의 행동과 사회적 상황에 대한 이해를 증진시키도록 돕기, 환경적 개입 등을 사용한다. 서비스의 기간은 2개월에서 4개월 내에 8~12회 정도의 면접으로 제한한다(Reid, 1978 : 5). 광범위한 문제 특히, 하층 계급 클라이언트의 문제에 대응할 수 있다는 점, 다른 실천모델에도 적용할 수 있다는 점, 개인뿐만 아니라 가족・집단・조직의 운영・관리 면에도 적용된다는 점 등에서 매우 유익한 이론으로 평가되고 있다(신성자 외, 2000 : 313).

기존의 클라이언트 치료의 대부분은 많은 시간을 필요로 했다. 물론 인간들이 갖는 문제는 복잡하며 오랫동안의 뿌리 깊은 것들로 그 해결이 하루아침에 이루어질 수는 없다. 그러나 가능하면 단기간 내에 클라이언트의 문제를 해결하는 것이 본인의 고통해소는 물론 기관의 기능도 그만큼 활발해질 수 있을 것이다. 조사결과를 보면 장기적인 치료가 반드시 해결의 열쇠는 아니었으며 오히려 중도에 면접을 포기하는 비율만 높아질 뿐이었다. 따라서 단기치료는 경제적으로나 시간적으로 여유가 없는 클라이언트에게 보다 많은 도움이 되며, 사회복지사 또한 누적된 업무부담에서 어느 정도 해방될 수 있도록 해 준다(장인협, 1997 : 203).

1970년대 이후 과제중심모델의 발전과정은 다양한 현장 및 인구에의 적용과 이론, 발전된 기법으로 특징지어진다. 적용대상의 범위 또한 연구의 발전과 함께 확대되었는데 1970년대에 걸쳐 아동복지, 공공서비스, 학교사회사업, 노인사회사업, 산업사회사업, 의료사회사업, 가족서비스, 정신건강영역 등으로 확장되어졌다.

2. 과제중심모델의 이론적 기반

1) 기본개념

과제중심모델은 경험에 기초한 지식을 바탕으로 하여, 계획적이고 의도적인 과정을 통해 클라이언트의 문제를 구체적인 과제로 해결해 나가려는 것인데 어떤 특정한 이론이나 개입방법에 고정되지 않고 서로 다른 이론들로부터 방법을 통합하려고 시도한다. 따라서 이 모델은 일반체계이론, 과제수행을 가로막고 있는 심리적인 장애에 대한 통찰력을 얻도록 원조하기 위한 강화와 모델링 기법의 기초로서 사회학습이론, 배우자 및 가족과 더불어 과제중심작업을 하는 방법으로 의사소통이론, 각각의 문제해결, 의사결정 및 과제수행을 촉진하기 위해서 소규모의 사회체계 내에서 어떻게 개인이 상호작용하는가를 고려하는 소집단이론 등의 기본원칙들을 통합하여 절충주의적인 접근을 시도하고 있다.

사회복지사는 능력의 최소한의 수준으로도 이 모델을 실천하기 위해서는 인간행동이나 사회 환경에 대한 이러한 독특한 지식체계를 소유하고 있어야 한다.

과제중심모델은 서로 다른 클라이언트와 서로 다른 환경적 장(場)에서 개인의, 개인 간의, 그리고 상황적인 다양한 문제들에 적용할 수 있다. 대개 클라이언트가 겪는 문제는 두 가지 측면에서 볼 수 있다. 개인이 문제를 완화시킬 수 있는 기술이 부족하거나, 자원이 부족한 것이 그것이다. 문제의 이 두 가지 측면을 명료하게 분석함으로써 사회복지사는 실현 가능한 개입계획을 세우게 된다(엄명용 외, 2001 : 327).

과제중심모델은 클라이언트와 환경이 문제처리 및 문제해결 노력에 관련되거나 관련될 수만 있다면 변화가 일어날 수 있다고 전제한다. 그러므로 서비스의 초점은 클라이언트가 명확하게 자신의 문제를 인식하고, 그 문제를 해결할 수 있는 능력을 가질 수 있도록 지원하는 데 둔다.

과제중심모델은 또한 클라이언트가 특정한 상황에 필요한 행동 기술을 가지고 있지 못하며 이러한 기술을 습득하는데, 작은 단계의 행동의 연속이 도움이 된다고 본다. 따라서 문제해결의 작은 단계로 과제를 활용하게 된다. 계획적이고 의도적인 과정을 통해 클라이언트의 문제를 구체적인 과제로 해결해 가도록 하는 것이 바로 이 모델의 목표인 것이다.

2) 이론관점

과제중심모델은 단기 케이스워크의 초기 형태인 시간 제한적이고 구조적인 측면, 펄만(Perlman)의 문제해결 과정의 요소, 스텃(Studt)의 클라이언트 과제의 개념, 그리고 케이스워크 기법에 기반을 두고 있다. 이렇게 다른 모델들과는 달리 사회사업 내부요소에 주로 기반을 둔 과제중심모델은 단기의 구조화된 개입을 원칙으로 하면서 이에 의해 구체적인 문제를 표적으로 하여 개입전략으로서 클라이언트의 과제를 활용, 이를 수행하는 클라이언트의 활동과 과정을 그 원조과정의 요체로 한다. 또한 이 모델은 여러 이론들에 대한 개방성을 특징으로 하지만 어느 특정이론을 모두 수용한다기보다는 사회복지사에게 유용하게 사용될 수 있는 부분을 유동성 있게 활용할 수 있는 경험적인 효과성의 증거를 그 기준으로 삼았다고 할 수 있다.

과제중심모델에서 말하는 과제는 클라이언트와 사회복지사 간의 동의에 의해 계획되는 특정 유형의 문제해결활동(problem-solving action)이며 면접 안에서뿐만 아니라 면접 밖에서도 행해지는 활동이다. 클라이언트 과제는 표적문제를 감소시키기 위해 클라이언트가 수행하는 활동을 말하며 사회복지사의 과제는 같은 문제를 감소시키기 위해 면접진행동안 클라이언트의 입장에서 사회복지사가 수행하는 활동을 말한다. 또한 클라이언트의 활동을 보완하고 클라이언트의 작업을 촉진시키는 일을 한다. 여기서 협상과 협의는 사회복지사의 주요한 과제이다. 협상과 협의는 이웃, 친구, 가족과 같이 클라이언트와 가까운 사람들 그리고 지역사회기관과 관공서와 함께 작업하는 것을 포함한다(Epstein 1992, 양옥경 외, 2003 : 392 재인용).

과제중심모델은 하나의 이론적 경향에 기초하기보다는 여러 이론적 경향을 절충하여 사용할 수 있다는 실천의 틀을 제시한다. 과제중심모델은 클라이언트를 범주화하기보다는 클라이언트가 표현하는 문제를 일대일 대인관계의 갈등, 자원의 결핍, 역할수행의 어려움 등으로 범주화해서 클라이언트의 낙인화를 방지한다. 또한 클라이언트의 문제가 체계적이고 조직적인 과업을 통해서 해결될 수 있다고 본다. 이와 같이 과제중심모델은 클라이언트가 인식하고 동의한 문제를 해결할 수 있도록 클라이언트의 현재 상황에 적합한 행동적인 과업을 설정해 주고 이를 수행하도록 도와주는 것에 초점을 둔다(윤현숙 외, 2001 : 63).

과제중심모델의 특징을 정리해 보면 다음과 같다.

첫째, 시간 제한적인 단기치료로서 주 1~2회 면접을 6~12회 정도로 구성하여 대개 2개월에서 4개월 이내에 사례를 종료한다는 특징을 가지고 있다.

둘째, 클라이언트와 사회복지사가 표면적으로 계약한 구체적 문제의 해결에 초점을 둔다.

셋째, 클라이언트의 문제해결활동을 수행하기로 동의한 과제를 중심으로 조직하며 사회복지사는 클라이언트가 과제를 수행할 수 있게 원조한다.

넷째, 조사에 근거한 경험적 자료에 의존하여 직접적인 치료기법을 제공해 주기보다 클라이언트 스스로 실행 가능한 과제로 대치하도록 하고 과제를 수행할 수 있도록 인도한다.

다섯째, 사회복지사의 역할은 클라이언트가 제한된 기간 내에 가능한 건설적으로 자신의 문제를 완화시킬 수 있는 활동을 할 수 있도록 원조하는 것이다.

여섯째, 기본적인 가치전제는 클라이언트의 자기결정의 원리이다.

일곱째, 변화되어야 할 문제와 해야 할 과제에 대해 클라이언트-사회복지사 간의 동의가 계약의 형태로 구체화되어야 한다(엄명용 외, 2001 : 328).

과제는 표적문제를 명확히 한 후에 과제계획을 세우게 되는데, 클라이언트와 사회복지사 간의 토론을 통하여 대안적 과제들이 제시되며 행동이나 전략적 계획을 구체화하게 된다(양옥경 외, 2003 : 392).

(1) 일반적 과제

행동의 방향을 제시하지만 무엇을 해야 하는가에 대해 정확하게 언급하지는 않는다. 일반적 과제의 예는 다음과 같다.

- 김○○ 적응훈련센터에 등록해야 한다.
- 김○○ 센터 근처에 생활터전을 마련하고 그곳에서 생활해야 한다.

(2) 조작적 과제

조작적 과제는 클라이언트가 수행해야 하는 구체적인 활동을 말한다. 명확한 활동에 대한 정보를 포함하고 있기 때문에 일종의 하위과제의 형태를 띤다.

- 적응훈련센터에 지원서를 작성하여 제출하기
- 센터를 방문하기
- 심리검사에 대한 약속 정하기

(3) 과제의 다른 유형들

- 유일과제 : 한 번의 수행을 위해 계획된 것. 예를 들어, 안씨는 화요일에 위탁가정담당자를 만난다.
- 되풀이 과제 : 반복적인 활동을 위해 계획된 것. 예를 들어, 안씨는 그녀가 건강회복을 위해 무엇을 하는지 자녀들에게 매일 이야기한다.
- 단일 과제 : 여러 단계들이 필요한 하나의 활동. 예를 들어, 안씨는 입원을 위해 준비한다.

- 복잡한 과제 : 매우 밀접하게 관련된 둘 또는 그 이상의 구분된 활동들. 예를 들어, 몇 가지 가능한 수술방법과 수술효과에 대해 담당의사와 상의하고, 각각의 방법이 그녀의 가정과 자녀들을 돌보고 일하기 위한 그녀의 능력에 어떤 영향을 미칠지 고려한다.
- 개인적 과제 : 한 사람이 수행하는 것
- 상호적 과제 : 둘 또는 그 이상의 사람들이 수행해야 하는 과제로서 구분되지만 서로 연관되어 있는 과제. 예를 들어, 서씨는 아들 승준에게 소리지르는 것을 그만두며, 승준은 집에서 도망가는 대신에 어머니에게 무엇이 그를 화나게 하는지 말한다.
- 공유과제 : 둘 또는 그 이상의 사람이 같은 과제를 하는 것. 예를 들어, 서씨와 승준은 함께 정신과 의사와 상담한다.
- 인지적 과제 : 정신적인 활동들을 검토하여 명확히 하기. 예를 들어, 이씨는 그녀가 정확히 무엇을 좋아하고 싫어하는지, 그리고 자신의 결혼에 대해 무엇이 불안한지를 생각하기. 즉, 인지적 과제는 현재 문제에 대한 언급 없이 비생산적인 염려만 하지 않도록 주의하는 것이 필요하다. 동시에 클라이언트가 원하고, 필요로 하며, 무엇이 중요한지를 깨닫고 잘 이해하도록 함으로써 클라이언트의 우선순위를 분명히 해주며, 그가 선택과 결정을 내리도록 도와준다.

3) 발달단계

과제중심모델은 펄만(Perlman)의 문제해결모델, 과제에 대한 스텃(Studt)의 견해, 위기개입 이론과 기법, 학습이론과 관련된 행동기법, 인지행동·인지이론과 방법, 구조적 가족치료와 기타 가족치료 접근법 등을 통합하여 개발되었다.

과제중심모델은 명백하게 시간이 제한된 간결한 접근법으로 그다지 집중적이지 않은 장기간의 작업보다 더욱 효과적인 것으로 입증되고 있다(신성자 외, 2000 : 313).

이 모델이 형성되던 1960년대 후반은 정신분석이론에 기초한 장기간 심리치료가 비판을 받으면서 시간 제한적인 단기치료에 대한 관심이 높아졌던 시기였다. 따라서 과업중심모델의 형성에 기초가 되었던 레이드(Reid), 샤인(Shyne), 스텃(Studt) 등의 시카고 대학교 연구자들은 장기치료와 단기치료의 효과를 비교하는 실험연구를 통해서 심리치료는 초반기에 효과가 극대화되며 단기간의 치료를 받은 클라이언트도 오랫동안 지속적인 치료의 효과를 갖고 있다는 단기치료의 우수성을 입증하였다(Reid & Epstein, 1972). 이러한 연구결과를 토대로 과제중심모델은 인지행동과 행동수정기법, 그리고 체계이론 등을 통합하면서 계획적으로 구조화된 치료과정과 단기간의 치료를 강조하는 사회복지실천 방법을 점차 확산되기 시작하였다(윤현숙 외, 2001 : 62).

과제중심모델은 경험에 기초한 지식을 바탕으로 하여, 계획적이고 의도적인 과정을 통해 클라이언트의 문제를 구체적인 과제로 해결해 나가려는 것인데 어떤 특정한 이론이나 개입방법에 고정되지 않는다. 오히려 일반체계이론, 의사소통이론, 인지이론과 정신분석이론, 그리고 학습이론의 기본원칙들을 통합하여 절충주의적인 접근을 시도하고 있다. 행동주의 원칙 중에서는 문제발생과 변화를 설명하는 데 도움이 되는 지식과 개인이 문제해결 과제를 규정하여 수행하는 데 도움이 될 수 있는 방법에 관한 지식이 선택되어 사용되고 있다. 예를 들어, 과제수행을 조장하기 위한 강화, 모델링 기법들이 그것이다. 또 과제수행을 어렵게 하는 심리적 장애에 대한 통찰력 획득에 도움이 되는 정신분석이론과 인지이론의 원리, 가족이나 중요한 타자들과 함께 과제를 수행하는 데 도움이 될 수 있는 의사소통이론의 원리, 그리고 개인과 다른 사람들, 또는 클라이언트가 속한 조직들과 같은 소규모 사회체계 내에서의 의사결정과 과제수행에 도움이 될 수 있는 사회체계이론의 원리들 역시 과제중심모델에서 발견할 수 있다.

과제중심모델은 단기 심리·사회적 접근의 기술을 이용하여 클라이언트가 자신들의 문제를 완화하기 위한 과제나 활동을 고안하고 수행하되 시간제한을 두는 구조를 이용하고 있다. 이 모델에서는 헬렌 펄만(Helen Perlman)의 문제해결과정과 엘리엇 스텃(Eliot Studt)의 서비스 초점을 클라이언트의 과제에 둔다는 생각이 특히 유용하게 받아들여졌다(Epstein, 1988). 이 외에도 과제중심모델은 경험에 기초한 지식을 일반화 있는데, 예를 들면 과제중심모델이 창안되기 이전까지의 심리치료나 사회사업상담에서 발견된 사실들, 즉 단기의 시간 제한적 치료를 받은 사람들이 장기 치료를 받은 사람들과 효과 면에서 별 차이가 없었다던가, 의도된 기간과 상관없이 비교적 짧은 시간 안에 효과를 볼 수 있었다던가 하는 발견들이 이 모델의 밑받침이 되었다.

3. 사회복지실천에의 적용

1) 과제중심모델의 목표

계획적이고 의도적인 과정을 통해 클라이언트의 문제를 구체적인 과제로 해결해가도록 하는 것이다. 과제중심모델의 개입목표는 클라이언트의 표적문제를 완화하는 것에 그 초점을 두고 있다.

2) 과제중심모델의 개입과정과 사회복지사의 역할

개입과정은 초기단계, 중기단계 및 종결단계로 나누어 살펴볼 수 있다. 전체기간은 4개월 이내에 6~12회의 개입으로 설계되고 일반적으로 이 기간 동안 클라이언트가 가장 중요하다고 생각하는 표적문제 중 두세 가지의 문제만을 선택하여 개입한다. 대부분의 경우 개입은 위의 순서대로 이루어지지만 단계가 겹치거나 또는 필요에 따라 이전 단계로 돌아가는 등 개입의 틀을 매우 유연하게 변형하여 적용할 수 있다.

과제중심모델에서의 개입과정을 단계별로 살펴보기로 한다.

(1) 초기단계

① 의뢰 이유에 대한 토의

개입은 클라이언트가 독립적이고 자발적으로 기관을 찾아오는 경우와 다른 기관으로부터 의뢰된 경우로 시작하는데, 클라이언트가 다른 기관에서 의뢰된 경우 사회복지사는 먼저 의뢰기관에서 제시하는 클라이언트의 문제들과 개입의 목표들이 무엇인지, 클라이언트가 제시하는 문제들, 목표 등 서로의 의견이 일치하는지 알아본다. 클라이언트와 의뢰기관이 서로 일치하지 않는 경우에는 사회복지사가 서로의 의견을 조정하거나 협상하여야 하며, 법정명령으로 위임된 목표가 있는 경우에는 클라이언트의 이해를 구하여야 한다. 더 나아가 사회복지사는 의뢰기관에서 클라이언트에게 제공할 수 있는 자원이 있는지 알아보고 활용할 수 있다. 활용 가능한 자원은 정서적 지지와 관심 등의 정서적 자원뿐만 아니라 실제적 또는 물질적 자원을 포함한다. 클라이언트가 자발적으로 지원한 경우에는 다음 단계로 바로 넘어간다.

② 표적문제와 그 상황에 대한 탐색과 사정

클라이언트가 제시하는 문제(presentating problem)에서 출발을 하지만 과제중심모델에서 강조하는 문제는 개입의 초점이 되는 표적문제(target problem)로서 문제를 규정한다. 클라이언트가 자신의 문제로 인식하고 개입의 초점으로 동의하며 표적문제로 규정하는 것이며, 문제를 구체적으로 규정하는 책임은 사회복지사에게 있다. 이 경우 사회복지사는 제안하거나 권유한 표적문제를 가능한 한 명확하게 설명하고 클라이언트에게 질문하고 반응하고 생각할 수 있는 기회를 충분히 주어야 한다.

사회복지사는 면접을 통해 표적문제와 그들의 사회적 상황[1)]을 세밀하게 조사하고 문제에 영향을 미치는 클라이언트의 특성을 인식하는 데 주력한다. 보통 클라이언트는 자발적으로 문제 구체화의 과정 동안 사회적 상황에 관한 많은 정보를 제공한다. 이러한 탐색과 사정은 동시에 이루어진다.

③ 계약의 수립(contraction)

문제를 규정하고 이에 대한 예비 사정(preliminary assessment)을 한 후에 사회복지사와 클라이언트는 계약을 한다. 계약을 하는 것은 문제해결 방향에 대한 동의로서 클라이언트와 사회복지사 간의 목표달성을 명확히 하는 중요한 수단이다. 클라이언트의 자기결정권과 문제해결 의지를 최대한 반영하기 위해서 서면 또는 구두계약으로 이루어진다.

◎ 계약에서 다루는 9가지 주제들은 다음과 같다.

- 우선순위가 되는 주요 문제 : 최대 3가지
  - 표적문제의 범위가 너무 넓거나 일반적이거나 혹은 문제의 초점이 잘 맞추어지지 않았을 때 과제중심적 접근은 효과적이지 못한 것으로 보고되고 있다. 표적문제는 우선순위를 정하여 제한된 시간 안에 다룰 수 있도록 최대한 세 개까지로 제한한다.
- 구체적 목표
- 클라이언트의 과제(클라이언트가 수행해야 할 활동)
  - 과제는 클라이언트와 사회복지사가 함께 계획하고 동의한 후에 수행하는 문제해결적인 활동으로 클라이언트의 과제는 표적문제를 줄이기 위해 클라이언트가 수행하는 활동을 말한다.

1) 사회적 상황－클라이언트의 주거지와 주거지역의 주변상황, 직업과 학교상황, 사회경제적 지위와 재정적 한계, 건강상태, 가족과 또래관계, 문화적인 상황들을 말한다.

- 사회복지사의 과제(사회복지사가 수행해야 할 활동)
  - 사회복지사는 클라이언트를 위해 과제를 수행하는 데 주로 클라이언트의 과제수행을 지원하거나 다른 기관이나 클라이언트의 가족, 친지, 이웃 등과 협의하고 협상하는 활동에 초점을 맞춘다.
- 개입 스케줄
- 면접 스케줄
- 개입의 지속기간
- 참여자(누가 참여할 것인가)
- 장소(면접은 어디에서 할 것인가)

(2) 중기단계

과제중심모델에서는 중기단계가 매우 중요하다. 이 단계는 과제수행을 통해 문제가 감소되고 해결되는 과정이기 때문이다. 우선 표적문제를 집중적으로 사정하고 대안들을 생각한 후에 문제를 해결하기 위한 과제들을 수행하며 과제수행을 점검, 모니터하고 필요에 따라 과제를 수정한다.

① 문제와 과제 검토

과제중심모델에서 문제를 해결하는 주요 수단으로는 첫째, 효과적인 문제해결을 위하여 자원을 제공하는 것이며, 둘째, 사회기술과 문제해결 기술을 습득하도록 돕는 것, 셋째, 과제를 수행하는 것이다.

위의 개입방법을 진행하면서 사회복지사는 면접마다 클라이언트의 과제수행을 확인하고 문제의 상태와 변화를 점검하며, 새로운 혹은 달라진 문제는 없는지 검토한다. 문제의 변화에 대해 지속적인 기록을 하는 것이 사례계획을 위해서 뿐만 아니라 개입의 효과성을 평가하기 위해서도 유용하다.

② 장애물의 규명과 해결

과제들은 클라이언트와 사회복지사가 함께 계획하고 설정하고 수행한다. 과제수행에서 방해가 되는 것은 무엇이나 장애물이 될 수 있다. 이렇게 과제수행이 잘 되지 않는 경우 사회 환경이나 대인관계 혹은 심리적 상태에서 과제수행을 방해하는 요인들을 없애거나 줄이거나 바꾸기 위해서는 과제수행에서 실제적 방해요소들을 개선할 계획을 체계적으로 세워야 할 뿐만 아니라 과제수행 시 부딪힐 수 있는 어려움에 대한 구체적인 설명을 클라이언트에게 제공해야 한다.

③ 문제 초점화

문제에 대한 탐색과 사정, 검토는 사례 전체에 계속된다. 실제로 중기단계에서의 주된 주제는 문제에 대한 집중이며(Reid, 1978) 표적문제에 대한 초점화된 집중은 긍정적인 결과를 가져온다. 문제 초점화에서 사회복지사는 현재의 이슈와 동의했던 표적문제 간에 명백한 연관성을 갖도록 노력한다.

④ 과제계획

㉠ 가능한 과제 제시: 계획을 발전시키는 첫 단계로 과제에 대한 사회복지사나 클라이언트의 아이디어를 생성해 내야 한다.

㉡ 동기형성: 과제달성을 위해 필수적으로 클라이언트에게 적절한 동기로 과제수행을 위한 노력을 지속할 수 있게 한다.

㉢ 과제수행의 계획: 대부분의 과제들은 구체화된 계획을 필요로 한다. 과제를 계속하는 클라이언트를 돕기 위해 질문이 지속적으로 주어진다.

㉣ 장애물의 규명과 해결: 과제가 계획될 때 성공적인 과제 달성을 위해 잠재적인 장애물을 예견하기 위한 노력이 필요하여 이외에 사회복지사는 클라이언트로 하여금 무엇이 과제수행을 잘못 이끌 수 있는지 생각하도록 질문할 수 있다.

㉤ 모의실험, 예행연습: 다양한 유형의 훈련은 클라이언트에게 과제수행방법을 보여주는 것으로 대부분의 과제계획은 과제수행행동을 가상해 보기 위해 역할극을 사용하며 세션 내에서 리허설을 해봄으로써 성공적으로 수행할 가능성이 높아진다.

㉥ 과제동의: 클라이언트가 반대되는 의견을 표현하지 않는 경우 이를 받아들이는 것으로 가정하고 과제를 제안할 때, 제대로 듣지 못했거나 이해하지 못했을 경우 이를 받아들이는 것으로 가정하고 과제를 제안할 때이다. 사회복지사는 과제를 부여하기 전에 클라이언트의 명백한 동의를 항상 확보해야 한다.

㉦ 과제계획의 요약: 마지막으로 세션을 끝내기 전에 사회복지사는 클라이언트에게 과제계획에 대한 요점을 숙지시켜야 하며, 과제수행계획에 대한 클라이언트 자신의 생각을 표현하도록 충고한다.

⑤ 과제의 수단

이 단계는 다음 세션에 앞서 클라이언트가 과제를 수행하는 단계이다. 사회복지사는 실제 상황에서 클라이언트가 과제를 실천하도록 돕는다. 대부분의 경우 클라이언트 스스로 사회복지사의 관여 없이 과제를 수행하지만 어려움과 혼란에 빠져 있거나 당황스러운 상황에서 서비스를 요청하는 경우에는 사회복지사가 지지를 보내거나 중재자 또는 대변인으로서 활동할 수 있다.

(3) 종결단계

사회복지사는 면접 때마다 현재 면접횟수가 몇 번째이고 종결 시까지 몇 회가 남았는가를 알려주고 개입계획에 따라 종결하는 것이 중요하다.

종결할 때에는 표적문제로 선정한 문제들과 목표에 대하여 검토하고 달성된 목표를 점검할 뿐 아니라 문제 상황 전체에 대하여 검토를 한다(Reid, 1996 : 629). 목표를 달성하고 표적문제를 해결했을 때는 개입을 종결한다. 필요에 따라 개입을 연장하는 경우에는 클라이언트가 문제해결 의지를 가지고 있는지를 중요하게 고려하여 계약을 연장 또는 사후지도를 한다.

사회복지사는 달성된 목표를 강조하고 목표달성 과정에서 새로이 습득된 클라이언트의 문제해결 기술을 점검하며 앞으로 클라이언트가 문제해결 기술을 계속 활용하도록 혼자 수행해 나갈 수 있도록 돕는다. 또한 종결 시 해결되지 않은 문제들이 남은 경우는 이를 어떻게 할 것인가에 대한 논의가 있어야 한다.

3) 과제중심모델의 기법

(1) 간접적 행동변화 기법

① 의사소통기술

과거에 대한 클라이언트의 노력은 과제중심모델에서 결정적인 것으로, 클라이언트는 '나는 그것을 성취하기를 원한다'라고 말할 수 있어야 한다. 과제중심 접근은 단기 계약기간 동안에 클라이언트가 선택한 명확한 목표를 성취할 수 있도록 원조하는 서비스이다. 따라서 클라이언트가 무엇을 추구하고 바라고 있는가를 클라이언트와 함께 언어화하는 것이 이 모델에서 가장 중요하다(설진화, 2011 : 108).

② 탐 색

탐색은 모든 대인관계 치료 모델에서 사용하는 기본적인 기법으로 클라이언트로부터 자료 및 정보를 이끌어 내려는 사회복지사들의 노력을 말한다. 과제중심모델에서는 탐색과정을 통해 클라이언트의 문제를 이끌어 내고 이를 명료화하여 과제의 방향과 가능성을 검토하게 된다.

③ 구조화

클라이언트와의 상호작용 구조와 방향에 대한 사회사업가의 의사소통으로 구성된다.

④ 상황분석

문제를 유지시키는 원인과 문제를 다룰 때 동원될 수 있는 자원으로 구성된다. 문제의 상황은 문제를 유지시키는 원인, 즉 문제해결의 장애물과 문제를 다룰 때 동원될 수 있는 자원으로 구성된다. 상황요인은 물리적 요인, 인지적 요인, 가족, 지역사회체계가 포함된 다차원적 틀 속에서 이루어지며 표적문제와 관련하여 검토한다.

(2) 직접적 행동 변화기법

① 인식증진

클라이언트의 과제성취에 장애가 되는 요인을 제거하거나 극복할 수 있도록 클라이언트의 인식을 증진시키는 기술이며, 인지적 왜곡이 클라이언트의 과제 성취에 장애가 되고 있는 상황에서 특히 중요한 기술이다. 클라이언트의 인식증진을 원조하기 위해서는 개별화된 교육적 노력이 필요하며, 특수한 기능과 상황에서의 인식증진에 대한 사회복지사의 집중적 노력이 필요하다(설진화, 2011 : 110).

② 격 려

클라이언트가 세운 계획이나 실행하려는 계획, 수행한 행동에 대해 찬성을 표하거나 긍정적 반응을 표현하는 것을 말한다.

③ 지 시

사회사업과 관련된 가능한 행동에 대해 클라이언트에게 조언·충고하는 것을 말한다(신성자 외, 2000 : 324).

4) 과제중심모델의 유용성

과제중심모델은 클라이언트와 환경이 문제처리 및 문제해결노력에 관련되거나 관련될 수만 있다면 변화가 일어날 수 있다고 전제한다. 그러므로 서비스의 초점은 클라이언트가 명확하게 자신의 문제를 인식하고, 그 문제를 해결할 수 있는 능력을 가질 수 있도록 지원하는 데 둔다.

과제중심모델은 또한 클라이언트가 특정한 상황에 필요한 행동 기술을 가지고 있지 못하여 이러한 기술을 습득하는데, 작은 단계의 행동의 연속이 도움이 된다고 본다. 따라서 문제해결의 작은 단계로 과제를 활용하게 된다.

5) 과제중심모델의 문제점

과제중심 접근이 다양한 문제와 다양한 클라이언트에게 성공적으로 적용되었다고 하지만, 아직 정확하게 어떤 사례에 더 적합한 방법인가에 대해 밝혀지지 않고 있으며 단기적 특성이라는 것이 구체적으로 무엇인가에 대해서도 의문이 제기되고 있다. 단기라고 하지만 실제로는 상황에 따라 서비스 기간이 융통성 있게 조절된다.

따라서 치료의 종결에 대한 판단을 누가, 어느 시점에서 할 것인가가 중요한 문제로서 제기된다(김성이 외, 1997 : 394).

과제중심모델은 다양한 문제와 클라이언트에게 성공적으로 적용되고 있지만 아직 어떤 사례에 활용해야 할지 또는 무엇이 단기적 특성인지에 대한 의문이 제기된다. 과제중심모델은 문제가 청소년의 중증상태의 만성적 과제행동과 관련된 경우에는 성공하기 어렵다. 특히 문제가 지역사회 내의 반사회적인 행동이나 부모자녀 간의 갈등 혹은 부모 간의 갈등일 경우에는 더욱 그러하다. 또한 변화를 가져오는 도구라는 증거는 상당히 있지만 어떤 문제와 클라이언트에게 어떤 과제가 가장 좋은지에 대해서는 아직 더 연구가 필요하다.

또한 이 모델의 성과는 서비스 기간의 제한을 얼마나 효과적으로 활용 하느냐에 따라서 달라진다. 많은 연구들은 단기적 시간 제한적 치료가 적어도 장기적·개방형 치료만큼이나 효과가 있다는 것으로 입증되었다. 일반적으로 클라이언트는 단기치료결과에 만족하는 것으로 보이지만 강제성에 대한 불만족이 문제가 되기도 한다.

토론해 봅시다

01. 사회복지실천현장에서의 활용할 수 있는 과제중심모델의 기법을 논의하시오.

02. 사회복지사가 과제 계획 시 고려할 사항은 무엇인가?

03. 과제중심모델의 특성과 특징을 설명하시오.

CHAPTER 09

사회복지실천과 사례관리모델

제9장

사회복지실천과 사례관리모델

1. 사례관리의 등장배경

1) 사례관리의 개념과 특성

사례관리(case management)는 클라이언트에게 필요한 서비스를 조정하고 관리하는 실천기술이다. 1980년대 이후 미국, 영국, 캐나다 등에서 정신 장애인을 비롯하여 노인, 아동, 신체 및 발달 장애인과 같은 다양한 대인 서비스 영역에서 주목 받아왔다. 사례관리란 장애인, 노인, 정신 질환자 등의 주로 장기적인 문제를 가진 클라이언트를 대상으로 사례관리자가 오랜 시간 동안 책임지고 필요로 하는 서비스를 다양한 원천으로부터 동원하여 연결하고 모니터하는 활동이다(조홍식 외, 2000 : 373).

사례관리란 다양한 장기적인 욕구가 있는 클라이언트와 가족의 사회적 기능 회복을 위해 서비스 운영체계를 확립하고, 이를 기반으로 체계적 사정과 지역사회의 다양한 자원을 활용하여 지속적이고, 효과적인 사회복지서비스를 제공하는 통합적 실천 방법이다(이애재, 2013 : 135). 클라이언트에 대한 대면적 서비스를 직접제공하는 직접적 서비스와 지역사회보호를 기반으로 하여 복합적인 욕구를 가진 클라이언트를 대상으로 자원을 연결하고 조정하는 간접적 서비스를 포괄하는 통합적인 서비스 모델이다. 사례관리는 개별사회사업(Case Work)을 기초로 한 통합적 접근이라 할 수 있다. 비교적 단순한 개별사회사업만으로는 해결할 수 없는 클라이언트의 욕구를 통합적 접근으로 클라이언트와 사회자원을 연결하고 조정하며 중재하므로 클라이언트의 복합적인 해결해 나가는 과정이다.

2) 사례관리의 필요성

사례관리의 필요 요인은 그 나라의 사회, 경제적 조건, 클라이언트의 필요, 사회복지서비스 방법의 개선의지 등에 따라 차이가 있겠지만 대체로 다음과 같은 공통된 요인이 있다.

- 사회 인구학적 변화이다.
- 재정적 위기이다.
- 탈시설화이다.
- 서비스의 단편화에서 오는 문제점을 보완하고자 하는 시도에서이다.
- 복지체계 및 대인서비스 방법의 변화를 요구한데서 기인한다.

이영실은 사례관리는 크게 두 가지 이유에 의해 그 필요성이 제기되었다(이영실, 2002 : 126-129).

첫째, 인간서비스 프로그램(Human Service Program)이 갑자기 늘어나면서 이용서비스들이 분할되거나, 중복되거나, 통합되지 못하였기 때문에 사용자들이 쉽게 이용할 수 없게 되어 사례관리자의 도움이 필요해졌다. 각 클라이언트들에 대한 체계자원(system resource)들을 통합하는 역할이 수행하도록 기대되어졌다.

둘째, 탈원화가 된 이후 많은 정신 장애인들이 지역사회로 복귀하였으나, 이들을 관리하고 지지할 책임이 통합되지 못한 채 여러 기관들과 정부의 여러 계층에 분산되었고, 결과적으로 이들 정신 장애인들의 개별적인 요구를 파악하지 못했고 수용할 수도 없게 되었다.

점차 이들 탈원화된 환자들이 적당하고 적절한 서비스를 제공받지 못해 생기는 부작용들에 대해 관심이 모여지기 시작하면서 이런 이유로 인해 사례관리가 등장하였으며 이것은 지역사회 내의 자원을 최대한 이용할 수 있도록 함으로써 만성 정신 질환자들의 생활의 질을 향상시키는 데 기여하였다.

3) 사례관리의 역사적 배경

사례관리는 완전히 새로운 개념으로 사회복지실천에 등장한 것은 아니다. 사회복지실천의 역사상 사례관리는 1863년에 설립된 매사추세츠의 자선위원회에서 이미 시작하였으며 이후 사례관리는 리치몬드(Richmond) 시대 이래로 사회복지실천의 전통적인 분야로 자리잡았고, 인보관 운동과 자선조직협회에서 이미 그 기원을 찾아볼 수 있다. 따라서 사례관리가 1980년대 들어 새롭게 케이스워크보다 진보된 하나의 방법론으로서 활용되기 시작한 것은 다음과 같은 역사적 배경을 갖는다(양옥경 외, 2000 : 235-238).

(1) 탈시설화

입소시설에서의 서비스 전달은 모든 서비스들이 한정된 시설 안에서 제공되도록 구조화되어 있다는 이점이 있는 반면, 입소자의 재활에 한계를 갖고 있으며 공적으로 부담해야 하는 비용이 크다는 단점을 갖고 있다.

이러한 이유로 탈시설화는 중요한 이슈가 되었는데, 탈시설화의 경향은 서비스 전달상의 문제를 가져왔다. 지역사회에 기초하는 서비스들은 각 기관들이 소유하는 기금과 자격요건 등으로 인하여 분산되는 경향을 보인다. 이와 같은 상황에서 사례관리는 각 조직의 경계를 넘어 서비스들이 함께 이루어질 수 있는 장치를 제공함으로써 이와 같은 문제들이 상쇄될 수 있도록 하는 수단으로써 도움을 주게 된다.

사례관리가 등장하게 된 직접적인 원인은 미국에서 1960년대부터 시작된 탈시설화 경향이다. 탈시설화는 정신장애인이 대규모 병원과 생활시설에서 벗어나 본래의 가정과 지역사회로 되돌아오는 것을 의미한다(Moxley, 1989).

(2) 복잡하고 분산된 서비스체계

사회복귀를 위한 재활서비스는 클라이언트의 생활전반에 걸친 서비스를 제공하는 것이다. 그러나 기존의 서비스는 특정 서비스를 매우 한정된 범위에서 특정인구에게 제공하는 형태로 이루어져서 서비스의 단편성과 분산화가 문제점으로 제시되었다.

특히 공공부문에서 민간부문으로 서비스 전달체계가 점차적으로 바뀌게 됨에 따라 서비스 사이의 조정적 역할 장치가 거의 없는 상태로 되었다. 이러한 서비스의 전달체계의 '정글화'된 특성은 정신 장애인이 각 서비스마다 각기 다른 기관을 방문해야 하는 문제를 야기하였으며, 심지어 접근기회마저 차단하는 경우가 생기게 되었다. 따라서 사례관리는 이러한 서비스체계의 연계성을 부여하기 위해 나타나게 되었다.

(3) 클라이언트와 그 가족에게 부과되는 과도한 책임

지역사회 내의 적절한 환경자원의 미비는 클라이언트와 그 가족들에게 너무 많은 책임을 넘겼다. 그 결과의 클라이언트와 그 가족에게 과도한 스트레스가 발생하게 되었다. 한 예로서 주거시설 같은 환경자원의 미비는 부랑인들을 양상하는 결과를 가져왔다. 사례관리는 클라이언트를 위해서 환경자원들을 개발하고 연결하는 기능을 요구하게 되었다.

(4) 다양한 문제와 욕구를 가진 클라이언트의 증가

현대사회에서는 정신지체나 정신질환, 혹은 신체장애를 가지는 사람이나 노인 등이 증가하면서 소득, 주택, 사회화, 재활, 의료 중에서 2개 이상의 서비스를 필요로 하는 클라이언트들이 증가하였다. 복합적인 욕구를 가지는 클라이언트들은 자신들의 욕구를 지원해 줄 수 있는 체계가 확립되어 있지 않는 한 지역사회에서 생활을 영위하기 어렵게 된다. 이러한 상황은 사회의 전체적인 통합을 달성하는 데에도 장애요소가 되었다.

일반적으로 한 기관이나 하나의 단일 서비스 체계로는 복합적인 욕구를 가진 클라이언트의 문제에 대응하는 것이 불가능하다. 따라서 이들이 지역사회에서 살아가도록 하기 위해서는 클라이언트들이 필요로 하는 서비스를 조직화하고 통합하여 상호 연계되도록 하기 위한 사례관리가 요구되었다.

(5) 기존 서비스의 단편성

복지 서비스의 대부분은 범주별로 분류되고 자격요건의 측면에서 서비스 공급주체가 다원화되고 있다. 즉 서비스 공급주체는 지방정부, 민간조직 등으로 나뉘고 서비스는 연령집단별, 기능집단별, 혹은 문제영역별로 나뉜다. 이처럼 복지 서비스가 통합되지 못하고 단편적으로 이루어지는 상황에서는 클라이언트의 욕구가 충족되기 어렵고 문제해결은 형식화되거나 방치되기 쉬워진다. 사례관리는 클라이언트 수준에서 서비스의 단편성을 막아내기 위한 장치로서 필요하였다.

(6) 서비스 비용 억제

자원이 한정된 상황에서 서비스 전달의 효과를 최대화하려는 노력은 항상 중대한 관심사이다. 비용을 억제하고 서비스의 효과를 최대화하려는 노력은 중요하다.

즉, 서비스 전달의 비용을 억제하려는 관심이 계속 증가하고 있다. 따라서 제한된 자원 내에서 서비스전달의 효과를 최대화하면서 서비스 비용과 중복을 점검해야 하는 전문 기술의 필요성이 요구되었으며 사례관리가 보호의 총계획을 관리하고 비용은 억제하는 수단으로 적합하다고 평가되었다.

(7) 사회적 자원체계와 지원망의 중요성에 대한 인식 증가

공식적인 서비스 자원들을 연계하여 제공하는 것도 중요하지만, 실제로는 가족, 친척, 친구 등의 사회적 지지망이 항상 긍정적인 결과만을 가져오는 것은 아니다. 그러나 비공식적인 지지는 클라이언트의 지역사회 생활을 향상시키는 데 중요한 역할을 할 수 있다.

그래서 점차 사회적 망을 포함하는 사회적 지지체계에 대한 인식이 대인서비스 전문가들 사이에서 증가함에 따라 사회적 지원망을 구성하고, 그 지지를 받도록 하는 조력 역할이 요구되게 되었다.

그러나 주의해야 할 것은 사회적 자원체계와 지원망이 항상 기능적이기만 한 것은 아니라는 점이다. 이들이 클라이언트의 건강이나 지역사회 생활을 향상시키는 데 중요한 영향력을 미치는 것은 사실이지만, 공적인 서비스와의 통합이나 조정이 이루어지지 않을 경우에는 매우 부적당한 것이 될 수도 있기 때문이다.

따라서 공적인 서비스가 제공하는 서비스와 비공식적인 사회적 자원체계가 공급하는 서비스에는 양적, 질적 차원에서 상당한 차이가 존재한다는 것을 인식하면서 공식적이고 전문적인 서비스와 비공식적인 자원체계와 지원망을 조정하고 통합하려는 사례관리방법이 주목받게 되었다.

2. 사례관리의 이론적 기반

사례관리는 클라이언트 중심의 통합적 서비스 실천양식으로 '환경 속의 인간'이라는 체계적 관점과 부합한다.

사례관리는 기관의 서비스에 기초하는 과거의 전통적 사회사업과는 달리 클라이언트의 욕구에 기초하여 기관의 범위를 넘는 지역사회차원의 적극적 서비스 제공을 강조한다. 특히 인간을 둘러싼 환경체계에 다한 종합적인 사정이 가능한 체계이론, 생태체계이론에 그 이론적 기반을 두고 있다(최옥채, 1999 : 99).

체계란 서로 관계를 맺어 영향을 주고받는 부분들의 형성한 전체 혹은 조직으로 이해된다. 체계이론은 상호작용 구성요인의 균형 유지를 위해 이들 구성요인의 파악과 통제를 통해 인간행동과 사회를 전체적으로 설명하고자 하는 개념적 지침이다. 이 이론은 미생물부터 사회까지 살아 있는 존재에 초점을 두는 체계이론의 부분으로 경계, 역할, 사람들과의 정보 흐름에 관심을 둔다. 이것은 개인과 집단 그리고 지역사회와 접하는 사회복지사에게 다양한 상황과 환경을 중요시할 것을 강조한다. 일반체계의 주요개념으로는 열린 체계와 닫힌 체계가 있는데 이것은 외부로부터 투입을 받아 이에 합당한 산출을 만들어 내는 체계와 외부로부터 투입을 받아들이지 않고, 산출도 없는 엔트로피의 특성을 지닌다. 개인, 집단, 지역사회 등의 각 체계는 상황에 따라 열린 체계 혹은 닫힌 체계의 속성을 갖게 된다.

다른 주요 개념으로는 경계가 있는데 체계 간의 상호작용을 조절하는 역할을 한다. 예컨대 외부의 침투가 힘든 경계의 가족은 사회적 환경으로부터 소외된 상태이고, 그 반대의 가족 경계는 외부 변화에 민감한 상태라 할 수 있다.

역동적인 체계는 존재하기 위해 지속성을 유지하면서 동시에 변화를 추구한다. 그러나 체계의 변화는 반드시 그 체계의 안정을 고려하여 이루어져야 한다. 그러므로 일반체계이론가들은 모든 체계의 생존은 안정과 균형의 상태와 혁신과 변화를 위한 생태를 위한 과정에 의해 가능하다.

이애재(2013)는 사례관리의 이론적 근거로는 생태체계 관점, 강점 관점, 임파워먼트 관점, 옹호 접근, 네트워크 이론을 제시하였다(이애재, 2013 : 137-139).

1) 생태체계 관점

생태체계 관점은 클라이언트의 문제에 초점을 두고 전문성을 키워 왔던 기존의 사회복지실천으로부터 클라이언트와 그를 둘러싼 환경의 다양한 관계망과 상호작용, 사회 변화 등에 대한 관심을 강조함으로써 통합적인 접근을 가능케 하였다.

그리고 일반체계이론과 생태이론의 절충적 관점으로, 사례관리의 기본 전제인 '통합성'의 기반이 되었으며 생태체계 관점에 근거한 실천은 전체로서의(as a whole) 개인뿐만 아니라 가족, 지역사회의 상호작용에 대한 포괄적인 이해를 통해 더 나은 기능 향상을 위한 효과적인 방법을 모색할 수 있다는 장점이 있어서 통합적인 실천으로 대변되는 사례관리에 온전히 적용 가능한 지식 기반이 될 수 있다.

2) 강점 관점

모든 인간은 성장하고 변화할 능력을 이미 내면에 가지고 있고, 문제가 생겼을 때 문제를 해결할 능력과 힘을 갖고 있다. 강점 관점은 모든 사람은 강점을 가지고 있다는 인식에서 출발하며, 사회복지사가 돕는 과정에서 클라이언트의 문제와 병리 현상보다는 다양한 강점에 초점을 두고 활동하는 것이 효과적이라고 보는 관점이다. 사례관리의 궁극적인 목표가 클라이언트의 역량강화라는 점을 고려할 때 강점 관점은 매우 유용한 이론적 근거를 제시하여 준다.

셀리베이(Saleebey, 2009 : 1)는 강점 관점을 "클라이언트가 갖고 있는 목적 및 꿈을 실현하게 하거나, 클라이언트 자신의 다양한 문제로부터 벗어나도록 돕는 사회복지실천활동의 전 과정에서 사회복지사가 클라이언트의 강점과 자원을 발견하고 이를 드러내어 묘사, 탐색, 활용하려는 총체적인 노력이다"라고 정의했다. 강점 관점이 사례관리 과정에 적용되면 클라이언트의 바람직한 변화를 위한 동기와 잠재능력을 향상시킬 수 있다. 강점 관점의 사회복지사는 문제에 초점을 두기보다 문제를 이겨 나갈 수 있는 힘과 역량에 초점을 두어 사정하고 목표를 설정함으로써 자원을 보다 효율적으로 이용할 수 있다.

3) 임파워먼트 관점

클라이언트로 하여금 자기 삶에 대한 결정과 행위에 있어서 힘을 가질 수 있도록 돕는 것이 역량강화이다. 역량강화, 권한 부여, 세력화 등으로도 사용되는 임파워먼트는 개인, 집단, 가족 그리고 지역사회가 내부와 외부의 자원과 도구를 발견하고 확장함으로써 자신들이 원하는 것을 획득할 수 있는 힘을 키우고 다른 사람에게 영향력을 줄 수 있는 능력을 갖추는 것을 의미한다. 임파워먼트 관점은 클라이언트에게 자신감, 가치감을 제공하고 환경에 대한 대처능력과 통제력 등을 스스로 갖출 수 있도록 인식을 심어줌으로써, 클라이언트로 하여금 자신의 삶에 대한 결정과 행동에 있어서 힘(power)을 가질 수 있도록 돕는 것을 말한다.

사례관리의 궁극적인 목적은 클라이언트의 잠재력을 극대화함으로써 문제를 해결하고 환경체계를 활용할 수 있는 능력 함양이기에 임파워먼트 관점은 이에 잘 부합된다.

4) 옹호 접근

사회복지 영역에서 옹호의 개념은 "사회정의를 확보·유지하기 위한 목적에서 하나 이상의 개인이나 집단 또는 지역사회를 대신해서 일련의 조치를 직접 주장,

방어, 개입, 지지, 추천하는 행위"로 정의할 수 있다(사회복지대백과사전, 1999).

클라이언트가 자신의 관리를 주장할 능력이 취약하거나 자신의 권익을 확보할 능력과 지식이 부족할 경우, 사례관리자는 클라이언트의 최선의 이익을 위해 다양한 직·간접적인 옹호활동을 통해 함께 힘을 키우고 체계에 대한 직·간접적인 개입활동을 행하게 된다.

5) 네트워크 이론

사회복지사는 사회적 욕구를 충족시키기 위해 동원된 시설, 설비, 자금, 물자, 그리고 집단이나 개인이 가지고 있는 지식이나 기능을 총칭한 사회자원과 지역사회 자원을 활용할 수 있는 기술이 필요하다. 클라이언트의 복합적인 욕구는 클라이언트와 가족뿐만 아니라 지역사회 차원에서 다양한 기관이나 시설, 단체의 참여와 협력을 통해서 충족될 수 있다. 사례관리는 다양한 조직과 자원의 연계를 통해 이용자에게 그들의 욕구에 부합하는 최적의 서비스를 제공하는 것을 목표로 하고 있기에, 자연스럽게 사회적 관계망이나 조직 간 협력이 중시된다.

3. 사례관리 실천에의 적용

사회복지사들은 전형적으로 환경 속의 인간(the person-in-the environment)에 초점을 두어 왔다. 클라이언트가 개인적 변화를 이룩하도록 돕는 심리치료나 상담에 덧붙여 사회복지사들은 종종 물리적 또는 서비스 환경이 클라이언트에게 유리하게 바꾸어지도록 노력한다. 사회복지사들은 개인과 가족에 대해 포괄적인 견해를 취하기 때문에 자신이 속한 기관을 초월하여 다른 서비스에까지도 클라이언트를 의뢰한다(조휘일 · 이윤로, 1999 : 212). (예를 들어, 병원 사회복지사는 퇴원 후의 계획을 세우고 그에 상응하는 서비스를 클라이언트를 대신해서 알아보는 것이다.)

1) 사례관리의 구성요소

사례관리의 구성요소는 학자에 따라 단계가 다양하게 제시되고 있지만, 내용면에서는 큰 차이가 없이 비슷하게 나타나고 있다(장인협 · 우국희, 2002 : 135).

사전심사, 클라이언트의 문제상황 측정, 보호계획 수립, 서비스 조정 및 구입, 서비스 전달상황 모니터링(점검), 전달 후의 고객 상태 재측정으로 보기도 하지만, 일반적으로 사정, 계획, 개입, 점검, 평가로 구분하지만, 이 책에서는 인테이크, 사정, 케어계획, 계획의 실행, 점검 및 재평가, 평가 및 종결로 구분하겠다(조휘일 · 이윤로, 1999 : 217).

(1) 인테이크

인테이크(intake) 단계에서는 클라이언트를 확인하고 등록한다. 아웃리치, 의뢰(referral), 스크리닝(screening)의 과정을 모두 포함하며 이 과정에서 사례관리자는 원조를 필요로 하는 클라이언트의 장애나 욕구를 개략적으로 파악하고, 또 사례관리를 통해 제공해 줄 수 있는 원조의 내용을 클라이언트에게 상세히 설명하여 클라이언트가 그러한 원조를 수령할 것인지의 여부를 확인하고 계약하는 일이 중심이 된다.

(2) 사 정

클라이언트가 사례관리 서비스를 받을 자격이 있다고 판단되면 사정이 계획된다. 이 과정을 통해서 서비스 수준과 그 성격에 관한 결정이 내려지며, 서비스 전달의 양과 질을 결정한다. 사정은 클라이언트의 욕구와 자원을 전 범위에 걸쳐 다차원적으로 파악하고, 앞으로 이루어질 개입이 어느 정도로 효과적인지를 결정짓는 데 중요한 역할을 한다. 이 단계에서 사례관리자는 클라이언트의 욕구 내용과 그 정도를 명확히 한다. 또 욕구에 대응하는 클라이언트의 능력을 평가하며, 클라이언트의 공식적·비공식적 지지원의 보호 제공 능력을 평가한다.

(3) 케어계획

욕구가 사정되고 나면 사례관리자는 그러한 욕구에 이용 가능한 자원을 연결시키기 위해 일련의 계획을 수립하게 된다. 계획은 사정 단계에서 확인된 클라이언트의 문제, 성취되어야 하는 목표, 목표달성에 요구되는 서비스에 관해 클라이언트와 사례관리자, 그 외의 관련자들 사이에 합의를 발달시켜 나가게 된다.

(4) 계획의 실행

이 단계는 계획서에 명시된 서비스와 자원을 확보하고 조정하는 것이다. 서비스 조정은 지역사회 내에서 클라이언트가 필요로 하는 자원을 발굴하여, 클라이언트가 이용할 수 있도록 연결시켜 주는 작업일 뿐만 아니라 클라이언트의 욕구에 적절한 자원이 없거나 서비스 제공을 거부할 경우에는 클라이언트 권리에 대해 주장적 옹호를 하거나 서비스 체계의 경직성을 극복하려는 노력, 클라이언트가 불공정한 처우를 받지 않도록 강하게 주장하는 것, 설득하는 것, 강요하는 것 등이 중요한 역할이다.

(5) 점검 및 재평가

사례관리자는 클라이언트의 상황과 제공되는 서비스의 질에 대해 지속적인 평가를 수행해야 한다. 이러한 과정을 통해 때로 그 계획은 수정되기도 한다. 위기 상태에 있거나 복합적인 욕구를 가진 클라이언트일수록 사례관리자가 점검 및 재평가에 투자하는 시간과 노력은 커진다. 그러한 사람일수록 욕구가 빨리 변하며, 갑자기 위기 상황에 처할 가능성이 높기 때문이다.

(6) 평가 및 종결

결과에 대한 평가는 매우 중요하며, 이 단계에서 평가 자료들은 사례관리의 효과성을 제시하는 주요 근거가 된다. 평가는 실천의 효과성을 검토하고, 서비스 대상자에 대한 사례 관리자의 책임성을 증대시키며, 실천과 서비스 전달의 새로운 모델을 개발하는 데 도움을 줄 수 있다.

2) 사례관리자의 역할

사례관리자에게는 다양한 역할이 요구되는데, 이때 가장 중요한 역할의 근거는 클라이언트의 욕구가 무엇인가이다. 클라이언트의 포괄적인 욕구를 알고, 이를 적절한 서비스와 연결시켜 효율적으로 제공되도록 해야 한다. 사례관리자란 중개자보다 더욱 넓은 의미로서 클라이언트의 욕구의 연속선상에서 이를 효율적·효과적으로 충족시키고자 한다. 궁극적으로 클라이언트에게 제공될 서비스를 점검하고 평가하는 데는 사례관리자에게 책임이 있다(조흥식 외, 2000 : 132).

(1) 학자에 따른 역할 분류

① 홀리웨이(Holloway, 1991)

- 일반사례관리자 : 체계 안에서 정책을 수립하고 자원배치를 지도하는 촉진자, 체계조정자, 서비스 중개자
- 임상사례관리자 : 위의 기본적인 역할에 좀 더 사회복지사로서의 역할을 부여한 간헐적인 정신치료, 생활기술훈련, 심리교육 가족치료, 위기개입 등을 담당

② 목슬레이(Moxley, 1993)

- 간접적 서비스에서의 역할: 중개자, 연결자, 조정자, 옹호자, 사회적 망 수립자, 협상제공자 등
- 직접적 서비스에서의 역할: 이행자, 교육자, 안내자, 협조자, 진행자, 정보전문가, 지원자 등

(2) 개입과정에서 요구되는 사례관리자의 역할

① 사 정

클라이언트와 관련된 다양한 지원체계에 대한 사정을 수행하여야 한다.

- 클라이언트의 능력과 욕구에 대한 사정
- 클라이언트의 사회적 망과 이러한 망 구성원들이 클라이언트의 욕구에 부응하는 능력에 대한 사정
- 서비스 제공자에 대한 사정과 이러한 제공자들이 클라이언트의 욕구에 부응하는 능력에 대한 사정

② 계 획

포괄적 서비스 계획이 사회적 망 구성원과 여러 제공자들의 서비스 및 사회적 자원 활동을 통합할 수 있도록 포괄적인 서비스 계획을 발전시키는 데 집중하여야 한다.

- 주요 욕구들에 대한 확인
- 서비스 전달과 사회적 지지의 목적에 욕구를 반영
- 서비스 전달과 사회적 지원의 역할 및 책임성에 대한 명확화
- 시간의 설정
- 사례관리자가 서비스 계획을 점검하고 평가할 수 있도록 해 주는 서비스 효과성에 대한 지표들의 구성

③ 개 입

클라이언트 혹은 사회적 망의 변화를 위해 서비스를 전달하는 데 집중하여야 한다.

- 직접적 개입 : 클라이언트로 하여금 스스로 서비스에 접근하고 이용할 수 있는 능력과 기술을 향상시킨다(예를 들면, 자기표현의 기술 및 자기옹호의 기술지도, 위기 기간 동안의 개입 등).
- 간접적 개입 : 클라이언트를 대신해서 체계의 수행이나 행동을 변화시킨다(예를 들면, 서비스 제공자와 클라이언트를 연결하는 것, 서비스 조정 및 사회적 지원을 증가시키는 것 등).

④ 점 검

서비스 계획의 이행과 성취를 점검하는 데 집중하여야 한다. 클라이언트의 상태, 계획된 서비스의 전달, 사회적 망 구성원들의 참여를 점검한다.

⑤ 평 가

클라이언트에 대한 서비스 전달계획의 영향을 평가하여야 한다. 클라이언트가 개입으로부터 어떤 것을 경험하고 있는지의 여부와 어느 정도의 이득을 경험하고 있는지를 판단할 때 양적 또는 질적인 기술을 이용한다.

토론해 봅시다

01. 사례관리의 필요성을 설명하시오.

02. 사례관리의 역사적 배경을 설명하시오.

03. 사례관리의 이론적 기반을 설명하시오.

CHAPTER 10

개인대상 사회복지실천기술

1. 개인대상 사회복지실천의 개념과 특성

2. 개인대상 사회복지실천의 개입기술

3. 개인대상 개입과정별 실천기술

제10장

개인대상 사회복지실천기술

1. 개인대상 사회복지실천의 개념과 특성

1) 개인대상 사회복지실천기술의 개념

사회복지실천의 개입방법은 클라이언트체계의 수준에 따라 개인을 대상으로 한 개별지도, 집단을 대상으로 한 집단지도, 지역사회를 대상으로 한 지역사회조직으로 분류되어왔다. 개인과의 일대일 관계를 통해 이루어진 접근 방법은 개별지도 또는 개별사회사업이라고 불리게 되었다.

리치몬드(Richmond, 1944)는 개별사회사업(Social Casework)을 "개별적 의식적으로 개인과 그의 사회 환경 간의 조정을 통하여 그 사람의 성격을 발달시키는 과정"으로 정의하고 있다.

개별사회사업을 체계화시킨 리치몬드는 개인의 기능에 영향을 미치는 환경의 영향을 인식하며 개인의 부적응에 대한 치료적 개입을 강조하고 있다. 이러한 초기 사회복지실천의 흐름은 다수가 경험하는 사회문제에 대한 거시적 관점보다는 개별화된 문제의 다양성과 적응 방식에 초점을 둔 미시적 접근 중심으로 사회복지사의 역할을 한정시키는 역할을 하였다(이영호, 2009 : 109). 그러나 1950년대 이후, 사회복지실천의 체계는 '인간의 존엄성과 사회정의 실현을 통해 개인의 최적의 삶의 질을 보장하려는 기본 목적'을 중심으로 구성되고 있다. 특히 개인의 문제를 사회적 환경과의 관련성 속에서 삶의 문제(problem-in-living)로 이해하고 다양한 수준의 체계적으로 개입할 것을 강조하는 통합적 접근이 등장하면서, 인간과 환경 간의 상호적인 변화를 가능하게 하는 개입방법에 관심을 갖게 된다. 이러한 개념적 변화에 따라서 개인에 대한 심리 내적 적응과 개입을 강조하는 '개별 대상의 실천'(social work practice with individuals)으로 전환되고 개인을 대상으로 개입하게 되는 실천영역이 확대되고 있다.

이영호는 개인대상 사회복지실천은 "개인의 인격존중을 전제로 한 전문적인 대인관계의 기반 위에서 클라이언트가 직면하고 있는 문제 상황을 분석하고 검토하여 클라이언트의 생활상의 욕구를 조직적이고 체계적으로 충족시켜 나가는 전문적인 방법"(이영호, 2009 : 110)이라고 정의하였다.

2) 개인대상 사회복지실천기술의 특성

개인대상 사회복지기술의 특성은 다음과 같다.

① 1인의 클라이언트체계를 중심으로 이루어진다.

개인대상의 사회복지실천은 개인적 또는 사회적 문제에 직면해 있는 개인을 일대일로 만나 문제해결을 원조하는 활동이다. 개인 문제에 초점을 두고 클라이언트와의 개별화된 원조과정을 진행하는 특징이 있다. 개인의 존엄성과 자기 결정권을 강조하는 사회복지실천의 기본적 가치가 개별 클라이언트와의 협력적인 문제해결과정 속에 반영되어 클라이언트의 선택권을 중요시하며, 개인의 개별적인 욕구와 특성, 상황에 알맞은 방법과 전략을 활용하도록 한다.

② 클라이언트와 사회복지사의 전문적 관계를 강조한다.

개인대상의 실천에서는 사회복지사는 클라이언트 문제에 대한 과학적 지식과 전문적 기술을 가진 전문가의 관계가 필요하다. 그러므로 사회복지사는 클라이언트와의 일대일 관계 속에서 관계형성과 의사소통의 기술을 도구로 활용하여 클라이언트의 문제해결과정에 개입하도록 하는 특징이 있다.

③ 개인의 문제해결을 위해 다양한 개입모델을 활용한다.

개인대상의 실천에서는 다양한 학문적 배경을 가진 실천모델을 활용하여 개인의 변화 또는 개인과 환경의 상호작용을 변화시키도록 한다.

이준우는 개인대상 사회복지실천의 특성을 다음과 같이 말하였다(이준우, 2009: 228-229).

- 개별적인 사회복지실천 개입은 과정이며 기술이다. 그래서 예방보다는 치료적 입장에서 문제해결과 재조정을 중요시 한다.
- 사회복지사와 클라이언트 일대일 파트너십의 구축이다.
- 1인의 클라이언트 이용자체계를 문제해결을 위한 변화의 표적으로써 설정하되 클라이언트를 둘러싼 미시적 · 중시적 · 거시적 체계이다.
- 개인의 문제해결을 위한 다양한 개입모델을 활용한다.

2. 개인대상 사회복지실천의 개입기술

개인대상의 사회복지실천의 개입기술을 여기서는 직접적 · 간접적 개입기술을 중심으로 살펴본다.

1) 직접적 개입기술

직접적 개입기술은 직접적 치료라고 하는데, 클라이언트에게 직접적으로 상담 및 심리적으로 도움을 제공하는 방법이다. 직접적 개입기술은 학자들에 따라서 다양하지만 그 중에서 일반적으로 가장 잘 분석된 것으로 받아들여지는 홀리스(Hollis, 1972)의 분류체계를 중심으로 설명하면 다음과 같다(전재일 외, 2010 : 175-183).

(1) 지 지

지지(support or sustainment)란 클라이언트의 성격에 큰 문제는 없지만 현실에 직면하고 있는 문제로 괴로워하는 클라이언트의 긴장, 불안, 실망 등의 상태를 사회복지가 수용하고 적극적인 관심과 이해를 나타내고 격려와 칭찬을 함으로써 클라이언트 스스로 환경에 적응하도록 돕는 기술이다.

사람은 다른 사람에게 도움을 요청해야 할 때 불쾌와 불안을 경험한다. 그리고 개인이 요구하는 도움이 권리로서 제공받게 될 경우에도 기관에서 적격성(eligibility)을 인정받을 수 있을 것인가에 대한 불안을 경험하게 된다. 이러한 초기의 불안과 긴장활동이 이루어지는 동안 계속될 수 있는 것으로 개인의 내적 요인이나 외부의 상황에 의해서 발생한다. 클라이언트가 불안하여 솔직하고 정확한 정보를 제공하지 않게 되면 치료활동에 방해가 된다. 따라서 이러한 불안과 긴장을 완화시키기 위하여 지지가 필요하다.

그러나 일반적으로 환경치료와 병행하여 구체적인 도움과 함께 심리적 지지를 해줌으로써 클라이언트 자신이 문제를 이해하고 극복하려는 의욕을 갖고 사회생활을 영위하도록 태도나 의식의 형성에 영향을 미치는 것이다.

① 관 심

지지 중에서 중요한 것은 공감적인 경청과 관심(interest or concern)이다. 이러한 경청은 클라이언트의 복지에 대한 사회복지사의 관심을 클라이언트에게 전달하는 것이다. 그러나 사회복지사는 각기 그 민감성이나 표현방법에 있어서 차이가 있다. 사회복지사는 말보다는 얼굴표정, 어조, 말의 선택, 경청자세 등과 같은 비언어적 표현에 의해서 그의 관심을 클라이언트에게 더욱 잘 전달하게 된다. 클라이언트는 사회복지사의 호기심이나 지나친 걱정을 바라는 것이 아니며 냉담한 태도는 더욱 바라지 않는다. 사회복지사의 관심 있는 태도는 활동기간 중 계속적으로 필요하며, 이것은 클라이언트의 불안이나 긴장을 완화시키는 데 도움이 된다

② 수 용

수용(acceptance)이란 클라이언트가 자신에 관하여 이야기한 것을 사회복지사가 그것을 시인하든 안 하든 간에 클라이언트에 대해 긍정적이고 이해적인 태도를 계속 전달하는 것을 의미한다. 수용은 행동에 관한 의견을 표현하는 것이 아니고 클라이언트에 관한 계속적인 선의를 표현하는 것이다. 지지는 클라이언트에게 수용을 전달하는 것이다.

③ 격 려

격려(encouragement)는 항상 자신감이 부족하거나 특히 어려운 문제에 직면하고 있거나 또는 정상적인 자신감이 약화되어 계속 불안한 상태에 있는 성인들에게 효과적이다. 동시에 아동을 다루는 데 중요하다. 이러한 격려기술은 초기단계에는 면담을 활성화하기 위해 사용되며, 고취시키기와 같은 기술이나 '최소한의 격려(minimal encouragement)'와 같이 '음' '그렇군요' '계속하세요' 등과 같은 표현과 함께 비언적인 표현으로 '머리를 끄덕이는 것' 등이 포함된다. 이러한 격려는 클라이언트가 자신의 상황을 계속해서 말하도록 격려하는 동시에 사회복지사가 클라이언트의 이야기에 관심을 갖고 있음을 나타내는 것이다. 중간단계에서의 격려하기는 클라이언트가 특정한 행동이나 경험 혹은 생각으로부터 벗어나도록 하거나 그런 쪽으로 행동을 취할 수 있도록 도움을 주는 것을 의미한다(Trevithick, 2000).

예를 들어, 자기주장을 잘하지 못하는 클라이언트에게 '자신의 의견을 분명히 표현하도록 노력해 보는 것은 어떨까요?' 하면서 사회기술 훈련에 참여를 권장하며

도움이 될 것임을 말해 주는 것이다. 이 기술을 통해 클라이언트는 자신의 행동이나 사고, 감정에 대해 사회복지사로부터 인정을 받기 때문에 자신감을 가질 뿐만 아니라 일부 위험한 행동(예: 비행, 약물남용 등)을 중단하거나 긍정적인 행동을 취하는 계기가 되기도 한다(엄명용 외, 2005).

그러나 사회복지사는 솔직한 평가와 거짓칭찬이나 아첨을 식별하는 데 특히 주의해야 한다. 사람이 불안하다는 사실은 상대가 약간이라도 성의가 없는 것에 대해서 민감하게 만든다. 그리고 클라이언트가 사회복지사의 격려한다는 말이 단순히 클라이언트의 성격에 용기를 주려는 기술에 불과하다는 의미로 받아들이게 되면, 사회복지사에 대한 신뢰는 사라질 것이다.

④ 재보증

재보증(reassurance)이란 클라이언트의 죄책감과 불안감에 관하여 실제적인 재보증을 하는 것이다. 이것은 지지 중에서 가장 자주 사용되는 방법 중의 하나로 클라이언트를 안심시키는 기술이다. 특히 클라이언트가 자신의 삶에서 경험하는 사건이나 문제들로 인해 자신의 문제를 객관적으로 바라보지 못하거나 판단이 흐려질 때 매우 유용하게 활용될 수 있다. 즉, 사회복지사는 클라이언트의 판단이나 문제상황이 잘못된 것이 아니라 제대로 진행되고 있는 것이라는 점을 확인해 줌으로써 클라이언트가 판단이나 문제 상황에 대한 자신의 결정을 유지할 수 있도록 돕는 것이다. 나아가 적시에 재보증 기술을 사용하면 사회복지사는 클라이언트에게 희망과 지지를 갖도록 도울 수 있다.

그러나 클라이언트의 고통에 공감하거나 클라이언트가 이를 충분히 표현하기도 전에 사회복지사는 클라이언트에게 위로나 편안함을 제공하기 위해 뭔가 말해야 한다는 무언의 압박감에서 이런 기술을 사용하게 될 경우, 이로 인해 클라이언트는 '그렇게 말하기는 쉽지요. 하지만 당신은 내가 받는 고통에 대해 진정으로 이해하고 있지 못하는군요' 혹은 '당신은 단지 나를 위로하기 위해 그렇게 얘기하는 것 아닌가요' 라는 생각을 갖게 된다.

따라서 이 기술은 사회복지사가 클라이언트의 판단에 확신을 갖고 확인을 해주는 것으로, 사회복지사가 클라이언트의 상황판단에 확신이 없으면 이 기술을 사용해서는 안 된다. 또한 지나치게 낙관적이거나 지나치게 자주 재보증시켜 주지만 원하던 결과가 예상만큼 나오지 않을 때에는 클라이언트를 실망시키게 되므로 주의를 요한다.

⑤ 선물주기

선물주기는 사회복지사가 클라이언트에게 욕구충족을 위해 선물을 줌으로 지지를 하게 되는 것이다. 이것은 사회복지사의 선의에 관한 구체적인 증거를 필요로 하는 아동을 다룰 때 특히 효과적이다. 작은 선물은 사회복지사가 언제나 아동, 특히 유아와 긍정적인 관계를 수립하는 방법의 일부로서 사용되어 왔다. 예를 들면, 선물을 주는 방법에는 아동을 사회복지사의 무릎에 앉힌다거나, 머리를 쓰다듬어 준다거나 또는 안아주는 것 등이 있다. 성인의 경우에는 사회복지사가 보통 사무실에서 클라이언트를 만나지만 클라이언트가 생업에 바쁠 때는 한번쯤 가정을 방문하여 만나는 것이 "선물"이 될 수 있다.

이것은 사회복지사가 클라이언트를 도와주려는 관심을 보다 명백히 전달하는 지지의 형태라 할 수 있다. 이것은 특히 클라이언트가 사회복지사를 불신하거나, 불안상태에 있거나, 훌륭한 어머니의 보호를 필요로 할 때 적절하다. 그러나 이것이 클라이언트의 의존성을 강화시키는 결과가 되지 않도록 유의해야 한다. 선물을 받고 싶어하는 아동은 거의 언제나 거절이나 배척을 당했던 아동이기 때문에 사회복지사가 아무리 많은 선물을 주어도 만족할 수 없다는 것을 인식하면 쉽게 처리할 수 있을 것이다.

(2) 직접적 영향(충고, 설득)

직접적 영향(direct influence)으로 사용하는 방법은 클라이언트에게 직접적 영향으로서 충고(advice)와 설득(persuasion)이 사용되고 있는 것을 말한다. 이것은 클라이언트가 달성해야 할 목표를 설정해 놓고 사회복지사가 그의 생활 속에 개입하여 클라이언트로 하여금 사회복지사의 지시대로 행동하게 하는 것이다.

충고와 설득은 사회복지사가 클라이언트보다는 클라이언트의 문제 상황을 객관적인 입장에서 볼 수 있고 그 해결방법에 대해서도 더 잘 알고 있다고 가정하고 있는 것이다.

예를 들면, "만약 내가 당신이라면…", "당신은 …해야 할 것으로 생각합니다", "…그 외 다른 도리가 없다고 봅니다" 등과 같이 말하는 것이다. 이러한 방법은 개별사회사업 초기에 있어서 많이 사용되어 온 것으로 별로 효과를 가져오지 못해 점차 사용하지 않게 되었다.

충고나 설득을 점차 사용하지 않는 이유는 ① 자율성을 가지고 있는 사람은 자신을 지키기 위하여 이러한 지시에 반항할 것이고, ② 의존성이 강한 사람에게는 점점 더 그러한 경향을 조장시키는 것이 되기 때문이다.

그렇지만 지금은 특히 클라이언트의 행동에 영향을 주는 매개수단으로서 사회복지사에 대한 클라이언트의 신뢰를 활용하는 것은 효과적인 방법으로 인정되고 있다. 그러나 충고나 설득을 사용하기 위해서는 다음의 세 가지 조건이 필요하다.

① 사회복지사는 클라이언트에 대해 최선책이 무엇인가에 관하여 충분히 알고 있다는 것이 확실해야만 한다(예 : 약물효과, 수급과 관련 복지급여 관련 정보 등).

② 충고의 필요성이 사회복지사에 있는 것이 아니라 클라이언트에 있다는 것이 확실해야 한다.

③ 가능한 한 클라이언트가 스스로 모든 것을 생각하도록 설득하는 것이다.

클라이언트는 충고가 필요하지 않을 때 가끔 충고를 받으려고 사회복지사를 유혹하는 경우가 있다. 사회복지사는 활동의 전체 기간을 통해서 클라이언트의 이런 기대에 따라 행동할 필요는 없지만 활동 초기에는 그렇게 하는 것이 중요한 경우가 있다.

클라이언트가 몹시 불안할 때는 지시(direction)를 사용한다. 이러한 경우 클라이언트를 처음 접촉할 때나 위기에 직면하고 있을 때에는 지시를 할 필요가 있지만, 그가 점차 자신감을 가지게 됨에 따라 지시적 방법의 이해에 기초를 두는 방법으로 대처해 나가는 것이 적절하다. 예를 들면, 사회복지사는 표면적으로 당연하다고 생각하는 승진을 요구하는 것을 망설이고 있는 사람에게 "당신 직장에서는 여러 사람이 승진을 하고 있고 당신의 승진 가능성에 대해 알아보기 위해서는 승진을 요구해 보는 것이 유일한 방법이다"라고 설명하는 것이다.

그리고 강력하지 않는 방법으로 사회복지사가 클라이언트에게 영향을 주는 암시(suggestion)를 할 수 있다. 앞의 예에서 클라이언트에게 "사장에게 승진을 요구해 보려고 한 일이 있습니까?" 라고 질문함으로써 암시를 통한 어떤 행동을 하게끔 영향을 미칠 수 있다.

보다 너그러운 형태의 직접적 영향은 클라이언트 자신이 이미 심사숙고한 행동과정을 강조(emphasis)하는 것이다. 예를 들면, 승진을 바라는 사람이 사장에게 승진에 대하여 알아보려고 생각하고 있다고 말할 때 사회복지사는 클라이언트의 이러한 생각에 찬성하는 듯이 고개를 끄덕이는 것이다.

직접적 영향의 극단적인 경우는 주장(urging, insisting)이다. 이것은 충고의 이면에 어떤 강요가 주입된 방법이다. 예를 들면, 사회복지사는 클라이언트에게 사장에게 승진을 요구하는 것은 일이 잘못되면 해고당할지도 모른다고 이야기할 수 있다. 이것은 클라이언트가 충동적이어서 일의 전후를 생각하지 않고 행동함으로써 중대한 결과나 위험성을 초래할 가능성이 있으나 클라이언트가 상황을 충분히 이성적으로 검토할 여유가 없다고 판단될 때 효과적이다.

직접적인 영향의 가장 극단적인 것도 아동을 가정에서 다른 곳으로 옮기거나 환자를 병원에 입원시키는 것과 같다. 클라이언트의 생활에 실제적 개입을 하는 것이다. 이러한 강력한 개입은 다음의 두 가지 조건에 기초를 두어야만 한다.

① 사회복지사는 이렇게 하는 것이 실제로 적당한 것이고 사회복지사 자신의 입장에 관한 어떤 지나친 반응에 의하지 않았다는 것을 충분히 확신해야만 한다.

② 사회복지사는 지역사회자원에 관한 지식과 그 자원이 그의 행동을 어느 정도 지지할 것인가에 관한 지식을 가지고 있어야만 한다. 왜냐하면 실패를 하면 사회복지사는 클라이언트와의 접촉을 상실하거나 상황을 악화시킬 수 있기 때문이다.

이것은 아동을 직접적으로 다루는 경우를 제외하고는 클라이언트나 다른 사람의 복지를 보장할 필요가 있는 보호적 활동에만 국한된다.

이상에서 살펴본 바와 같이 개인 수준의 실천에 있어서 직접적 영향을 활용하기 위해서는 다음의 두 가지 일반적인 규칙들이 있다.

① 직접적 영향은 이해를 발전시키기 위한 방법과 관련하여 사용해야 한다.

② 가장 성공적으로 적용될 수 있도록 가장 약한 형태의 영향을 줄 수 있는 기술을 우선적으로 사용해야 한다.

그리고 직접적 영향에 있어서 고려되어야 할 것은 클라이언트의 자기결정의 원리에 관련되는 문제이다. 그러나 자기결정은 어디까지나 상대적인 것으로서 모든 경우에 절대적으로 적용되는 것은 아니다.

(3) 환기법

직접치료의 방법으로 환기법(ventilation)이 있다. 이 사회복지실천기술의 방법은 정화법(catharsis)이라고도 한다. 이것은 단순하게 클라이언트의 감정을 자유롭게 표현할 수 있도록 분위기를 마련해 주는 것이다. 환기법은 의식하고 있는 공포나 스스로 알고 있는 죄책감에서 클라이언트를 해방시켜 줄 뿐만 아니라 계속적인 환기를 통해서 행동에 영향을 주고 깊이 잠재해 있는 태도를 밝게 표출시킬 수 있게 하는 것이다. 놀이치료의 기술은 바로 이 환기법의 기본원리를 기초로 하고 있다.

특히 클라이언트가 감정적·정서적인 문제를 가진 경우 사회복지사는 클라이언트가 자유롭게 표현하는 감정에 귀를 기울여 들어주기만 하여도 상당한 치료효과를 기대할 수 있다. 이것은 문제 상황 그 자체보다도 문제에 관련된 클라이언트의 감정이 문제의 핵심이 될 경우이다. 생명의 전화도 이러한 의미에서 유용하다고 보겠다.

환기 또는 정화에 의하여 어느 정도까지 클라이언트가 정서적으로 발산하는 것은 모든 사례에 있어서 필요한 것이다. 그러나 강한 불안과 그 외의 감정이 토로되면 클라이언트는 불안이 더욱 심해지고 안정감을 가지지 못하여 흥분 상태에 몰입하게 되는 경우가 있다. 물론 이러한 경우에는 클라이언트의 감정표현을 제한하지 않으면 안 된다. 이러한 상황에서는 클라이언트가 계속적으로 정서적인 표현을 하더라도 아무런 효과가 없으며, 실제로 도움이 되지 않기 때문에 사회복지사는 클라이언트의 주의나 감정을 지나치게 자극시키지 않을 내용이나 관심사로 전환시켜야 한다.

가끔 정신분열증 환자나 이와 유사한 사람들에 대한 환기법에서는 점차로 기묘한 소재를 표출케 하거나 비합리적인 행동을 자극하게 하게 되는 수가 있다. 이러한 사태는 명백히 예측하여 가급적 피하도록 해야 한다.

때때로 사회복지사는 클라이언트가 자신에 관하여 자유롭게 이야기하는 것만으로 아주 만족해하고 면접을 이용하여 그 자신이나 자신의 상황을 개선해가는 노력은 하지 않는 것을 본다. 이것은 가끔 수동적인 자기연민과 사회복지사의 동정을 구하려는 노력의 표현이다.

2) 간접적 개입기술

간접치료(indirect treatment)는 환경치료라고도 한다. 이 기술은 사회복지실천기술 방법으로 사회복지사가 클라이언트의 인적 · 물적 환경을 변화시키는 것으로 한다. 간접적 개입기술은 클라이언트가 직면하고 있는 문제에 영향을 미치는 환경적 인간관계적 억압이나 장애를 경감시키거나 완화시킴으로써 간접적으로 클라이언트의 적응과정을 용이하게 하여 적응에 따른 환경조건을 정비해 나가는 데 중점을 둔다. 환경치료는 사회자원의 활용과 그 활용을 위한 소개, 인간관계의 개선 또는 충족, 클라이언트에 대한 관계자의 태도 수정, 가족, 학교, 직장 등에 있어서 행동의 이해 촉구나 인간간계의 조정, 시설에서의 입소조치나 의뢰 등으로 클라이언트의 환경조건의 장애를 경감 내지 완화시켜 문제를 해결해 나가는 방법이다. 학자들 따라 여러 가지 형태로 분류되고 있으나 여기에서는 ① 구체적 서비스 제공, ② 환경조정, ③ 의뢰로 구분하여 설명한다(Tibury, 1977 : 155-165 ; 전재일 · 이성희 · 김연희, 2010 : 165-171 재인용).

(1) 구체적서비스 제공

이것은 전형적으로 공공부조의 분야에서 현금이나 현물 등의 유형의 구체적 서비스를 제공하여 궁핍한 생활이나 생활환경을 개선하려는 것이다. 이러한 현금이나 현물과 같은 물질적 도움을 제공함에 있어서는 이와 관계되는 사람들의 감정문제가 따른다.

① 후원자

후원자들은 클라이언트의 문제를 해결하는 데 필요한 자원을 제공하는 사람으로서 이 같은 행위의 배후에는 여러 가지 동기를 가질 수 있다. 이러한 동기에는 후원자 개인이 갖는 특별한 관심이 있거나, 사회적 현상의 일부로 나눔에 대한 인식

확대가 영향을 미쳐 당연히 후원해야 한다고 생각하는 사람들이 종종 있다. 하지만 실제로 후원에 대한 의무감이나 수혜자들의 호감을 사려는 지원 물품 등으로 후원자 자신의 지위에 대한 좋은 인상을 받으려는 욕구 등이 있을 수 있다.

물질적 원조는 타인의 분노를 줄이고 비판을 제거하는 데 사용될 수 있고 물질의 지급이나 보류는 바람직한 방향으로 타인의 행동을 조정하는 수단으로써 사용될 수 있다. 또한 보류는 클라이언트의 분노나 불만을 초래할 수 있고, 가끔 자신에게 돌아올 책임이나 비난, 두려움 때문에 보류를 하기도 한다. 물질적 방법은 어떤 사람들에게는 의존을 조장할 수 있고 그리하여 다른 사람은 이러한 의존이 자조를 해친다고 보며, 열심히 일하는 사람들의 불평을 사기 때문에 직업윤리에 위배되는 것으로 본다. 어떤 사람은 후원자가 제공하는 물질적 도움과 더불어 부과하는 책임을 맡는 것을 싫어하고 사후결과를 다른 곳에 전가하려고 한다. 이러한 문제들은 후원자가 중앙정부나 지방행정기관, 자발적 단체들이거나 개인일 경우에도 일어날 수 있는 것으로 구체적 서비스를 제공함에 있어서 고려되어야 할 것이다.

② 클라이언트

클라이언트들은 수혜자로서 의존의 경향이 있고, 또는 책임으로부터 벗어나려고 한다. 수혜자 입장에서의 수혜에 대한 다양한 감정상태가 있음을 알 필요가 있다.

수혜자들은 그들 자신에 관한 여러 가지 무의식적 동기나 정당성을 가지고 물질적 권리를 계속 요구하는 것이 거절될 수도 있다. 수혜자 중 많은 사람들은 자원이나 물질적 도움을 그들에게 현실적이고 합리적인 것으로 수용할 것이다. 한편 다른 사람들은 분노와 냉담한 반응을 일으키는 수치, 부당, 굴욕 및 실패감을 느낄 것이며, 이러한 감정은 도움을 받는 방법에 따라 강화되거나 완화될 수 있다. 많은 사람들은 도움을 받는 데 있어서 그들이 어느 정도까지 그들의 자립성을 포기하고 상응하는 의무를 가지게 된다고 생각할 수 있다. 즉, 어떤 사람들은 이러한 감정이 강하게 작용하여 그들이 요구한 도움을 차라리 받지 않는 경우도 있을 것이다.

③ 사회복지사

사회복지사들은 사역자 또는 분배자로서의 역할을 함에 있어서 지급이나 보류하는 입장에 서는 것을 좋아하지 않는다. 사회복지사가 가진 힘은 클라이언트가 꼭 필요로 하는 물질적 도움을 획득할 최선의 기회를 가질 수 있도록 클라이언트 자신과 그의 생활을 제시하게 하는 것이다. 많은 사회복지사들은 사회복지사의 기능에 물질적인 도움을 주는 사회복지사의 기능을 포함시키는 것이 불가능하다고 보고 있고, 특히 자원분배와 통제의 영역에 있어서 보다 큰 힘을 제공하는 사회정책의 형성과 방향에 관심을 기울이고 있다.

또한 사회복지사들도 후원자들이 가지는 감정의 일면을 가질 수 있고 클라이언트들을 조정하거나 회유하거나 속이거나 자아를 지지하는 데 그들의 입장을 활용할 수 있다. 그들은 또한 만족할 줄 모르는 클라이언트들을 좋아하지 않고, 통제나 의존을 좋아하거나, 정책과 제도를 비난하여 클라이언트와 함께 공모하거나 묵인하는 데서 즐거움을 얻을 수 있다.

그렇지만 이것이 사실이든 아니든 간에 사회복지사들은 불가피하게 이런 일에 개입하게 된다. 사회복지사들은 또한 공금에 대한 책임감을 가지면서 행동해야만 한다. 동시에 그들은 수혜자들과 일대일로 만나기 때문에 수혜자들의 반응을 확인해야만 한다. 한편 사회복지사들은 물질적인 욕구를 충족시켜줄 수 있을 때와 클라이언트의 감사하다는 인사를 받을 때 만족할 수 있다. 또한 사회복지사들은 클라이언트에게 "안 된다"라고 말해야 할 경우 클라이언트들의 욕구불만, 분노, 굴욕의 표현을 참고 극복해야만 한다. 이외에도 사회복지사들은 클라이언트들과 함께 일할 때 클라이언트들이 수혜에 대한 이들의 감정들을 확인하도록 도울 수 있어야 한다. 때때로 사회복지사들은 그들이 지급한 경우일지라도 클라이언트의 감사할 줄 모름에 참고 이해하도록 노력해야만 한다.

이러한 긴장상태에서 중간입장에 있는 사회복지사는 규정이 지급을 허용하는 경우에 보류하게 되거나, 보류하도록 되어 있는 규정을 조정하여 지급을 하게 되거나 어떤 압력을 받을 수도 있다. 흔히 정책이나 지침이 명백하지 못하면 도움을 주지 못하는 경우도 있을 것이다. 또한 사회복지사들 자신의 문제, 사회복지사들에게 도움을 요구하는 사람들의 문제, 정책이나 지침의 방해나 조정에 의하여 도움을 주지 못하는 경우가 있다.

이와 같이 사회복지사는 공공부조의 상황에서 주로 활용되는 구체적 서비스로서 물질적 도움을 제공할 때 다음과 같은 내용을 고려해야 할 의무가 있다.

- "어떤" 물질적 도움이, "어떤 경우에", 어떤 자격을 요하는 "조건"에 유용하며, 물질적, 도움을 받는 데 관한 "행정 수단"을 아는 것
- 도움을 주는 것이 부적합한 경우
- 도움이 적합한 경우
- 책임이나 지침이 명백하지 못한 경우
- 자신의 활동을 검토하는 것
- 물질적 도움의 활용이 전체 문제해결과정 안에서 욕구를 충족시키는 데 적절하게 관련되어 있다는 것을 아는 것

그리고 개인 수준의 실천에 있어서의 물질적 도움을 제공하는 경우 다음과 같은 기준을 고려하는 것이 효과적일 것이다.

- 상황을 개선하는 데 클라이언트를 돕는 것(기구, 피복 등을 위한 수당)
- 능력을 개발시키거나 건강을 증진시킬 기회를 만드는 것(클럽, 치료집단, 교육과정 등)
- 자립을 돕는 것(기구, 적용, 가사조력, 직업재훈련)
- 위기로부터 보호하는 것(음식물의 긴급지원, 집세연체금의 청산, 가스나 전기 공급 중단 예방)
- 특수한 생활경험의 기회를 제공하는 것(휴일, 스카우트 가입금의 지불 등)

이상의 의무와 기준은 클라이언트와의 관계, 즉 클라이언트의 욕구와의 관계맥락에서 이행되어야 할 것이다. 이와 같이 물질적 도움, 즉 구체적 서비스의 제공은 역시 클라이언트의 감정적인 문제와 함께 동시에 다루어지지 않으면 안 된다.

(2) 환경조정

환경조정이란 환경관리 또는 사회관계의 조정이라고도 한다. 환경조정이란 사회복지사가 타 전문직에 비해 가장 차별성 있는 역할 부분이며 역량으로 물질적 환경과 정서적 환경을 동시에 고려하는 것이다. 예를 들면, 가정환경이 나쁘거나 비행 때문에 클라이언트를 일시 교정시설에 수용보호하고, 한편으로는 가족관계와 생활조건이 개선을 계획하거나 실업 중인 클라이언트에게 직업을 제공하며 기술의 습득을 위한 교육과 훈련에 참가시키는 것 등을 말한다. 즉, 클라이언트의 대인관계를 포함한 생활환경의 개선을 위하여 사회자원을 사용하기도 하고, 심리적 도움을 주어 사회환경에 있어서 좋지 못한 여러 가지 요인들을 경감시키거나 제거하여 생화기능을 강화하는 것이다. 또한 이러한 환경조정은 앞에서 설명한 구체적 서비스의 제공과 병행될 때보다 효과적인 경우가 있다.

환경은 문제의 원인이 되거나 억압적인 요인들이 존재하고 있으며, 클라이언트에게 문제를 야기시키고 있는 경우에 개인 수준 실천에서 취급할 필요가 있다. 한편 환경자원은 문제해결에 있어서 도움이 되는 것으로 보아야 할 요인들이다. 환경을 조정하는 것은 전형적 어떤 직접적 치료활동과 병행되고 보충적이어야 하지만, 경우에 따라서는 환경만을 취급할 수 있다.

앞에서 물질적 도움(조력, 적응, 가정, 클럽, 워크숍, 주택 등)에서 고려한 많은 것들이 환경조정의 어떤 측면으로 간주될 수 있다. 그러나 정확히 환경조정이란 문제해결의 일부를 차지하는 클라이언트의 환경 내의 사람들, 즉 가족, 친구, 이웃, 직장동료, 공무원, 교사, 상담원 또는 다른 전문가들을 정서적으로 지지하고, 관련시키고 그들의 감정을 이완시키고, 태도를 변화시키는 것도 포함한다.

홀리스(Hollis)는 환경조정이 직접치료의 기술이나 클라이언트를 도울 때 많이 사용하는 지지, 직접적 영향, 환기기술을 사용하여 클라이언트의 환경 내의 사람들을 취급하는 방법보다 더 단순하지도 않고 아주 다른 것도 아니라고 보고 심리적 방법도 동시에 필요하다고 하였다(Hollis, 1949 : 234-244).

사회복지사가 환경조정을 시도하여 새로운 사람들을 포함시키는 경우도 있다. 가령 부부치료나 합동가족치료와 같이 클라이언트의 개인문제에 부부나 전체가족이 포함된다는 것을 이해하지 못하고 접촉을 시도하거나 개인 수준 실천의 과정을 발전시켜 나간다면 어려움이 따르게 될 것이다. 경우에 따라서 클라이언트가 가지는 증상은 실제로 병적인 것이 아니라 환경과의 상호작용에서 비롯되는 것임을 알아야 한다. 따라서 사회복지사의 활동 초점을 바꾸어야 할 경우가 있다.

환경 안에 있는 일부 사람들은 클라이언트를 위한 인적 자원으로서 사회복지사들보다 더 좋은 위치에 있을 수 있다. 이때 사회복지사들은 적절하게 그 자원들을 활용하도록 클라이언트를 돕는 것과 마찬가지로 환경 내에 있는 그 자원들을 지지하고 도울 의무를 가진다. 인적 자원에는 친척, 교사, 이웃, 가족 상담원, 의사, 자원봉사자, 양부모, 사회복지시설의 직원, 자녀 양육 도우미 등이 있다.

(3) 의 뢰

의뢰(referral)의 기술은 환경조정에 해당되는 것이기도 하지만, 주로 클라이언트의 욕구가 새로 발생하거나 처음에 찾아간 기관의 기능에 해당하지 않는다면 이것을 전문적으로 취급하는 기관이나 적절한 사회자원을 소개하거나 위탁하여 클라이언트의 욕구와 문제를 해결하도록 돕는 것을 의미한다. 따라서 사회복지사는 그 지역사회의 활용 가능한 사회자원에 관한 지식과 정보를 가지고 클라이언트를 돕는 데 활용하지 않으면 안 된다.

사회복지사들은 모든 지역사회와 기관자원들의 수탁자들이다. 그러므로 사회복지사는 이러한 자원, 즉 지역사회와 기관을 알아야 할 책임을 가지며, 그 자원을 필요로 하는 사람들을 위하여 적절히 그 자원을 활용하여야 한다.

① 의뢰는 세심한 욕구의 조사, 이러한 욕구가 어떻게 충족될 수 있는가의 인식(특히 욕구가 기관의 기능 밖에 해당될 때), 그리고 클라이언트가 기존 자원을 알게 하는 것을 포함한다.

② 의뢰는 클라이언트가 이용해야 할 자원을 선택하도록 돕는 것과 의뢰를 위하여 클라이언트를 준비시키는 것을 포함한다. 흔히 이러한 과정에서 사회복지사들은 의뢰과정에서 일어나는 불안을 처리해야 하는데, 경우에 따라 이러한 불안은 심화될 수도 있다.

③ 의뢰는 자칫 클라이언트가 거부당하고 있다는 감정을 가질 수 있게 하므로 이를 잘 환기하도록 돕는 것을 포함한다.

④ 의뢰는 클라이언트가 의뢰를 받아들이도록 동기를 부여하고 클라이언트가 자원을 활용하도록 지지하는 것을 의미한다.

의뢰를 하더라도 사회복지사는 클라이언트의 자기 성장에 대한 동기를 육성하는 데 있다는 것을 명심해야 할 것이다. 이것은 클라이언트가 선택하여 이용할 수 있는 자원들은 사회복지사가 동원해야 함을 암시하는 것이다(이영호, 2009 : 128).

3. 개인대상 개입과정별 실천기술

사회복지실천은 개인을 대상으로 하는 사회복지실천 역시 단계별로 활용되는 몇 가지 기술들이 있다. 실천 대상의 특성에 따라 조금씩 구별되어 사용되는 기술들이 있다(이미선 외, 2011 : 91).

실천과정의 기술은 클라이언트의 문제에 효과적으로 개입하여 해결해 나가는 원조과정의 기술로서, 개인대상의 실천에서는 개별 클라이언트의 문제에 대한 이해와 규명, 개입을 위한 계획과 실행, 원조과정을 점검하고 평가하는 기술이 포함된다. 실천과정의 기술은 클라이언트의 상황과 문제에 적합한 실천기술을 선택하고 활용하는 능력에 직접적으로 영향을 미치기 때문에 개인 클라이언트뿐만 아니라 가족이나 집단, 지역사회를 대상으로 하는 다양한 사회복지 실천현장에서 목적지향적인 원조과정을 효과적으로 진행하는 데 활용되고 있다(Bear & Federico, 1978 ; Middleman & Wood, 1990 ; Cournoyer, 1996).

실천과정의 기술을 단계별로 미국교육협의회 학부와 석사과정을 위한 교과과정 규정에서 정하고 있는데, 준비－초기 / 탐색－사정－개입－평가 / 종결로 나누어 살펴보면 다음과 같다(Cournoyer, 1996 ; 이영호, 2009 : 128-134 재인용).

1) 준비단계의 기술

문제에 직면한 클라이언트가 문제해결을 위하여 필요한 도움을 받기 위해 기관을 방문하는 최초의 면접행위로 클라이언트의 욕구를 밝힘으로써 문제의 개요를 파악할 수 있는 첫 만남의 단계이다. 클라이언트와의 첫 만남은 앞으로의 원조과정의 지속 여부와 방향을 결정하는 중요한 일이다. 사회복지사는 개인적으로나 전문적으로 준비단계에 필요한 기술을 활용함으로써 서비스의 효과적인 전달이 초기부터 가능하도록 한다. 구체적인 준비기술을 살펴보면 다음과 같다.

(1) 정보를 점검

첫 접촉 이전에 기관이나 사회복지사에게 주어진 정보를 검토하고 점검하는 기술의 과정이다. 중요한 기초정보를 파악하도록 도와주며, 클라이언트에게 이미 제공된 정보에 대해서는 반복적으로 제공하지 않도록 함으로써 시간을 절약하게 한다. 또한 특정 클라이언트에게 요구되는 시설이나 장비 등에 관해서도 준비를 가능하게 한다.

(2) 클라이언트 인적사항

초기면접자나 의뢰인, 이전에 사례를 담당했던 직원 등으로부터 클라이언트(이름, 연령, 연락처, 주소, 기타 인적사항 등)와 문제 상황(문제의 특성, 심각성, 위급성, 활용 가능한 자원 등)에 관해 알아보는 기술이 필요하다. 이러한 초기의 탐색을 통해 타인으로부터 얻은 정보는 클라이언트의 견해와는 다를 수 있으며, 객관적인 정보이기보다는 의견이라는 것을 인식하며 섣불리 선입견이나 불필요한 가정을 하지 않도록 주의할 필요가 있다.

(3) 기존 동료에게 조언 구함

클라이언트와의 첫 만남이 이루어지기 전에 수퍼바이저나 동료에게 조언을 구하는 기술이 필요하다. 잠정적으로 면접의 목적을 설정하고 관련된 실무적 사항들에 관해 논의를 하는 것은 면접의 효과를 높이는 데 중요하게 작용할 수 있다.

(4) 상담면접 방해요소 차단

상담면접을 방해하는 요소를 사전에 차단하고 의사소통을 원활히 하기 위해 첫 만남을 구체적으로 준비하는 것이 필요하다. 예를 들면, 약속시간, 적절한 장소를 확정지으며, 면접장소의 분위기나 자신의 외모 등도 점검하고, 기관 외부에서 면접이 이루어지는 경우 분위기 등 장소의 적절성을 확인해야 하며, 클라이언트의 가정을 방문하는 경우에도 세심한 주의가 필요하다.

(5) 클라이언트에 대한 공감적 이해

클라이언트의 문제와 상황에 대해 직접적인 대면접촉이 일어나기 전에도 예상되는 공감적 이해가 가능하다. 서비스를 찾게 된 배경이나 클라이언트의 동기, 초기에 느낄 수 있는 클라이언트의 생각이나 감정, 관련된 이슈에 대해 클라이언트 입장에서 생각하는 기술이 필요하다. 이는 초기 신뢰관계 형성에 매우 도움이 될 수 있다.

(6) 상담면접 계획 점검

사회복지사는 클라이언트와 만나기 이전부터 효과적인 면접을 위해 면접의 목적이나 동기, 방향성, 예상되는 결과, 전문가의 역할, 질문의 내용, 과정 등에 관한 임시 계획을 세우게 된다. 이러한 잠정적인 계획은 면접을 일관되게 이끌 수 있게 하며, 면접에서 클라이언트와 함께 목적을 세워나가는 데 도움이 되는 준비단계의 기술이다.

2) 초기단계와 탐색단계의 기술

초기단계를 인테이크(intake) 또는 접속단계(contact phase)라고도 한다. 인테이크는 클라이언트의 문제해결에 어떤 시설이나 기관과 사회복지사가 효과적인가 아닌가를 분석하고 적격성을 심사한다(전재일 외, 2010: 126).

초기단계는 접수면담을 포함하며, 이때는 만남이 긍정적이며 뭔가 도움이 될 것 같다는 느낌과 인식이 들도록 하는 기술이 필요하다. 초기 만남에서 서로의 소개가 이루어지고, 모임의 목적이나 방향이 설정되고, 클라이언트의 기대가 확인되고, 기관의 정책이나 규정, 윤리적 원칙들에 대한 검토가 이루어짐으로써 클라이언트는 서비스가 제공되는 맥락을 이해하고 참여할 수 있다. 이때 클라이언트의 피드백은 매우 중요하며, 클라이언트가 혼란스럽거나 복잡하게 느끼는 내용들을 명확히 밝혀주는 것이 필요하다.

탐색단계에서는 클라이언트의 사고나 감정, 서비스를 요청하게 되는 주요 관심사나 상황 등에 대해 클라이언트가 공유할 수 있도록 격려하는 기술이 필요하며, 이러한 과정 속에서 필요한 정보를 수집하고 클라이언트 문제와 상황에 대한 보다 많은 이해가 가능하게 된다. 탐색단계에서 활용할 수 있는 구체적인 기술에는 질문, 격려, 고취시키기, 탐색, 명확화, 반영, 세분화, 이해와 공감 등이 있다.

3) 사정단계의 기술

사정단계에 있어서 사정은 클라이언트의 문제가 무엇인지 어떤 원인 때문인지를 찾으려는 과정이다. 탐색단계를 통해 많은 양의 정보를 얻은 후, 사정단계에서는 개인과 문제, 상황과의 연관성에 대한 이해, 분석함과 동시에 문제해결을 위한 계획을 수립하는 과정을 수행한다. 따라서 사정은 중요하며 자료에 대한 전문적 판단이 요구된다. 이는 사회복지사가 클라이언트의 문제 상황에 초점을 두어 의미 있는 사실을 취사선택하여 평가하는 것으로 사회복지사 개인의 능력과 자질과도 관련이 있다고 하겠다. 사정단계에서 요구되는 기본적인 기술의 첫 번째는 탐색단계에서 수집된 정보를 정리하는 것이다. 이는 클라이언트의 표출 문제와 상황, 사회력, 강점과 지원, 대처노력, 필요한 외부 자원, 병력, 정신상태 검사, 발달력, 사회경제적 상황, 아동발달 관련 구체적 사항, 자해 및 타해의 위험성, 약물 남용 등에 대해서 명확히 이해하는 것을 포함한다. 그러고 나서 실천과정에 대한 개입의 초점과 방향을 구체화함으로써 클라이언트에 관해 수집된 자료에 대한 체계적인 이해가 가능하도록 하는 기술이다.

두 번째는 임시적인 사정 틀을 구성하는 것이다. 사정을 통해 사회복지사와 클라이언트는 문제 상황에 영향을 주는 요소들에 대해 이해하게 된다. 문제를 정의하고, 주요 클라이언트체계를 결정하고, 개입과정에 참여하게 되는 체계들을 명확히 하고, 변화목표를 설정하고, 변화결과를 예측하기도 한다. 또한 변화과정에 발생할 수 있는 위험요소(자살, 자해나 타해, 중독문제)나 장애요소, 자원이나 강점을 찾아보고, 문제해결에 활용될 수 있는 전략을 준비하여야 한다.

사정에서 정보수집과 분석을 위해 포함되어야 할 내용도 빠뜨리지 않아야 한다.

아울러 사정단계에 필요한 과제들을 체계적으로 기술하기 위한 다양한 양식들을 기관이나 사례의 성격에 알맞게 선택하여 활용하는 기술도 필요하다.

사정 틀에서 사회복지사가 인식하여야 할 내용은 다음과 같다.

- 클라이언트를 신뢰: 클라이언트를 정직하고 신뢰할 만한 사람이라고 믿는 것이다. 그것을 뒤집을 만한 증거가 없는 한 믿는다고 가정한다.
- 클라이언트 강점에 대한 사정: 클라이언트의 상황을 보다 좋게 만드는 클라이언트의 능력, 기술, 관련된 많은 자원, 그리고 변화 동기를 나타내는 언행에 귀 기울여 듣고, 그것을 클라이언트에게 환기시킨다.
- 클라이언트의 문제 규명: 클라이언트 자신이 현재 무엇을 하고 있는가를 명확히 인식하도록 한다. 이를 위해 그가 기관에서 기대하는 것을 정교하도록 돕기 위해 노력하여야 한다.
- 클라이언트 자신 이해: 클라이언트 자신의 행동, 삶, 그리고 상황, 어떤 변화 노력이나 치료 계획을 수행하라는 것인지의 여부를 가장 잘 아는 전문가로 가정한다. 이는 클라이언트의 상황에 대한 클라이언트 자신의 인식과 이해에 일차적 주의를 기울이는 것이다.
- 공동활동: 사정과 서비스 계획 과정을 사회복지사와 클라이언트의 공동활동으로 본다. 이는 효과적으로 행동화될 수 있는 방법을 결정하는 책임을 공유하는 것이다.
- 사정을 하지만 진단은 하지 않는다: 왜냐하면 진단은 클라이언트의 강점이 아

닌 영역에 주의를 끌게 하고 초점을 병리, 일탈, 결핍에 둘 가능성이 있기 때문이다.

- 지금－여기(here and now) : 클라이언트나 다른 사람들이 이전에 실패한 것에 대한 논의나 비난은 피한다. 비판적 논의보다도 문제해결을 위해 많은 시간과 에너지를 쓰도록 시도한다. 더욱이 지금 할 수 있는 것에 초점을 둔다.
- 클라이언트의 관계망 : 클라이언트의 가족, 사회관계망, 지역사회를 유용한 잠재적 자원으로 인식하도록 하며 이들 모두를 원조관정에서 활용할 수 있도록 한다.

4) 개입단계의 기술

개입단계(working phase)의 기술이란 사회복지사가 클라이언트를 변화시키기 위하여 직접적으로 혹은 간접적으로 관여하는 것으로 직접개입은 클라이언트의 기술과 능력을 향상시키거나 문제를 경감시키기 위해 직접적인 활동을 수행하는 것이며, 간접개입은 클라이언트의 주변체계나 클라이언트체계 간의 관계를 변화시키기 위한 활동을 의미한다. 여기에서 사회복지실천기술이란 문제해결을 위한 접근시 필요한 실천과정의 기술로서, 문제해결이나 작용, 성장발달을 위한 클라이언트의 능력을 향상시키고 회복시키는 기술, 사회적 기능을 향상시킬 수 있는 자원, 서비스, 기회 등을 제공할 수 있는 지역사회체계로 사람들을 연결시키는 기술, 사회적 정의에 입각하여 권리를 잃어버리고 소외된 약자들이 기회를 얻고 되찾을 수 있도록 그들과 함께 효과적 개입을 하는 기술, 자원과 서비스, 기회 등을 제공할 수 있는 지역사회체계의 효과적인 기능을 향상시키는 기술, 클라이언트나 소비자의 욕구에 반응적인 새로운 서비스의 개발이나 기존의 지역사회서비스 및 자원체계의 개선과 향상을 위해 개입하는 기술이 포함된다.

이러한 개입기술에는 전문가로서의 지식과 신념, 경험 등이 필요하며, 특정한 개입방법을 선택하는 데 따르는 명확한 근거와 전문가적인 판단이 중요하게 된다.

특히 개인대상의 사회복지실천에서는 주변체계에 대한 개입보다는 클라이언트 개인에 대한 직접적이며 지시적인 표현기술을 많이 활용하는 특징이 있다.

개인에게 적용되는 구체적인 개입기술에는 모델링, 인지적 재구조화, 연습 등의 상담기술이나 조언, 교육 등의 기술이 포함된다.

5) 평가와 종결단계의 기술

평가는 사회복지사가 클라이언트에게 제공한 서비스와 원조활동이 성공적으로 진행되었는가를 확인하는 것이다. 사회복지실천의 평가를 통해 사회복지사와 클라이언트는 의도한 대로 서비스 계획을 이행했는가의 여부와 목적들이 성취되었는가를 결정짓고 이를 토대로 수정할 수 있으며 계획을 세울 수 있을 것이다.

기술은 실천의 효과성을 평가함으로써 서비스를 제공받는 사람들과 서비스 전달체계, 사회에 대해 책임을 진다는 측면에서 전문가에게 매우 중요한 실천기술이다. 평가단계(evaluating phase)에서는 목적달성을 위해 진행해 온 지금까지의 과정을 다양한 평가방법을 통해 검토하게 된다. 만일 평가를 통해 변화가 없거나 부정적인 결과를 보이는 경우, 이전의 사정이나 계약단계, 개입단계에 대한 점검이 필요하다. 과정에 대한 검토와 최종평가를 통해 함께 진행과정을 돌아보고 앞으로의 방향에 대한 논의가 가능하다. 종결단계에서는 최종평가와 함께 원조관계를 끝내는 데 대한 클라이언트와의 종결소감을 공유하는 것이 중요하며, 종결이 된 후 종결기록을 남기는 것이 필요하다.

토론해 봅시다

01. 개인을 대상으로 사회복지실천기술을 개입할 때에 강조되어야 할 기술들에 대하여 논의해 보시오.

02. 효과적인 의사소통 기술향상을 위한 기술에 대해 파트너와 함께 사례를 들어 설명한 후 본인의 의사소통 기술에 대한 피드백을 받아 보시오.

03. 개인대상 실천기술의 간적접 개입기술에서 의뢰할 시 필요한 기술들은 어떠한 것들이 있는가?

CHAPTER 11

가족대상 사회복지실천기술

1. 가족의 이해

2. 가족대상 사회복지실천기술의 과정

제11장

가족대상 사회복지실천기술

1. 가족의 이해

우리는 대부분 가족 안에서 태어나며, 일정한 연령이 되면 결혼을 하고 새로운 가족을 형성한다. 가족이 인간에게 있어서 가장 기초적인 집단이며, 보편적인 현상이지만 가족에 대하여 정의하기는 쉽지 않다. 가족은 역사와 문화에 따라 다양한 모습으로 존재하여 왔으며, 특수한 역사적 문화적 맥락 속에서 다양한 형태를 취하기 때문에 단지 서로 다른 형태라거나 혹은 어떤 특정한 형태가 더 보편적이라는 이유만으로 어떤 유형의 가족이 더 우월하거나 혹은 덜 바람직하다고 판단할 수 없기 때문이다.

최근 한국 사회의 가족은 사회적 요인과 인구학적인 요인 및 가족 가치관적 요인이 복합적으로 작용하여 가족구조와 가족관계, 가족 기능, 가족생활주기에서 큰 변화가 일어났다. 가족에 대해여 연구하는 학자들은 다양하게 정의하여 강조하고 있는데, Murdock(1949)은 가족에 대하여 정의하기 하기를 “가족이란 공동의 주거, 경제적 협력 그리고 생식이란 특성을 갖는 사회집단이며, 성관계를 허용받은 최대한의 성인 남녀와 그들에게서 출생하였거나 양자로 된 자녀로 이루어져 있다”라고 하였다. 그리고 Levy-Strauss(1969)는 결혼에 의해 시작되고 부부와 자녀 그리고 다른 근친자로 구성되었으며 법적 유대, 경제적 · 성적 의무와 권리, 존경 및 애정 등과 같은 다양한 심리적 감정을 공유하는 집단으로 정의하였다. 따라서 이영실(2011)은 가족이란, “1차적 집단 및 원초적 집단에 속하고 법적 및 사회적으로 인정하는 혼인관계를 기초로 한 부부, 친자, 형제자매, 입양 등의 근친자로 구성된 혈연 집단으로서 감정의 융합으로 결합되어 가계와 주거를 함께하는 생활 공동체로서 1차적 복지 추구의 집단"으로 정의하였다(이영실 외, 2011 : 121-122).

하트만과 라이드(Hartman & Laird, 1983)는 가족이란 "둘 이상의 사람이 친숙한 한 가족이라고 여기고, 밀접한 감정적 유대와 가정이라는 생활공간, 그리고 생물학적·사회적·심리학적 요구의 충족에 필요한 역할과 과제를 공유할 때 가족이다"고 정의하였다.

슈왈츠와 스콧(Schwartz & Scott, 1994)은 가족이란 "혈연, 결혼, 입양, 동거 등에 의하여 이루어진 관계로 다른 사회집단과 비교할 때 상대적으로 지속적인 관계를 유지하며, 구성원 간에 경제적 또는 정서적 지원을 제공하는 집단이다"고 했으며, 앤더슨과 사바텔리(Anderson & Sabatelli, 1999)는 가족은 "구성원이 역사를 공유하고 정서적 유대감을 경험하며, 구성원 개인과 집단 전체의 욕구를 충족시키기 위한 전략을 개발하는 상호의존적 집단체계이다". 그리고 비드웰과 메이(Bidwell & Mey, 2000)는 "혈연, 결혼, 입양 등에 의하여 이루어진 관계로 구성원이 서로 몰입되어 있고 고유한 정체성을 지니며, 경제적 단위를 형성하고 성인 구성원은 어린 구성원에 대한 책임을 가진다"고 하였다(박주현 외, 2011 : 20).

송정애와 정해은(2007)은 "가족생활을 유지하기 위한 특정한 역할과 지위를 가지고 가족구성원 간의 상호 성장·발달을 지지하는 집단이다"라고 하였다.

「건강가정기본법」 제3조에서 보면 가족을 정의하기를 "가족'이라 함은 혈연·입양으로 이루어진 사회의 기본단위를 말한다"라고 하였다.

이상에서 살펴본 바와 같이 가족에 대한 정의에 대하여는 학자들의 학문적 배경과 특성에 따라 혹은 시대와 문화적 환경에 따라 다양한 견해들이 공존함을 알 수 있다.

2. 가족대상 사회복지실천기술의 과정

사회복지사는 가족과의 변화 과정에서 직접적으로 개입할 수 있는 구체적이고 명확한 기술이 필요하다. 여기서는 가족대상 사회복지실천기술을 초기과정, 사정과정, 계획과정, 개입과정, 종결과정으로 구분하여 살펴보고자 한다.

1) 초기과정

(1) 첫 만남 전의 과정

공식적으로 첫 만남이 있기 전에 가족원과 사회복지사가 갖는 접촉은 어느 기관에서 가족 상담이 이루어지는가에 따라 매우 다르다. 가족상담의 경우, 다른 심리치료에 비하여 초기 전화면담을 중요시하며 전화에 의한 접수면담을 잘 훈련된 전문가가 담당하는 경우가 많다. 왜냐하면 전화면담을 통하여 사회복지사는 첫 회의 면담에서 누가 참석해야 하는지를 명확히 전달하고 치료의 방향과 구조를 확립할 수 있기 때문이다. 특히 전체 가족이 참석해 줄 것을 간절히 요청하는 경우, 사회복지사의 심정이 전달되고, 사회복지사의 능력에 대한 믿음도 생겨서 치료를 받으러 오는 가족의 입장에서는 사회복지사에 대한 신뢰가 형성되어 치료에 많은 도움을 준다. 이 과정에서 주의를 기울여야 하는 것은 한 사람이 주는 정보로 인하여 사회복지사가 편견을 갖지 않도록, 되도록 간략하게 약속 시간, 치료비 등을 알려 주는 것이다.

(2) 초기 만남

① 인사 나눔

초기에 처음 만남에서 사회복지사는 간단히 자기 자신을 소개하고, 가족원을 일일이 소개 받는다. 첫 번째 만남 시간에는 가족원이 긴장되어 있을 수 있으므로 먼저 약간의 사교적인 대화는 가족원의 불안을 해소하는 데 도움이 될 뿐만 아니라 사회복지사가 가족을 사정하는 데에도 도움이 된다.

② 문제명료화

가족에게 현재 어려움을 주는 가족문제의 윤곽을 그리게 하여, 즉 문제를 명료하게 하는 것이 사회복지사의 첫 개입이 된다. 사회복지사는 가족들로부터 여러 가지 문제를 들을 수 있으나, 동시에 언급되지 않는 문제들로 관찰하여야 한다. 누가 먼저 이야기하는가, 가족들이 호소하는 문제 이외의 것에 관하여 이야기하는가, 특정 가족이 이야기를 방해하는가, 가족 중 연합을 이루는 가족이 있는가, 가족 중 누가 힘을 가지고 있는가 등을 파악한다. 문제를 명확히 할 때 중요한 점은 지금 문제를 해결하려는 시도를 하고 있다는 점은 가족 각자가 생각하는 문제가 무엇이며, 어떻게 변해야 하는지를 표현하게 된다.

③ 관계형성

모든 과정의 치료과정에서 사회복지사와 클라이언트가 우호적 관계를 갖는 것은 매우 중요하다. 사회복지사는 동정적이며, 무비판적이며, 클라이언트 가족에 대하여 존경을 갖는 태도를 보여야 한다. 가족들과의 우호적 관계를 성립하기 위하여 사회복지사는 자신의 감정에 민감하여야 한다. 또 사회복지사는 가족원들이 사용하는 언어 수준을 잘 경청하여 전문용어를 피하고, 가족원과 비슷한 언어를 사용한다.

사회복지사와 가족들과의 관계는 상황에 따라 유연성을 요하기도 한다. 때로는 장점적인 자세로 임하기도 하고, 때로는 권위적인 자세를 취해야 할 때도 있다. 즉, 가족체계 속에 깊숙이 개입하여 일할 때도 있고, 객관적인 관찰자의 입장을 취해야 할 때도 있다. 상담치료를 받으러 온 가족이 사회복지사에 대하여 사생활이나 개인 상상에 대해 문의하는 경우에 알맞게 대처하여야 한다. 지나치게 사회복지사 자신에 대해 노출할 필요도 없고, 너무 비밀스러워 할 필요도 없으며, 적절히 파악하여 대처하면 관계성립에 도움이 된다.

가족이 보는 관점을 무시하지 말고 사회복지사가 가족에게 융해되고, 사회복지사 자신은 상대적으로 낮은 위치에 서는 것이다. 사회복지사가 가족과 공통으로 가지고 있는 경험이나 관심을 이야기하는 것 등이 관계형성에 도움에 된다.

④ 상담 계약

상담의 목표를 정하고 가족원이 지속적으로 상담받으러 오도록 사회복지사는 가족원과 계약을 맺는다. 사회복지사는 가족의 방어기제를 완화시키고 가족이 달성하기에 적합하고 실행이 가능한 목표를 설정하여야 한다. 상담목표를 달성하기 위하여 기준을 설정하는 것은 그 자체만으로도 치료적 의미를 갖는다. 계약은 사회복지사가 선택한 다양한 개입방법의 효율성과 가족에게 일어나는 변화를 확실하게 사정할 수 있는 기회를 제공한다. 목표를 통하여 앞으로 언급될 문제를 구체화함으로써 상담 과정에서 사회복지사가 그들의 문제를 해결해 줄 것이라는 수동적인 생각에서 벗어나게 된다. 계약을 해 가는 과정에서 사회복지사는 클라이언트 가족을 관찰할 수 있는 기회를 갖게 된다. 또한 계약의 틀 안에서 작업하면서 클라이언트는 한계의 느낌보다는 자유의 느낌을 갖게 된다. 예정된 가족 상담의 횟수와 간격, 한 상담의 길이, 참석할 가족, 상담 목표, 상담 비용 등이 포함된다. 상담계약에서는 면담과정에서 이루어진 것은 밖에서 말하지 않는다는 것, 상담에 불참할 경우와 같이 예외적인 상황에 대해서도 다룬다. 사전통보 없이 약속을 파기한 경우 등 이유를 이해하는 것이 필요하다.

2) 사정과정

사회복지사가 가족 실천 상담을 설정하기 위하여 가족을 범주화하고, 판단하고, 평가하는 것이 필요하다. 사정은 가족에게 어떤 형태의 가족치료가 바람직한가를 결정짓는 도구로 사용된다. 사정도구로는 질문지를 사용하는 객관적인 사정방법과 가계도, 가족화, 가족조각기법, 가족개념과 환경을 통한 가족사정과 같은 주관적인 방법이 있다.

(1) 객관적인 사정방법

객관적인 사정방법은 자기보고식 질문지를 사용하는 방법으로써 가족치료를 받는 가족으로 하여금 다른 가족의 걱정이 무엇인지 이해시킬 수 있는 기회를 제공하게 되며, 동시에 가족 각자가 자기 노출을 할 수 있는 기회를 제공 받는다. 대개의 가족은 언어로 표현하는 것보다 질문지에 표현하는 것을 쉽게 느끼기 때문이다.

가족치료 분야에서 객관적인 사정방법도구로 맥메스터 모델(McMater Model), 써컴플렉스 모델(Circumolex Model), 비버즈 모델(Beavers Model) 등이 있다.

① 맥메스터 모델(McMater Model)

캐나다의 맥메스터(McMater) 대학 정신과 있던 엡스타인 등에 의하여 개발된 것으로 가족 기능을 평가하는 개념적 준거틀을 제공한다. 가족기능은 문제해결, 의사소통, 역할, 정서적 반응성, 정서적 관여, 행동통제 등의 측면에서 고려하게 된다.

② 써컴플렉스 모델(Circumolex Model)

올슨(Olson) 등은 응집력과 적응력의 차원에서 가족을 평가하는 순환모델을 발표하여 가족응집성과 적응성 측정정도(Family Cohesion and Adaptability Evaluation Scales : FACES)를 만들었다. 이 모델은 문항수가 많지 않은데 비하여 신뢰도와 타당도가 높다.

③ 비버즈 모델(Beavers Model)

청소년이 가정으로부터 독립된 시기에 이르러 채택되는 행동 유형인 구심적 양식과 원심적 양식을 활용하여 가족을 분류한다.

(2) 주관적 사정방법

① 가계도

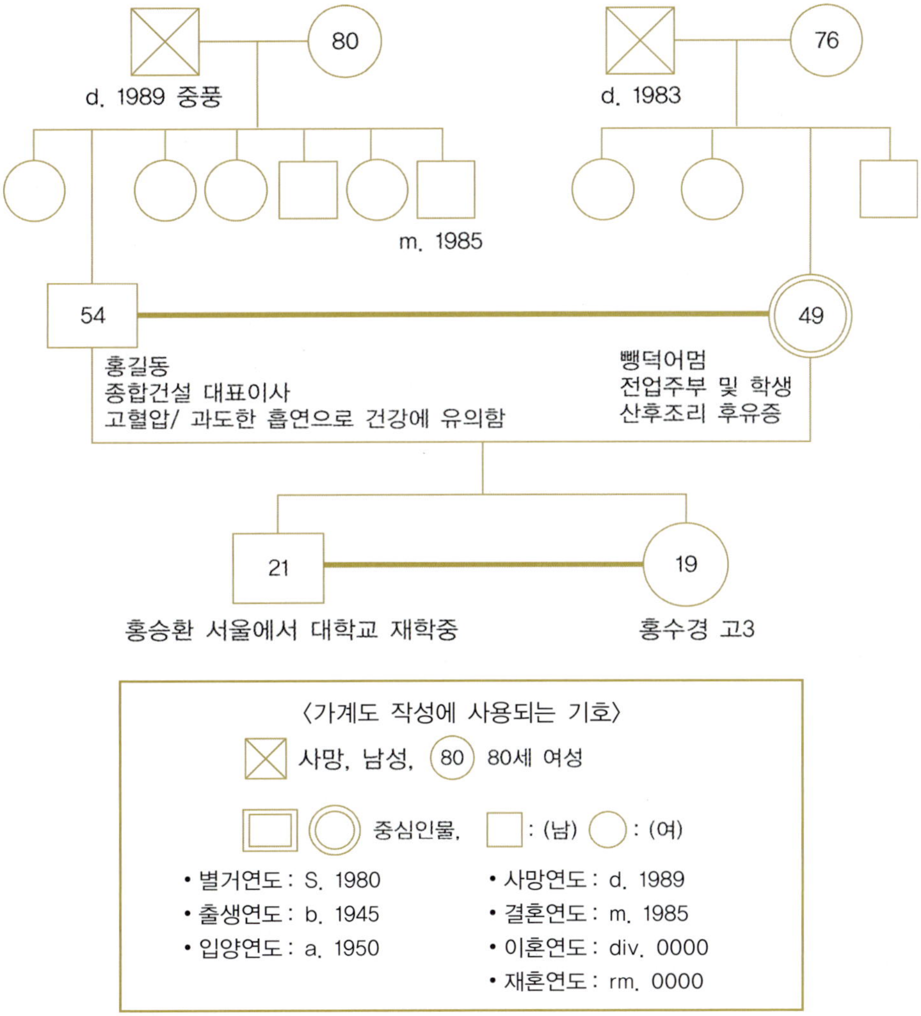

그림 11-1 가계도

가계도(genogram)는 가족을 중심으로 그 가족의 3세대 이상에 관한 정보를 보여주는 것으로서 중요한 생활 사건(가령 결혼이나 이혼, 질병, 사망 등)이나 인구사회학적 특성(가령 종교, 직업, 거주지 등)을 도표로 기록하는 작성법이다. 가족의 구조와 특성을 전체적으로 파악하는 데 사용되는 사정방법 도구 중 하나이다. 머레이 보웬(Murray Bowen)이라는 학자의 의하여 고안되었으며 활성화되었다.

② 가족화

번스와 코프먼(Burns & Kaufman, 1982)은 가족이 무엇이가를 하고 있는 장면을 그리게 하는 동적 가족화를 창안하였다. 가령 동물 가족화를 그리게 하므로 그 그림을 통해 무의식적인 측면이 숨김없이 드러날 수 있다. 아버지를 호랑이로, 어머니를 고양이로 표현했다면 그 가족 내에서 힘의 역학관계를 파악하게 될 것이다(최선화, 2012 : 226).

③ 가족조각기법

칸과 토덜(Kanto & Duhl, 1973)이 개발한 것으로, 가족조각기법의 주요 특징은 가족의 관계나 서로의 상호작용의 모양을 나타내는 위치나 자세를 만드는 데 가족들을 배치하는 것이다. 가족조각기법은 가족을 상징하는 이미지를 객관적인 기술로 파악해 보려는 것이다.

④ 가족개념에 의한 가족사정

가족 치료자가 가족을 평가하는 가장 일반적인 사정도구는 임상적 경험에 의한 것이다. 가족을 사정할 도움이 되는 개념틀로 가족규칙, 가족신화, 가족의식, 격리와 밀착, 부모화, 감각관계 등이 있다.

⑤ 가족환경에 의한 가족 사정

부부의 친밀성, 약물이나 알코올 문제, 직업의 문제, 스트레스 등을 고려한다.

3) 계획과정

가족에 대한 사정과정을 마치면, 가족치료자는 앞으로 이끌고 갈 상담치료과정을 어떻게 운영할 것인지에 대한 나름대로의 지침을 세워야 한다. 예를 들면, 누구를 참석시킬 것인지, 어떤 형태의 상담 계약을 할 것인지, 가족의 특별한 요구에 어떻게 대응할 것인지 등의 가족치료 과정을 구조화 하여야 한다. 가족치료자인 사회복지사가 가족치료 상담과정을 구조화시키면 가족치료를 하면서 느낄 수 있는 클라이언트의 불안이 감소되어 바람직한 가족치료자와 가족의 관계를 형성할 수 있다.

(1) 가족상담 치료 계획 세우기

가족이 치료받기를 두려워하는 이유는 실패할 것에 대한 우려나 통제의 상실을 두려워하는 경우가 많다. 따라서 가족을 지속적으로 치료에 오도록 유도하기 위해서는 가족의 방어기제를 완화하는 일이 매우 중요하다. 방어기제가 완화되면 가족치료자는 가족과 함께 목표에 대하여 간단히 언급한다. 그러나 가족의 방어기제가 매우 높을 경우, 사회복지사는 가족의 문제가 매우 복잡하다고 말해 주고 가족 모두가 이 문제에 대하여 좀 더 심사숙고 하여 보아야 할 것이라고 말해 주는 정도에서 그쳐야 한다. 단, 가족 내의 성원마다 성취하고자 하는 목표가 다를 때에는 중재를 통하여 목표를 조정한다. 가능한 한 첫 1~3회가 가족치료 이전에 치료목표를 세우고, 목표가 달성되었는지를 측정할 수 있는 구체적인 행동상의 기준에 대한 상호 동의가 있어야 한다.

(2) 가족치료 목표 구분

글릭과 케슬러는 공통적으로 가족치료자들의 세 가지 목표가 있다고 하였다. 첫째는 가족구성원들 간의 사고와 감정의 의사소통을 촉진하는 일, 둘째는 혼란되고 비타협적인 역할과 동맹을 변화시키는 일, 셋째는 가족의 분쟁과 갈등에 가장 잘 대처할 모델을 보여주는 역할 모델로서 그릇된 신화로부터 탈피시켜주는 교육자로서의 목표를 말하였다(Glick & Kessler, 1980).

치료계획을 세움에 있어서 가족치료자인 사회복지사는 가족구성원들이 문제를 해결하기에 가능한 목표를 세워야 하며, 가족구성원들이 문제해결을 위해서 어떤 변화를 가져야 하는가, 또 가족치료가 제대로 이루어지려면 어떤 조건이 부합되어야 하는가를 조정하게 된다.

넬슨은 치료의 목표를 세 가지로 분류하였다(Nelson, 1983) 가족치료의 목표는 최종목표, 수단적 목표와 그리고 조장적 목표로 분류할 수 있다. 최종목표는 가족이 문제에 대해 궁극적으로 달성하기를 원하는 바이다. 최종목표를 달성하기 위하여 직접 돌진하는 경우는 드물다. 가족치료자는 당면한 문제를 완화시키기 위하여 가족구성원의 기능이나 상황에 어떤 변화를 가져와야 하는가에 대해 사회복지사가 갖는 가정에 의존하게 되는데 이것을 수단적 목표라고 한다. 조장적 목표는 가족치료가 진행되기 위하여 필수적인 조건을 이행하게 하는 것을 말한다.

가족체계를 기능적으로 변화시켜야 하는 것이 가족상담의 목표이지만, 가족상담 초기에는 가족들이 가지고 있는 가족의 관점을 따라가도록 한다. 시간이 차츰 지나가면서 가족과 사회복지사 사이에 신뢰감이 형성되면, 사회복지사는 사회복지사의 관점을 피력하기 시작한다. 즉, 문제를 바라보는 가족의 지각체계를 바꾸도록 한다. 이와 같은 문제에 관한 지각전환은 가족들에게 융통성을 가르쳐 주며, 상담이 진전됨에 따라 문제해결 능력을 높여준다. 가족들은 여러 단계에서 가족체계에 관한 개념을 많이 듣게 된다.

가족상담의 초기과정에서는 가족체계의 개념이 가족치료 상담과 개인상담의 차이를 이해하는 데 사용된다. 상담과정의 개입과정에서는 똑같은 개념이 증상이나 가족문제를 재명명화하기 위하여 사용된다. 종결과정에서는 가족체계개념은 가족 내에서 무엇이 변했는지를 명료화하는 데 도움이 된다.

4) 개입과정

개입과정은 변화를 위한 주된 작업이 행해지는 과정이다. 이 과정에서 확인된 클라이언트에게 몰려 있던 초기 관심이 전체 가족으로 옮겨진다. 가족치료과정이 개입과정으로 옮겨감에 따라 가족치료의 속도는 느려지나, 깊이는 더해진다.

가족치료가 개입과정으로 잘 진행되고 있다는 것을 알 수 있는 징후는 가족원이 양가감정을 표면화하는 것이다. 가족 상담에 대한 양가감정의 표현은 건강하다는 표시이기도 하다. 가족구성원이 가족치료자에게 직접 그 감정을 말할 수 있을 때 그리고 어떤 문제의 해결을 위해서 스스로 노력할 때 그러한 불평은 경험이 적은 사회복지사에게는 당황스럽고 좌절이 되지만 실제로 그 가족은 중요한 치료적 향상을 보이고 있다.

개입과정에서 발생하는 또 다른 변화는 구조와 발달상의 문제에 대한 부가작업이다. 이제 개입과정에 대한 이해를 돕기 위하여 초기과정을 지나면서 다져온 클라이언트와의 신뢰를 바탕으로 그들의 목표를 위한 주된 변화를 시도하고 완성시키는 데 있어서의 일반적 고려사항, 구체적 전략과 가족치료기법을 소개한다.

(1) 일반적 고려사항

가족치료는 전체 가족을 한꺼번에 봄으로써 가족치료를 시작하는 것이 바람직하다. 그럼에도 불구하고 모든 가족이 함께 만나는 것이 실제 상황에서는 불가능하나 오히려 바람직하지 못할 수도 있다. 가족은 한 집에 사는 모든 사람, 한 집에 살고 있지는 않지만 가까운 사람들 혹은 더 광범위하게 비록 직접 관련이 없지만 의미 있는 모든 사람(친구, 돌보는 사람 혹은 사회망)을 포함하여 넓게 정의될 수 있다.

가족치료의 형태를 살펴보면, 가족치료는 동시가족치료 이것은 한 명의 사회복지사가 가족을 만나는 것이며, 협동가족치료는 두 명의 사회복지사가 같이 가족을 보지는 않고 각자가 한 명 혹은 그 이상의 가족구성원을 만나면서 사회복지사끼리 서로 연락하면서 치료를 행하는 것이다. 그리고 동참적 가족치료는 최소한 두 세대 이상의 가족이 사회복지사와 함께 모이는 형태를 말한다. 또한 공동 가족치료는 그들 자신의 차이점을 개방하여 다루면서, 건강한 의사소통의 모델이 됨으로써 결혼관계와 유사한 두 사람 사이의 상호작용이 경험적 모델을 제시할 수 있다. 공동치료를 성공적으로 하기 위해서는 공동 가족치료자는 서로를 잘 알고 좋아해야 한다. 서로는 같이 일을 해야 하며 각자의 다른 스타일과 태도를 감사할 수 있어야 한다. 치료시간 동안 어떤 일이 생겼었나에 대해 논의하고 그 가족과 서로에 대한 상호존경을 갖고 상호 보완적인 역할을 할 수 있는 기회를 가질 시간이 필요하다.

(2) 구체적 전략

일반적으로 심리치료에서 사용되는 전략은 가족치료에서 적용된다. 단 학파에 따라 중점을 두는 것이 달라질 뿐이다. 요약하여 가족치료에 주된 치료전략을 살펴본다면, 첫째, 생각과 감정의 의사소통할 수 있도록 돕는데 사용되는 것, 둘째, 방해되고 융통성 없는 역할과 연합을 변화시키는 것, 셋째, 가족 역할, 가정, 교육, 탈선화를 돕기 위한 것을 들 수 있다.

(3) 가족치료의 기법

최규련(2011)은 가족상담자, 가족치료자는 공통적으로 다음 네 가지의 기본 전제를 갖고 있다고 하였다. 첫째, 가족은 자율적이고 목표지향적이며, 사회환경과 상호작용하는 개방된 체계이며 환경변화에 적응하고 상황을 개선하려는 욕구와 능력을 갖고 있으므로 가족을 변화의 주제로 인정한다. 둘째, 가족구성원 각자는 개성과 욕구와 기대, 가치관, 문제해결능력이 다르므로 가족원들의 차이와 인격은 존중되어야 한다. 셋째, 가족은 가족원 간에, 그리고 외부환경과 역동적이고 상호의존적 관계이므로 가족 내 상호작용을 개선하고 외부환경의 영향이 조정되면 가족문제가 해결되고 기능이 회복될 수 있다. 넷째, 가족상담모델에 따라 상담목표가 차이가 있지만 모든 가족 상담에서 가족의 행동변화와 기능향상에 초점을 둔다고 하였다(최규련, 2011 : 26-27).

① 문제의 재정의

문제를 보는 시각을 바꿈으로써 새로운 해결책을 찾아내고자 하는 것이다. 재정의, 재명명화(relabeling), 긍정적 의미부여 등의 이름으로 불린다. 가족구성원의 행동들에 대하여 새로운 의미를 부여하고 증상의 의미와 의도를 긍정적으로 재정의하여 가족의 생각을 바꾸는 것이다. 예를 들면 '잔소리가 많은 어머니'를 '관심이 많은 어머니'로, '엉뚱한 아들'을 '창의적인 아들'로 새롭게 정의내리는 것 등을 들 수 있다(이애재, 2013 : 254).

② 칭 찬

사람을 가장 기분 좋게 하는 것이 칭찬이다. 인간은 누구나 칭찬을 받고 싶어한다. 사회복지사는 가족에게 심리적으로 매우 중요한 사람이며 가족치료자인 사회복지사의 칭찬은 가족을 변화시키는 데 도움이 된다. 칭찬에는 다양한 형태가 있으나, 흔히 직접적인 칭찬과 간접적인 칭찬으로 나눈다. 직접적인 칭찬은 긍정적 평가나 반응을 하는 것이고, 간접적인 칭찬은 가족 상담 과정에서 사회복지사가 언급한 것 중 바람직한 결과라고 생각되는 것에 대하여 보다 많은 질문을 하는 것이다.

칭찬하는 데는 요령이 필요하다. 칭찬하는 요령은 다음과 같다.

- 즉시 칭찬하라 : 칭찬거리가 있을 때는 미루지 말고 바로 그때 하라는 것이다. 칭찬을 모아서 하는 것이 아니라 즉시 해야 효과적이다.
- 구체적으로 칭찬하라 : 두루뭉술하게 칭찬하지 말고 영업실적, 아이디어제공, 헌신적 지원 등 행위에 대해 구체적으로 칭찬하는 것이 좋다.

- 공개적으로 칭찬하라: 여러 사람이 있을 때는 아무 말이 없다가 나중에 혼자 있을 때 조용히 칭찬하면 칭찬 효과는 감소하게 된다. 가급적 많은 사람 앞에서 공개적으로 또, 공식적으로 칭찬하라.
- 보상과 함께 칭찬하라: 말로만 칭찬하는 것도 좋지만 작은 선물이나 인센티브를 제공하면 더 큰 효과를 볼 수 있다.

③ 경험적 기법을 사용한 면담

가족조각기법이나 사이코드라마와 같은 역할극은 상담의 초기단계에서는 가족구조를 이해하거나 증상을 재구조화하는 역할로, 상담 중반에는 변화된 행동을 경험해 보기 위하여 사용된다. 경험적 상담을 할 때의 원칙은 다음과 같다.

첫째, 역할극을 하는 상담 초기에 미리 가족에게 알린다.

둘째, 가족에게 역할극에 참여할 것인지 물어보는 것이 아니고, 가족이 자연스럽게 그러한 역할을 할 수 있도록 유도한다.

셋째, 역할극에서 하게 될 역할들을 자세하게 설명함으로써 가족 자신이 무엇을 해야 하는지 정확하게 파악하고 있어야 한다.

④ 직 면

직면은 가족을 변화시키는 가장 효과적인 공헌을 할 수 있기도 하며, 때로는 정반대로 상담을 파국으로 이끌 가능성도 있다. 그러므로 적절한 충격과 완충상태를 제공해 줄 수 있는 관계로 발전한 후에 직면하는 것이 바람직하다.

따라서 직면은 적절한 시기에 적절한 방법으로 사용하도록 한다. 일반적으로 직면하게 되는 문제가 덜 심각하면 직접적인 방법으로 사용하며, 심각할 경우에는 농담이나 은유와 같은 간접적인 방법을 사용하기도 한다.

⑤ 과 제

가족치료자인 사회복지사가 가족에게 과제를 내줄 때는 다음과 같은 사항을 고려하도록 한다. 첫째, 가족이 그 과제를 수행 할 수 있는지 여부를 파악하고, 둘째, 가족에게 그 과제가 왜 중요하며 그 과제를 수행함으로써 얻을 수 있는 것이 어떤 것인지 설명하고, 셋째, 과제를 수행하는 방법에 대하여 구체적으로 설명해 준다.

⑥ 질 문

가족치료자가 가족에게 질문하게 되므로 이로 인해 정보를 제공해 줄 뿐만 아니라 가족으로 하여금 새로운 측면에서 가족을 이해할 수 있게 해준다. 질문의 특성 몇 가지를 살펴보면 다음과 같다. 첫째, 개방형 질문이 폐쇄형 질문보다 더 많은 정보를 얻는다. 둘째, 가족을 적절히 차단할 수 있는 질문을 사용하여 가족의 통제를 조절한다. 셋째, 순화적 질문을 함으로써 가족관계를 파악한다.

5) 종결과정

(1) 종결시기의 판단기준

가족치료자인 사회복지사는 한 가족이 가족상담 치료를 종결해야 할 적절한 시기가 언제인가를 판단할 수 있어야 한다. 이러한 시기에 도달하면 가족은 다음과 같은 단서를 보여준다.

① 클라이언트가 가족치료를 통해 달성하고자 했던 목표가 이루어진 경우
② 가족구성원들이 가족상담을 통해 새롭게 습득된 대처방법 및 행동양식을 수용하고 유지할 수 있을 때
③ 가족구성원들 간의 의사소통이 분명하고 일관되게 이루어질 때
④ 가족의 구조와 규칙이 보다 융통성 있고 기능적이 되는 경우
⑤ 가족구성원 개개인이 보이던 증상들이 호전되고 가족구성원들 간의 긍정적인 상호작용이 이루어지는 경우
⑥ 가족구성원 각자의 역할과 기능에 대한 합의가 이루어지는 경우

(2) 종결 또는 타 가족치료자로서 의뢰 결정 기준

가족상담 가족치료는 사회복지사와 가족이 합의하에 순조롭게 종결되는 경우도 많지만 가족치료 상담 도중 사회복지사가 직장을 이전하기 때문에 클라이언트가 더 이상 감당할 수 없을 때, 이사를 하거나 사회복지사의 능력을 더 이상 신뢰할 수 없는 등의 이유로 가족 상담을 종결해야 하거나 타 사회복지사에게 의뢰를 결정해야 하는 경우가 있다. 고려해야 할 요인은 다음과 같다.

- 가족을 의뢰하는 경우, 가족치료 상담을 담당할 유능한 가족치료자가 있는지 파악한다.
- 가족이 자연적으로 종결할 수 있는 단계에 얼마나 가까이 접근해 있는지 고려하여 종결을 인식한 시점부터 남은 시간동안 그들이 원하는 목표를 달성하고자보다 열심히 할 수 있다.
- 가족이 보다 빨리 자기 힘으로 변화해 나갈 수 있는지 검토해 본다.
- 가족상담자는 종결 마지막 결정을 내리기 전에 가능할 때마다 자신의 감정을 검토하고, 클라이언트로 하여금 자신의 감정을 솔직히 직면할 수 있도록 도와서 클라이언트가 원하는 욕구가 무엇인지 참고한다.

(3) 종결을 위한 준비

① 종결에 대한 사회복지사 자신의 감정직면

가족치료자 사회복지사는 가족치료 상담이 끝나는 것에 대한 자신의 감정에 직면해야 한다. 대부분의 경우 매우 친밀하고 강렬하게 이루어지는 가족상담을 중단한다는 것은 누구에게나 힘든 경험이 된다. 가족치료자는 이러한 자신의 고통스러운 감정을 직면하지 않을 때 역기능적인 방법으로 대처하게 된다. 그러나 가족치료자인 사회복지사가 순조롭게 이루어져 자연스러운 종결의 단계에 이르게 된 경우, 사회복지사는 상실의 감정과 함께 성취감을 느끼게 된다.

② 클라이언트 가족의 종결준비에 대한 평가

가족치료자가 종결에 대한 자신의 감정을 직면하는 것이 그가 종결을 위해 할 수 있는 첫 번째 과제라면, 클라이언트가 종결시기의 판단기준에 얼마나 근접해 있는지를 평가하는 것이 두 번째 과제이다. 클라이언트가 종결한 시기에 가까이 와 있다고 생각되면 가족치료자는 종결의 가능성에 대한 토의를 시작할 수 있고 이미 클라이언트가 이야기를 시작한 경우에는 이를 격려하는 방향으로 나아갈 수 있다.

③ 종결에 대한 클라이언트 가족의 반응 예측

가족치료자인 사회복지사가 종결 또는 기족치료자 이전을 돕기 위해 해야 할 준비 중 하나가 종결 또는 기족치료자 이전에 대한 가족의 반응이 어떠할지를 예측하는 것이다. 가족도 가족치료자와 마찬가지로 슬픔, 상실감, 분노, 죄책감, 안도감을 느끼고, 대다수가 마지막에는 그들이 달성한 성과에 대한 성취감, 종결에 대한 수용 및 사회복지사에 대한 진심에서 우러난 감사의 마음을 경험하게 된다.

④ 종결 개입을 위한 계획

가족치료자인 사회복지사가 마지막으로 종결 또는 가족치료자 이전을 위해 준비해야 할 과정은 클라이언트가 이미 이야기를 꺼내지 않았다면 종결에 대해 언제 이야기를 시작할 것인지와 종결을 위해 구체적인 개입은 어떻게 시작해야 할지를 계획한다. 가족이 자연적으로 종결에 이르는 때나 가족치료자의 직업변경과 같은 외부적인 요인 때문에 중단해야 할 때와 같이 어느 정도 시간 조절이 가능한 경우에는 잠정적으로 생각하고 있는 마지막 상담 치료 일자를 적어도 6주 전에 클라이언트와 종결에 대한 이야기를 할 계획을 하여야 한다. 가족치료자가 종결에 대해 이야기할 때, 종결에 대한 이야기는 가족치료 상담초기에 시작하여야 한다. 가족치료자는 클라이언트가 나타낼지도 모르는 분노 또는 자신의 죄책감 때문에 종결에 대한 이야기를 가족상담 마지막에 꺼낼 수도 있다. 이러한 경우에는 클라이언트가 자신의 감정에 대하여 철두철미하게 방어할 수 있다. 종결을 하기 위하여 사회복지사는 종결에 대한 이야기를 하기 바로 전 상담시간에 가족구성원이 다음 상담시간에 모두 참여할 수 있기를 원한다고 말하고 모두 참여할 수 있는지의 여부를 타진하는 것이 좋다. 그 후 사회복지사는 클라이언트 가족으로부터 예상되는 반응에 대하여 어떻게 대처할 것인지를 사전에 계획해 본다.

(4) 종결 개입 과정

클라이언트 가족이 종결에 대한 감정 처리를 성공적으로 완수할 수 있도록 하기 위하여 가족치료자인 사회복지사는 가족원들이 느끼는 감정은 적절한 것임을 표현하여, 클라이언트의 감정을 수용하도록 한다. 사회복지사는 가족원들이 치료 초기에 이룬 변화에 대한 것은 물론 가족상담 마지막 몇 주 동안에 그들에 실행한 작업에 대해 재검토한다. 이러한 가족상담 치료 전반에 대한 평가는 가족치료자와 클라이언트 가족 양방에게 성취감을 부여할 뿐 아니라 가족이 앞으로 나가야 할 방향을 제시한다.

(5) 가족이 때 아닌 종결을 하고자 하는 경우의 대처법

클라이언트 가족의 변화를 주의 깊게 추적해 온 가족치료를 담당한 사회복지사는 클라이언트 가족이 종결하고자 할 때를 어림짐작할 수 있다. 가족상담의 개입과정에서 가족이 때 아닌 종결을 원하는 경우, 가장 흔한 이유는 가족치료 상담을 통한 가족의 변화가 전혀 또는 거의 없으면서 동시에 가족구성원 중 일부 또는 전부가 면담시간에 거북함을 느끼는 경우이다. 치료의 후반에 가족이 종결을 원하는 이유는 가족치료 상담에서 한동안 더 이상의 진전이 없을 때, 변화가 일어나고 있으나 그 변화를 두려워하거나 싫어하는 가족구성원이 있을 때, 또는 클라이언트가 사회복지사의 특정 행동에 갑자기 화가 나거나 불쾌감을 느꼈을 때를 들 수 있다.

이에 대해 가족치료자인 사회복지사는 가족에게 한 번 더 가족상담 치료 면담에 오도록 요청하면서, 한편으로는 가족이 언제, 그리고 어떻게 종결하고자 하는 결정에 도달했는지 물어 본다. 사회복지사의 성의 있는 권유에도 불구하고, 가족상담을 종결하겠다는 의지가 강한 경우, 사회복지사는 가족치료를 이룬 성과를 가족의 공으로 돌리면서 그 중 가능한 한 많은 것을 계속 유지해 나갈 수 있도록 도와야 한다.

토론해 봅시다

01. 본인의 가계도를 완성한 후 다음과 같은 질문에 대한 답을 통해 어린시절과 가족경험을 숙고해 보시오.

(1) 가족구성원들 각자의 가족 내에서의 역할은 무엇이었는가?(예를 들면, 영웅, 희생양, 중재자, 구원자, 부모역할을 하는 아이 등) 그리고 가족 내에서 자신은 현재 어떤 역할을 하고 있는가?

(2) 가족구성원 각자의 애정표현 방식은 어떠한가? 그리고 현재 자신은 애정을 어떻게 표현하는가?

(3) 가족구성원들 각자는 가족 내에서 도움과 지지를 어떻게 구했는가? 누구로부터 도움과 지지를 구했는가? 현재 사회복지사 자신은 도움과 지지가 필요할 때 그것을 어떻게 구하는가? 또 누구로부터 구하는가?

(4) 가족구성원들 각자의 분노 표현방식은? 분노 외에 슬픔, 두려움, 기쁨과 같은 감정은 어떻게 표현했는가? 현재 자신은 이러한 감정을 어떻게 표현하는가?

02. 우리나라 가족문제의 특징은 어떠한 것이 있는가?

03. 가족해체와 가족문제에 대해 생각해보시오. 앞으로 어떠한 새로운 가족문제가 발생하겠는가?

CHAPTER 12

집단대상 사회복지실천기술

1. 집단사회사업의 이해

2. 집단단계에 따른 사회복지실천기술

제12장

집단대상 사회복지실천기술

1. 집단사회사업의 이해

1) 집단사회사업의 개념

사람은 사회적인 동물이기 때문에 가족, 친구 등 다양한 유형의 집단과 서로 상호작용을 하면서 살아간다. 일반적으로 집단이라고 하면 두세 사람 이상 일정한 구성원을 말할 수 있는데 집단구성원들의 소속감 및 공통의 목적과 관심사를 가지고 결속되고 상호의존적, 상호작용하는 범주에 속한 집단을 말한다.

집단사회사업(social group work)에 대한 학자들의 정의를 살펴보면, 코노프카(Konopka, 1983)는 "집단경험을 의도적인 경험으로 보고 이를 통해 개인이 사회경험을 할 수 있는 능력을 높여주고 개인 · 집단 · 지역사회의 여러 문제에 보다 효과적으로 대처할 수 있는 사회자원을 동원하여 원조하는 사회복지의 한 방법"이라고 하였다.

프레스톤 슈트(Preston-shoot, 1987)는 집단사회사업을 정의하기를 "개별사회사업의 대안이 아닌 독특한 사회사업의 한 방법이며, 집단을 통해 각 집단구성원들은 수 많은 인간관계를 경험하고 서로 함께 집단역동을 일으켜 집단성과에 기여하고, 집단 안에서 목표를 달성하게 된다"고 정의하였다(이애재, 2013 : 195)

남세진과 조흥식(1997)은 집단사회사업은 "사회복지실천의 한 방법으로서 전문가에 의한 의도적 집단 경험을 통하여 개인의 사회적 기능 수행을 향상시키며, 또한 개인, 집단, 지역사회의 당면한 문제들에 대해 보다 효과적으로 대처해나갈 수 있도록 도움을 주는 것이다"라고 하였다(남세진 · 조흥식, 2001 ; 이미선 외, 2011 : 148 재인용).

이상의 내용을 종합해 보면, 집단사회사업(social group work)은 의도적인 집단의 경험을 통하여 클라이언트의 개인과 집단의 욕구를 충족시키고 사회 심리적 기능을 향상시키며 개인이나 집단의 당면한 문제를 해결할 수 있도록 돕는 현장에서의 사회복지실천방법 중의 하나로 볼 수 있으며, 집단은 적어도 두 사람 이상이 공통된 목표나 비슷한 인지적 · 정서적 · 사회적 흥미나 관심을 갖고 반복적으로 모여 서로에게 영향을 주고 함께 기능할 수 있는 규범을 만들고 집단적 활동을 하기 위한 목표와 응집력을 발달시키는 모임이라 볼 수 있다.

2) 집단사회사업의 목적

어느 집단이나 이론적으로 목적이 있다. 이러한 목적은 집단의 궁극적인 목표이자 존재이유이다. 클레인(Klein, 1972)은 사회복지실천현장에서 집단은 사회사업의 일부분이 되며 집단구성원의 대인관계에 있어서 그리고 그들의 환경과의 참 만남에 있어서 개인을 돕는 사회복지사의 역사적 임무에 적합한 특별한 목표가 있다고 하였다. 다음 여덟 가지 목표를 제시하였다(남연희 외, 2012 : 206-208).

(1) 재 활

재활의 과정은 회복을 의미하는데 사람이나 일이 이전의 능력 또는 수준으로 회복하는 것을 의미한다. 사람의 재활은 감정적 또는 정신적인 어려움이나 행동에 관한 것이라 할 수 있으며, 재활은 또한 어떤 가치나 태도를 변화시키는 수단에 관한 것이라 할 수 있다.

(2) 교육훈련

집단사회사업은 교육훈련과정으로 본다. 치료보다는 오히려 성장과 발달을 의미한다. 교육훈련이라는 용어는 어려움을 가진 어떤 개인들이 어렸을 때 행동하는 법을 배운 적이 결코 없었기 때문이라고 본다. 그래서 재활이라는 용어가 의미하는 것으로는 회복될 수 없다고 보고 교육훈련이 성장과 발달을 가져온다고 본다.

(3) 교 정

교정과정이란 사회생활 중 사회관습이나 법을 어겨 어려움을 가지고 있는 사람들과 범법자나 폭력자들을 도와주고 교정지도를 해준 것을 말한다.

(4) 사회화

집단사회사업은 사회화의 과정이라 할 수 있다. 사람들이 사회적으로 기대되어지는 것을 행하는 방법, 그리고 다른 사람들과 더불어 같이 살아가는 방법을 돕는 것을 의미한다.

(5) 예 방

집단사회사업은 예방의 과정이 될 수 있다. 어려움이 일어나기 전에 그 어려운 문제를 미리 처리하고 사람들이 필요로 하는 환경적 영양물을 제공하는 것을 의미한다.

(6) 사회행동

사회행동을 격려하는 과정이 집단사회사업의 목적이 된다. 사람들이 대처하고 적응하는 것 이외에 그들의 환경을 변화시키는 것을 배우도록 돕는 것을 포함하며, 집단에서 적극적인 관계를 통해 개인은 이끌고, 따르고, 결정을 내리는 데 참여하고, 그들 자신에 대해 책임을 지고 더 큰 지역사회에 대해 책임을 지는 것을 배우게 된다.

(7) 문제해결하기

사회복지실천을 통하여 집단사회사업 서비스를 받게 되므로 클라이언트의 문제해결의 과정으로 사람들이 과업을 달성하고 결정하고 사회문제를 해결하도록 집단을 이용하는 데 도움을 주는 것을 의미한다.

(8) 사회적 가치

집단사회사업은 사회적 가치의 발달을 조장하는 과정이다. 개인이 생활과 관련된 실천 가능한 사회적 가치를 발달시키는 것을 돕는 것과 관계가 있다. 집단은 동시에 이들 목적 모두 혹은 이들 중 어느 하나를 위해 이용될 수 있다.

3) 집단의 장점

집단사회사업은 이를 실천함으로 인하여 이점들이 있는데 집단을 통한 개인의 변화는 시간과 비용의 절약이라는 이점만 있는 것이 아니다. 많은 심리적 어려움은 기본적으로 대인관계에서 나오고 결과적으로 이러한 어려움은 다름 사람들과의 협력 속에서 다루어져야 한다는 신념 속에서 집단 당위성을 갖는다. 그러면 집단실천을 통하여 얻는 이점, 장점, 치료적 요인을 얄롬(Yalom, 1995)은 다음 11가지를 제시한다(김동배 · 이윤로, 2004 : 14-15).

(1) 희망의 고취

집단에 참여하면서 경험하는 어려움들을 함께 해결하면서 문제해결에 대한 그들이 변할 수 있고 문제를 해결할 수 있다는 희망을 심어주고 이는 커다한 치료적 가치를 갖게 된다. 이러한 희망 자체로 개인의 문제를 해결하는 데 치료적인 힘이 있게 된다.

(2) 보편성

클라이언트는 자신의 문제가 혼자만이 아님을 다른 집단구성원을 통해 알게 되고 안도를 경험한다. 클라이언트는 종종 자신의 불행한 측면은 남들과 달리 매우 독특하다고 믿으며 치료에 임한다. 즉, 그 어느 누구도 자신처럼 고통스럽고 두려운 감정을 갖고 있지 않을 것이라 생각한다. 집단사회사업을 통하여 자신의 문제가 꽤 보편적으로 일어나고 있다는 것을 발견하고 위로를 얻게 된다.

(3) 정보 공유

집단경험을 통하여 자신의 문제해결에 도움이 될 수 있는 다양한 정보를 얻게 된다. 사회복지사의 교육내용이나 집단구성원들의 제안, 지도, 충고 등을 들으면서 자기문제에 대해 명확하게 이해하게 된다. 또한 집단구성원들끼리의 정보교환 등도 치료와 연결된다.

(4) 사회적 지지(이타심)

자신에 대한 무가치감과 낮은 자존감이 형성되어 있는 성원들은 집단경험을 통해 자신이 타인을 도와줌으로써 타인이 변화되는 것을 경험하면서 낮은 자존감과 무가치감에서 회복된다. 집단 활동 속에서 성원들이 서로 도움을 주고받는 과정에서 자신도 누군가를 도울 수 있음을 알면서 느끼는 감정 교정의 경험이 바로 치료적인 효과를 가져오며 이는 클라이언트 개인의 자존감을 높여준다.

(5) 가족집단으로의 재현

집단은 마치 가족의 성격을 재현할 수 있다. 집단은 가족과 같은 성격을 띨 수 있는데, 사회복지사는 부모의 역할을, 다른 성원들은 형제자매의 역할을 할 수 있다. 집단의 경험을 통하여 가족에서의 경험과 유사한 환경을 제공받아 성원의 부정적 경험을 긍정적 경험으로 대치하도록 돕는다. 간접적 가족관계 형성을 통하여 성원들은 원가족에게 영향을 받은 상처나 문제행동을 교정할 수 있는 기회를 제공받는다.

(6) 사회기술의 개발

집단구성원들로부터 받는 피드백이나 특정 사회기술에 대한 학습을 통해 대인관계에 필요한 사회화 기술을 개발하며 대인 관계적 행동에 있어서 자신의 단점을 수정할 수 있다. 집단의 상호작용을 통해 클라이언트는 자신의 대인관계를 통찰하게 되며 새로운 대인관계 방식을 집단 내에서 직접 적용해 보거나 시험해 보는 경험을 할 수 있다. 대인관계적 행동에 있어서의 단점 가령, 비웃는듯한 목소리, 경멸적 행동 등에서 수정이 될 수 있다.

(7) 모방행동

집단의 지도의 사회복지사와 집단구성원들은 새로운 행동을 배우는 데 있어서 유용한 모델이 될 수 있다. 집단구성원들은 새로운 변화된 행동을 배우는 데 집단 내에서 다른 성원의 행동을 모방함으로써 치료의 효과를 높일 수 있다.

(8) 대인관계 학습

집단구성원과의 상호관계를 통해서 자신에 대한 통찰력을 높이고 다른 사람의 독특성을 인정하는 새로운 관계기술을 배운다.

(9) 집단응집력

집단에 대한 소속감은 집단구성원들에게 긍정적인 변화를 일으키게 하며, 치료집단에서 치료경험에 도움을 주는 매우 중요한 요소이다. 집단 내에서 발달하는 소속감이나 친밀감은 클라이언트에게 위로와 용기를 가져다주며, 집단구성원들은 점차 집단응집력이 향상되면서 집단에 대한 매력이 상승되고 그 결과 사회에 대한 소속감, 친밀감, 존중감을 형성하게 된다.

(10) 카타르시스(Catharsis)

집단 내의 보호적인 분위기 속에서, 집단구성들은 자신의 행동에 장애를 초래했던 억눌려 있던 감정을 자유롭게 표현함으로써 카타르시스를 경험하게 된다.

(11) 실존적 인식

클라이언트는 집단구성원들과의 경험 공유를 통해 다른 사람들의 지지가 매우 도움이 되지만 결국 자신들의 인생에 대한 궁극적인 책임은 자기 자신에게 있다는 것을 인식하게 된다. 클라이언트들은 자신들의 경험을 공유함으로써 인생은 종종 공정치 못하다는 것과 비록 다른 사람들의 지지가 매우 도움이 된다고 하더라도 자기들의 인생에 대한 궁극적인 책임은 스스로에게 있다는 것과 자기 스스로 결정을 내려야 한다는 것을 모르게 될 때, 집단경험을 통하여 자신을 인지하게 된다.

4) 집단의 종류

사회복지실천의 현장에서 집단사회사업을 이해하기 위해서는 다양한 집단의 종류 알아야 한다. 토스랜드와 리바스(Toseland & Rivas, 1995)가 분류한 치료집단 중심으로 살펴보기로 한다(이영호, 2009 : 194-197).

(1) 지지집단

지지집단(support group)은 동질적인 문제를 가진 집단구성원을 대상으로 상호지지체계로 형성된 집단을 말한다. 성공적인 치료집단은 지지집단으로서의 특성을 갖는다. 집단구성원들이 스트레스를 주는 생활상의 사건을 잘 대처하고 효과적으로 적응하는 데 목적을 두고 있다. 지지집단의 집단구성원은 대개 유사한 문제를 갖고 있어서 유대가 빨리 형성되며, 자기표출의 정도가 매우 높으며, 경우에 따라서 사회복지사는 지지집단을 직접 지도하지 않으면서 비전문가가 이끄는 자조집단에 자문을 주는 형태로 원조를 제공한다. 지지집단의 예로는 이혼한 부부의 자녀집단, 아동양육의 어려움을 함께 나누는 한부모 집단 등을 들 수 있다.

(2) 교육집단

교육집단(educational group)은 주목적이 집단구성원들이 지식, 정보 또는 기술의 향상에 있다. 성원들이 그들 자신과 사회에 대해 배우는 것이 주요 목적인 집단들이다. 예를 들면 성교육을 받는 청소년집단, 예비부모교육을 받는 미혼 성인집단, 위탁 가정의 부모가 되려는 집단, 특정 약물이나 질환에 대해 정보를 획득하는 집단, 가정폭력 가해자 집단 등이 있다.

(3) 성장집단

성장집단(growth group)은 집단구성원의 잠재력을 발굴하여 성장의 목표를 하는 집단을 말한다. 성장집단은 사회심리학적 병리를 치료하기보다는 사회심리적 건강을 향상시키는 데 초점을 두며, 자신의 성장기회로 집단을 활용하려는 사람들의 의해 구성된다. 성장집단의 예는 다음과 같다. 부부를 위한 참 만남 집단, 청소년을 위한 가치명료화 집단, 은퇴 후 노후를 위한 은퇴 노인집단 등이 있다.

(4) 치료집단

치료집단(therapy group)은 집단구성원들의 문제개선과 행동변화, 그리고 회복을 목표로 하는 집단을 말한다. 치료집단의 목적은 상실된 기능의 회복이다. 대개 집단구성원은 전문가에 의해 치료집단이 적합한지 사정된 후 공통의 문제를 겪고 있는 집단구성원들로 구성된다. 치료집단의 예로는 대인공포증으로 치료를 받는 집단, 약물중독으로 치료를 받는 집단, 건강협회에서 지원하는 금연을 원하는 집단 등이 있다.

(5) 사회화집단

사회화집단(socialization group)은 사회적 관계에 어려움을 가지고 있는 집단구성원들로 구성되어 사회생활을 효과적으로 가능하기 위해 필요한 사회기술을 학습시키며 사회적으로 받아들여지는 행동을 배우는 데 목적을 둔다. 사회복지사는 집단구성원들을 사회화 과제를 달성하는 매개체로서 적극적으로 가르치고 시범을 보이며 참여를 유도하여 사회적 역할을 학습하도록 도와주며 원조하여야 한다.

사회화집단의 예는 과거에 정신장애로 고통 받았던 자조모임, 공공시설에 근무한 사교클럽, 소풍, 춤과 같은 여가활동을 포함하는 한부모집단, 학교에서 공격적인 아동들의 집단 등이 있다.

5) 집단사회사업의 모델

집단사회사업 실천에서 접근하는 방법으로 의 세 가지 모델을 분류하여 파펠과 로스만(Papell & Rothman, 1966)이 제시하고 있다.

(1) 사회적 목표모델

사회적 목표모델(social goals model)은 '집단 활동을 통해 더욱 광대한 지식 기반을 창출할 수 있고 능력있는 시민을 배출 시킬 수 있다'는 개념에서 도래하였다. 사람들은 어떤 사회적 이득을 획득하기를 희망하기 때문에 집단에 참여하게 된다. 이 모델은 집단사회사업이 시작한 초기의 형태이며, 이웃이나 지역주민을 대상으로 개인의 성숙과 민주시민의 역량개발에 초점을 두었다. 여기에서 사회목적의 핵심 기능은 "사적인 문제를 공적 문제"로 해석하는 것이다(Schwartz, 1969 : 22)라고 하였다. 그리고 이 목적을 달성하기 위해 사회목적집단의 구성원들의 첫 과업 중 하나는 '사회의 식'과 '사회책임'을 발전시키는 것이다(Papell & Rothman, 1966 ; 이애재, 2013 : 204 재인용)라고 한다. 사회적 목표모델은 지역사회 내의 문제, 즉 범죄, 빈곤, 쓰레기 같은 문제를 해결하기 위해 활용되며, 지역복지관, 시민조직, 복지위원회 등에서 자주 활용된다.

(2) 상호작용모델

상호작용모델(reciprocal model)은 사회적 목표모델과 치료모델이 조합된 형태로 문제해결 위한 상호원조체계의 개발에 초점을 두었으며, 개인과 집단 사이의 상호작용적 관계형성을 가정하고 있기 때문에 상호작용모델이라고 불린다.

상호작용모델은 개인과 사회 사이의 유기적 · 체계적 관계를 가정하고 있고 개인과 더 광범위한 체계 사이의 상호의존에 초점을 둔다. 상호작용모델은 집단구성원과 사회 간에 공생적인 관계를 통해 집단구성원들의 요구와 문제를 해결하는 것에 초점을 둔다. 즉, 집단을 통해 개인기능과 사회기능을 향상시키는 대표적인 집단이 가정폭력 피해자 집단, 에이즈환자 집단 등이다. 이 집단 속에서 성원들은 서로를 지지하고 재보증을 통해 자신들의 인생을 통제하도록 도움을 받는다. 중간모델 또는 인본주의모델로도 불리는 상호작용모델은 개별 성운과 집단 간의 상호관계에 초점을 둔다. 이 모델에서는 집단활동 시작 이전에 특정한 목표를 설정하지 않으며, 집단사회사업 과정을 통한 상호작용 중에 목표가 설정된다.

- 집단구성원이나 집단의 문제를 해결하기 위해 집단구성원 간에 상호원조체계를 구축하는 것에 초점을 둔다.
- 집단은 사회복지사와 집단구성원을 포함한 하나의 사회적 체계 및 유기체이다.
- 집단의 목표는 사회복지사와 집단구성원간의 상호관계 속에서 이루어지는 상호작용을 통해 설정된다.

(3) 치료모델

치료모델(remedial model) 개인이 치료를 위한 도구를 집단에 활용하는 모델이다. 집단은 개인의 목적을 달성하는 하나의 방법이나 관계상황으로 집단과정을 통한 변화는 그 자체가 목적이 아니라 개인의 치료와 재활을 위한 수단이 된다(예 : 알코올중독자들의 회복집단, 정신치료집단). 집단사회복지사의 역할은 전문가와 집단구성원 간에 개별적으로 계약된 치료목표에 기초하여 지시적이고, 계획적이며 목표지향적이어야 한다. 치료모델의 초점은 집단을 활용하여 개인을 치료하는 것으로 집단은 개인의 목적을 달성하기 위한 도구 또는 상황이며, 집단구조와 집단과정에서의 변화는 그 자체가 목적이라기보다는 목적달성을 위한 수단이다. 이 모델은 신체적으로나 정신적으로 장애를 가진 사람, 법률상의 범죄자, 격리되거나 소외된 사람을 위하여 교정시설, 병원, 가족서비스기관 등에서 활용된다.

- 집단은 개인의 치료를 위한 수단임과 동시에 상황
- 성원들과 개별적 치료계약, 어려움과 문제를 해결
- 사회복지사는 집단형성과 운영에 강력한 힘과 영향력 행사
- 우울증 치료, 성폭력피해자를 위한 집단 등

표 12-1 **집단사회사업 실천대상의 모델 비교**

특징	사회적 목표모델	치료모델	상호작용모델
주 과제	필요한 자원 제공과 사회적 붕괴의 예방(비공식적 정치 및 사회행동)	사회적 사고 및 위험으로부터의 회복과 재활(집단 매개체를 통한 치료)	앞의 두 모델의 조합(문제해결을 위한 상호원조체계의 개발)
장기적 목적	보다 나은 민주사회 건설	개개인의 사회적응 향상	개인과 사회의 조화
구체적 목표	1. 소속감의 증대, 민주적 참여에 대한 훈련 2. 처음에는 전문가에 의해 집단목표가 결정되나 점차 그 책임은 집단에게 이양	1. 집단상호작용을 활용하여 역기능 행동을 하는 성원의 치료와 재활 2. 세부적인 집단목표를 전문가가 사전에 결정	1. 적정수준의 적응과 사회회를 성취하기 위해 성원 간의 상호 원조체계 형성, 대인관계 향상 2. 집단목표의 결정을 전문가와 회원이 공유
개입장소 및 기관	회원이 있는 가정, 인근 지역, 지역사회복지관	임상기관, 사회복지기관 및 시설	임상기관, 사회복지관(집단목표에 따라 다양함)
초 점	개인의 성숙과 민주시민의 역량 개발	개인적인 역기능 변화	성원 간의 자조, 상호원조체계 개발
집단 지도자 역할	'영향력을 끼치는 자'(influenced person)의 역할: 바람직한 역할모델을 제시	전문적인 '변화 매개인'(change agent)의 역할	'중재자'(mediator)의 역할
대 상	시민, 이웃, 지역주민	역기능 또는 문제의 해결을 위해 도움을 필요로 하는 자	공동관심사의 성취를 위해 협력하는 구성원
집단활동	토론, 참여, 합의, 집단과제의 개발 및 실행, 지역사회조직화, 성원의 사회행동 기술 습득	성원의 행동변화를 일으키기 위해 구조화된 개입을 하거나 직접적·간접적 영향력을 발휘	관심사를 토론, 상호 원조 형성, 상호이익이 되는 결속 또는 사회체계의 형성

특징	사회적 목표모델	치료모델	상호작용모델
집단크기	3~25명 정도	7~10명 정도	상황에 따라 유동적
신입회원의 가입	개방형이며, 누구나 친구가 될 수 있다.	전문가의 통제 필요함	전문가와 회원의 동의에 의한 자유로운 가입
회합기간	지도력 유형에 따라 유동적	정기적이며, 시간사용 계획을 사전에 설정	유동적, 지도자와 성원이 합의
대표학자	Ryland, Wilson, Coyle, Klein	Vinter, Sarri, Glasser, Redl	Schwartz, Bion, Lewin, Tropp

출처 : 남세진 · 조흥식(1947 : 44-45) ; 이신영 외(2012 : 225-226) 재인용.

2. 집단단계에 따른 사회복지실천기술

집단단계의 구분은 학자에 따라 다양하나 여기서는 집단단계를 준비단계, 초기단계, 개입단계, 종결단계로 구분하고 각 단계에 나타나는 집단구성원과 집단의 공통적인 특징 및 집단구성원의 성공의 증진, 방해하는 요인들을 탐색하고 이에 대한 사회복지사의 역할을 소개한다(이영호, 2009 : 209-241).

1) 집단 준비단계

집단구성원들이 준비단계에서는 낯선 사람과 새로운 환경에 대한 불안, 불신감, 두려움, 저항감을 갖게 된다. 이 단계에서 집단 사회복지사의 역할은 구성원들과의 상호관계를 맺게 하며, 구성원들이 서로 공통적인 관심사를 연계할 수 있도록 도우며, 집단결속력이 발달할 수 있도록 격려하며, 준비단계에서 집단구성원들은 불안과 더불어 저항을 나타낼 수도 있으므로 특히 비자발적인 집단구성원일 경우 저항의 강도가 더욱 심할 수도 있다. 그리고 집단모임에 경험이 전혀 없는 사람에게는 많은 집단규범, 기대와 활동들이 새롭게 낯설게 보일 수 있다. 처음에는 집단구성원들의 쑥스러움, 불확실한 불안, 기대감들을 경험하게 된다. 그러므로 준비단계에서 집단 사회복지사의 책임은 각 개인의 적극적 참여자로서 집단과 정서적으로 결합하고, 유지해 갈 수 있도록 해야 한다(임안나 외, 2011 : 219).

준비단계에서는 집단구성원들에 대한 초기 집단의 특성에 관한 다음과 같은 초기 만남 기술이 요구되고 있다(이애재, 2013 : 211).

- 분위기 파악 : 참여자는 서로를 알 수 있도록 분위기를 파악한다.
- 집단구성원들은 집단에서 기대하는 것이 무엇이며, 집단이 어떻게 제 기능을 수행하며 집단에 어떻게 참여하는가에 대해서 알 수 있도록 한다.
- 위험의 감수는 상대적으로 낮고 탐색은 잠정적이다.
- 집단응집력과 신뢰감은 서서히 형성이 되도록 자신들이 생각하고 느끼는 것이 무엇이든 간에 구성원들이 그러한 사항들을 표현하도록 한다.
- 준비단계 동안 집단구성원들이 참여하는 것으로 주저하지 않도록 관심을 갖는다. 집단구성원들은 자신이 포함될 것인가 배제될 것인가에 대해 염려를 하고 있으며, 자신의 위치 규정에 관한 착수에도 관심을 쏟는다.

일부 경우 집단구성원에는 집단리더를 매우 의심하고 집단리더에게 조정되는 것을 두려워할 수도 있으나 준비단계에 이런 두려움을 확인하고 논의하는 것은 전체 집단에 이익을 줄 것이다.

- 만일 모든 감정들이 수용될 수 있다면 구성원 테스트 결정에 부정적인 감정들이 겉으로 표출될 수도 있다.
- 중심적인 문제는 신뢰 대 불신이다.
- 침묵과 서먹함의 시기가 존재할 수 있으므로 집단구성원들은 집단이 무엇을 추구하는가에 관한 방향성과 궁금증을 제시할지도 모른다.
- 집단구성원들은 그들이 누구를 믿어야 하는가, 자신들이 얼마나 자기 노출을

해야하는가, 집단이 얼마나 안정감이 있는가, 누구를 좋아하고 누구를 좋아하지 않아야 하는가, 얼마나 개입을 깊이 해야 하는가 등의 사항에 대해 결정한다.
- 집단구성원들은 존경, 공감, 수용, 보호하기, 반응(신뢰감을 형성하는 모든 태도)의 기본적 태도를 학습한다.

준비단계에서 집단 사회복지사의 책임은 집단구성원들이 적극적 참여자로서 집단과 정서적으로 결합하고, 유지해 갈 위치를 발견하도록 도와주는 것이다. 집단구성원들 간의 공통점을 찾아 연결시켜주는 일, 불안감을 감소시키는 일은 집단 사회복지사에게 특히 중요한 역할이다.

2) 집단 초기단계

(1) 오리엔테이션

일반적으로 초기 첫 번째 모임에서 집단에 대한 오리엔테이션을 하게 된다. 집단구성원들이 처음 집단에 모이게 되면 낯설고 어색한 분위기를 경험하는 것은 지극히 당연하기 때문에 사회복지사는 집단구성원들을 상대로 오리엔테이션을 실시하며 앞으로 진행될 집단에 대한 정보를 제공해 주어야 한다. 오리엔테이션에 포함할 내용은 진행자인 사회복지사에 대한 소개하며, 집단구성원들의 소개가 필요하다. 그리고 집단의 목적에 대한 소개를 한다. 집단구성원들이 동일한 문제 혹은 관심사를 가지고 있다 할지라도 사회복지사는 집단의 목적에 대해 명확하고 간결하게 설명을 해야 하며, 집단구성원 역할을 소개하며, 집단의 규칙을 알려 주어야 한다.

(2) 신뢰감 조성

집단 초기단계에서는 신뢰감 조성이 핵심적인 사회복지사의 역할이 된다. 초기단계에서 집단구성원들은 집단이라는 환경에 익숙하지 않으므로 사회복지사의 태도와 행동을 모방하기 때문에 사회복지사의 태도가 매우 중요하다. 즉, 사회복지사가 집단구성원들에게 보이는 태도를 통해 집단구성원들을 가르칠 수 있다는 것이다. 만약 사회복지사가 집단구성원이 하는 말을 비심판적으로 경청하고 집단구성원 개인의 경험을 존중하는 자세를 보인다면, 집단구성원들은 적극적 경청의 가치를 인정하게 될 것이다. 만약 사회복지사가 집단구성원의 문제나 배경과 관계없이 그들을 있는 그대로 수용하고 사회복지사 개인의 가치관을 집단구성원들에게 적용하지 않는 자세를 보이면, 마찬가지로 집단의 구성원들은 자신의 가치관과는 다른 집단구성원들의 가치관을 수용할게 될 것이다. 결국에는 집단 사회복지사가 집단 내에서 보이는 태도나 행동은 집단구성원들이 서로를 신뢰하며 건설적이고 생산적인 방법으로 상호작용하는 방식을 가르칠 수 있는 가장 강력한 힘이 될 수 있음을 알 수 있다. 그러므로 신뢰감 조성은 사회복지사의 기본적인 태도와 기술로서 매우 필요한 것이다(이영호, 2009 : 219).

(3) 집단구성원의 불안 및 저항을 다루는 기술

초기단계에서 집단구성원들이 불안해하고 저항하는 것은 극히 자연스러운 현상이다. 집단을 운영하는 사회복지사는 집단구성원들의 불안과 저항을 다룰 수 있는 기술이 있어야 한다. 다음은 이러한 기술을 정리한 것이다.

〈집단구성원의 불안과 저항을 다룰 수 있는 실천기술〉

- 설명해주기 : 집단구성원들의 불안은 특히 초기단계에 자연스럽게 나타나는 현상임을 인식하여 이를 집단구성원에게 충분히 설명하여 준다.
- 갈등 해결하기 : 집단구성원들 간의 갈등 또는 집단구성원과 사회복지사 간의 갈등이 잘 다루어지지 않는다면 상호 간의 신뢰감이 저하된다. 그러므로 앞으

로 전개될 집단과정에 부정적인 영향을 주기 때문에 갈등은 반드시 인식되어야 하고 건설적인 방식으로 다루어져야 한다. 집단 내의 존재하는 갈등이 성공적으로 해결되면 비록 집단 내의 신뢰감이 형성되기 전인 초기단계 일지라도 신뢰감과 집단구성원과 사회복지사 간의 신뢰감 형성에 긍정적인 영향을 준다.

- 집단 사회복지사의 태도 및 자세 : 집단구성원이 보이는 저항은 사회복지사의 태도와도 관계가 있다. 예를 들어, 사회복지사가 집단을 위한 준비를 소홀히 하였다거나 혹은 클라이언트를 대하는 사회복지사의 태도가 공격적이고 심판적이라면 대부분의 클라이언트는 사회복지사를 신뢰하지 못할 뿐만 아니라 저항할 수도 있다. 따라서 사회복지사가 실천개입을 철저하게 준비하고 집단 내에서의 자신의 행동에 관해 주의하는 것이 집단구성원의 저항을 줄이는 좋은 방법이 된다.

(4) 목표설정

사회복지실천에서 사회복지사는 집단목표와 더불어 집단구성원 각자 개별목표를 설정하도록 원조하는 것이 필요하다. 사회복지사와 클라이언트가 목표를 설정할 때 참고할 만한 효과적인 목표설정 기준은 다음과 같다(엄명용 외, 2005 : 284 재인용).

〈효과적인 목표설정 기준〉

- 목표는 과정보다는 성취로 기술되어야 한다.
- 목표는 명확하고 구체적으로 기술되어야 한다.
- 목표는 측정 가능한 표현으로 기술되어야 한다.
- 목표는 현실적이어야 한다.
- 목표의 달성은 문제 상황의 호전과 관련이 있어야 한다.
- 목표는 클라이언트의 가치관과 문화에 어울려야 한다.
- 목표는 목표달성을 위한 기간을 명시해야 한다.

(5) 집단운영

효과적인 집단 운영방식을 위한 제안은 다음과 같다.

- 초기단계에서는 직접적인 지시와 교육이 집단발달을 촉진시킨다.
- 자기노출, 피드백 제공의 중요성을 인식시킨다.
- 집단구성원의 바람직한 행동에 대해서 긍정적인 강화물을 제공한다.
- 사회복지사가 집단구성원의 역할모델이 된다.
- 집단 내에서의 행동이 집단구성원 각자의 생활에서 보이는 문제를 반영한다는 것을 인식시키고 집단 내에서 특정 행동을 변화시키려는 노력을 하는 것이 중요하다는 것을 이해시킨다.

3) 집단 개입단계

(1) 개입단계의 특징

개입단계는 중간단계라고 말할 수 있다. 개입단계에서 나타나는 일반적인 특징을 살펴보는 것이 필요하다. 낮은 신뢰감과 소속감, 불안 및 저항으로 특징지어지는 초기단계가 성공적으로 다루어졌다면 집단은 보다 생산적인 단계로 이동하게 된다. 초기단계와 비교해 볼 때 개입단계에 접어들면 집단구성원들은 집단에 대한 소속감이 증가하고 다른 집단구성원과 사회복지사에 대한 신뢰감도 증가하게 된다.

집단구성원들 간에 신뢰감이 있다는 것은 자신의 생각과 감정을 집단 내에서 자유롭게 표현할 수 있다는 의미이며, 이는 집단의 응집력을 강화시킨다. 비록 집단 내에서 활발하지 않은 성원일지라도 자신이 언제든지 집단에 참여할 수 있다는 것을 알게 되면 이 집단구성원의 존재 자체가 집단의 생산적 활동을 저해하는 요인이 되지 않는다.

신뢰감의 증가 및 소속감의 강화와 더불어 개입단계에서 나타나는 특징 중의 하나는 집단구성원들의 대인관계기술이 향상된다는 점이다. 예를 들면, 집단구성원들은 다음과 같은 대인관계기술을 갖추게 된다(이영호, 2009 : 226).

- 경청 능력 증진 : 집단사회사업 실천의 개입을 통하여 경청할 수 있는 능력이 증진된다.
- 의사소통 원활 : 의사소통도 보다 공개적이며 집단구성원들은 집단 내에서 경험한 바를 보다 정확하게 표현하게 된다.
- 상호작용 활성화 : 집단구성원들 간의 상호작용이 보다 자유롭고 직접적이다.
- 자기노출 시작 : 집단구성원들은 자신을 다른 집단구성원들에게 알리게 되며 자신들의 개인적 관심사를 집단에게 털어놓는다.
- 갈등처리 : 집단구성원들 간의 갈등이 인식되며 이를 효과적으로 다룰 수 있게 된다.
- 수용 능력 : 집단구성원들 간에 피드백을 주고받을 수 있으며 사회복지사 또는 다른 집단구성원들의 직면을 비방어적인 태도로 받아들일 수 있는 능력이 생긴다.

집단사회사업 실천에서 실제 개입 시에 집단구성원들의 향상된 대인관계기술은 그들의 자율성을 증진시키고 사회복지사에 대한 의존도를 상대적으로 줄이게 된다. 다시 말해서 개입단계는 집단구성원들의 변화를 이끌어 내기 위한 사회복지사의 구체적인 개입이 이루어지는 단계라고 할 수 있다.

개입단계에서 나타날 수 있는 집단구성원과 집단의 특성, 그리고 사회복지사의 역할에 대해 정리하면 〈표 12-2〉와 같다.

표 12-2 집단 개입단계에서의 집단구성원과 집단의 특성 및 사회복지사의 역할

집단구성원의 특성	집단의 특성	사회복지사의 역할
• 집단에 대한 탐색이 점차 감소 • 집단구성원 간 짝을 이루고 하위집단 발생 • 하위집단 간 알력이 발생 • 자신의 지위 및 역할을 모색 • 집단구성원의 독특성 인정, 집단에 대한 공헌 모색 • 집단의 중요성을 내면화 • 사회복지사에게 덜 의존하게 되고 자신의 의사표현 시작	• 집단의 문화, 행동, 규범, 갈등이 발생하고 이를 해결 • 집단구성원의 지위, 위계질서, 역할, 리더가 형성 • 집단구성원 및 리더를 실험하고 신뢰할 수 있게 됨 • 집단구성원 간의 공통점, 차이점을 인정하고 존중함, 집단의 응집력 발달	• 집단의 현 위치를 파악(진행상황, 갈등, 협조체계 등) • 각 성원에 대한 평가(태도, 관계, 행동, 동기, 목표 등) • 집단의 목적, 목표를 재확인하고 성원 모두의 참여 유도 • 집단구성원 간의 공통점 및 차이점 파악 • 집단리더에 대한 실험을 인정 • 집단구성원이 다양한 경험을 할 수 있도록 도움 • 직면 • 집단의 갈등해소

출처: 김성이 외(2004: 199); 이영호(2009: 227) 재인용.

(2) 집단 개입단계에 필요한 사회복지실천기술

개입단계에 필요한 사회복지실천기술은 집단을 운영하는 집단 사회복지사의 이론적 선호, 집단의 유형 등에 따라 다양하기 때문에 이 장에서 모든 것을 다루는 것은 불가능한 일이다. 여기서는 집단과정 중 개입단계에 공통적으로 필요한 실천기술을 '집단응집력 향상기술', '집단과정을 촉진하기 위한 기술'과 '변화를 이끌어 내기 위한 실천기술'로 구분하여 각각에 대한 내용과 적용방법을 중심으로 살펴본다(이영호, 2009: 228-237).

① 집단응집력 향상기술

집단응집력이란 사회복지실천 현장에서 개입 시 집단구성원들이 서로에게 끌리는 정도를 말한다. 집단응집력은 집단 내에서 각자의 개성을 표현할 수 있고, 충분한 친밀을 허용하는 서로 간의 유대라고 볼 수 있다.

집단응집력을 결정하는 요인은 다음과 같다(엄명용 외, 2005).

첫째, 집단구성원들이 참여하면서 집단구성원들에게 사랑받는다고 느끼고 참여하는 것을 소중하게 생각하게 되므로 집단구성원들은 집단에 대하여 매력을 갖게 된다.

둘째, 집단응집력은 집단에 참여함으로써 제공되는 자극제(인센티브)와 관련이 있다. 새로운 사람들과의 만남과 수준 높은 사람들과 교류, 집단의 참여를 통해서만 얻게 되는 자원과 이득을 보게 된다.

셋째, 집단구성원이 집단에 대해서 높은 기대를 갖게 될 때 집단응집력은 증가한다.

넷째, 집단구성원이 이전에 참여했던 집단과 비교를 했을 때 현재 참여하고 있는 집단에 더 만족할 경우 집단구성원은 집단에 매력을 갖는다.

집단응집력을 향상시키기 위해서는 프로그램 활동과 집단토의들을 적극적으로 활용하여 집단구성원들 간의 상호작용을 촉진시키도록 한다. 또한 집단구성원들이 집단 과정에 적극적으로 참여하고 그들이 목표를 달성하고 변화를 이루어낼 수 있는 유능한 존재라는 것을 인식할 수 있도록 돕는다. 집단구성원 개개인이 스스로를 가치 있고 능력 있는 존재라고 믿게 되면 집단구성원은 집단에 보다 적극적으로 참여하게 된다. 그리고 집단구성원들이 기대하는 바를 명확히 하고 집단구성원의 기대와 집단의 목적을 일치시키도록 하며, 집단구성원들이 자신의 욕구를 집단 내에서 충족할 방법들을 파악할 수 있도록 돕는다. 집단응집력은 향상되는 것은 집단구성원들이 집단 사회복지사뿐만 아니라 집단구성원도 집단의 내용과 방향에 책임이 있다는 것을 인식하는 데 있다. 그리고 집단 사회복지사 자신이 사용할 언어에 대한 신중한 고려를 통해서도 집단응집력을 증가시킬 수 있다. 가령 가능한 '나는'이라는 말 대신 '우리는' '우리의' '우리에게'라는 표현을 해본다.

② 집단과정을 촉진하기 위한 실천기술

㉠ 자기노출 기술

자기노출(self-disclosure)이란 특정 상황에서 어떠한 행동이 적합하고 효과적 일지

판단하기 위해 자신의 지식과 경험을 이끌어 내는 능력을 강조하는 기술이다(손광훈, 2009 : 298). 자기노출은 언어적 표현 또는 비언어적 행동을 통해서 사회복지사가 자기 자신에 대한 정보를 의도적이고 의식적으로 누설하는 것을 의미한다.

사회복지사가 자신의 경험, 감정, 생각 등을 집단구성원에게 솔직하게 노출하는 것은 집단구성원의 자기노출에도 영향을 미칠 뿐 아니라 사회복지사와 클라이언트 간의 신뢰관계 향상에도 기여한다.

자기노출은 두 가지 유형으로 구분된다.

첫 번째 유형의 자기노출은 사회복지사 자신의 것(생각, 감정)을 공개하는 것이다. 사회복지사가 집단에서 현재 일어나고 있는 것에 관해 자신의 생각과 감정을 집단구성원에게 공개하는 유형이다. 예를 들어, 집단구성원 중의 한 명이 집단 사회복지사에게 사회복지사의 태도와 관련된 질문을 했을 경우, 그 질문에 대해서 사회복지사가 가지는 생각과 감정을 솔직하게 노출하는 것을 말한다.

두 번째 유형은 사회복지사가 제시하는 것으로 사회복지사 자신의 과거 경험 등을 집단구성원에게 제시하는 유형이다. 사회복지사 자신의 과거 경험이 집단구성원과 집단과정에 도움이 된다면 이를 표현하는 것도 좋다. 물론 사회복지사는 집단구성원에 생각과 초점을 두지만, 사회복지사 자신에 대한 부분을 거의 또는 전혀 노출하지 않게 되면 사회복지사와 집단구성원 간의 관계가 사무적으로 될 가능성도 없지 않다. 그렇다고 사회복지사가 관련된 주제에 관해 자신의 문제가 미해결된 경우 지도자 자신의 노출을 너무 많이 하게 되면 지도력에 손상이 올 수 있다. 그러므로 자기노출을 적절히 할 수 있도록 방법을 알려주고, 노출의 수위에 대한 지도자의 통제와 개입기술이 필요하다. 사회복지사가 자기노출에 하게 될 때 다음 표현은 삼가는 것이 좋다 "난 그것이 어떤 것인지 안다" "당신이 겪을 일을 알고 있다."

㉡ 직 면

직면하기란 사회복지사가 클라이언트가 보이는 불일치를 알아차리고 주의 집중기술을 활용하여 이에 대한 피드백을 클라이언트에게 제공하는 기술을 의미한다. 자기노출과 마찬가지로 건설적인 직면기술도 집단의 개입단계에서 필요한 핵심기술이다. 집단구성원의 말과 행동 간에 불일치를 보이는 경우 또는 집단구성원이 전달하는 메시지의 내용들 사이에 불일치를 보이는 경우 사회복지사는 집단구성원을 직면한다. 이러한 불일치를 보이는 집단구성원을 직면하는 것은 집단구성원이 자신의 행동과 태도를 검토해 볼 수 있는 기회를 제공하기 때문에 집단구성원의 성장을 위해 도움을 줄 수 있으며 집단 전체를 보다 생산적으로 만드는 방법이 될 수 있다.

사회복지사는 집단구성원에 대한 건설적인 직면은 집단구성원의 성장을 위해 필요한 실천기술임은 분명하나 종종 오해를 불러일으키거나 역효과를 낳을 수 있다. 따라서 직면하기 기술을 사용할 때에는 특히 주의를 기울여야 한다. 사회복지사는 직면하기 기술을 사용할 경우 타인을 존중하는 자세를 가져야 하며, 직면의 목적은 집단구성원들이 인식하지 못했던 부분을 볼 수 있도록 한다는 점을 기억해야 한다. 또한 집단구성원을 직면할 때, 집단구성원의 행동을 구체적으로 지적하고 그 행동이 집단과 다른 집단구성원들에 미치는 영향을 자세하게 설명하는 것이 필요하다.

직면을 사용할 시 몇 가지 기술을 소개하면 다음과 같다(손광훈, 2009 : 300).

- 법규를 위반하거나 자신이나 타인에게 긴급을 요하는 위험이 있을 경우 사회복지실천 단계에 관계없이 직면해야 한다.
- 가능하면 원조관계가 효과적으로 발전할 때까지 직면을 피한다.
- 직면기법을 함부로 사용하지 않는다.
- 직면을 전달할 시에는 따뜻하고, 걱정하고, 보살피는 마음의 분위기로 한다.
- 클라이언트가 정서적인 긴장상태가 극단적일 때는 직면을 사용하지 않는다.
- 직면을 사용한 후에는 감정이입적 반응이 뒤따라야 한다.
- 직면 후 즉각적인 변화를 기대하지 않는다.

㉢ 피드백 활용기술

피드백(feedback)이란 집단구성원들에게 그들의 역할수행이나 또는 서로를 어떻게 바라보는지에 대해서 명확한 정보를 제공하는 것이다. 집단 내에서 학습이 이루어지는 가장 중요한 방법 중의 하나로서 집단구성원들 간에 자발적으로 피드백을 주고받도록 한다. 상대방에게 솔직하게 그리고 상대방이 느낄 수 있게 피드백을 제공한다면 집단구성원들은 자신들의 행동이 다른 성원들에게 끼친 영향을 이해할 수 있게 되며, 더 나아가 긍정적인 변화를 이루는 계기가 될 수도 있다. 그리고 피드백은 구체적이어야 하며, 장점에 초점을 두는 것이 좋다. 또한 클라이언트에게 지나치게 많은 피드백을 동시에 제공하는 것은 효과적이지 못하다. 가장 의미 있는 피드백은 피드백을 제공하는 사람과 제공받는 사람 간의 관계를 직접적으로 다루는 피드백이다.

효과적인 피드백을 제공하기 위한 방법으로는, 첫째 성격보다는 행동에 대해 말란 것이며, 둘째 판단보다는 정보를 교환하는 것이다. 셋째 충고나 해결방안보다는 대안을 제시한다. 넷째 타인에게 자유로운 제안을 하되 강요하지 말아야 한다.

③ 변화를 이끌어 내기 위한 실천기술

㉠ 집단구성원의 내적 변화에 초점을 두는 개입기술

집단구성원들에게 내적 변화에 초점을 두는 기술은 집단구성원의 인지적 측면에 초점을 두는 기술을 말한다. 집단구성원들은 역기능적이고 불합리한 사고유형 또는 신념체계를 보다 기능적이고 합리적 신념체계로 대체할 수 있도록 원조하는 데 필요한 숙련된 기술을 갖추어야 한다. 이러한 기술과 기법을 인지재구성(cognitive restructuring)으로 부르기도 한다. 인지재구성이란 집단구성원들에게 원조를 잘하기 위해서 하는 기술로서 사고유형에서 잘못된 논리를 밝혀내고 집단구성원들의 비합리적 사고과정을 논리적이고 합리적인 사고유형으로 대체할 수 있도록 하는 것이다(임안나 외, 2011 : 225-226).

㉡ 집단구성원의 대인관계 변화에 초점을 두는 개입기술

집단 대상의 사회복지실천은 개별 클라이언트를 대상으로 하는 사회복지실천과는 달리 집단구성원에게 타 집단구성원의 행동을 직접 관찰할 수 있게 하며, 역할연습을 통해 특정 행동을 터득할 기회를 제공하기 때문에 특히 대인관계상의 문제를 다루는 데 매우 적절한 개입방법이다.

사회기술훈련(social skills training)은 대인관계기술의 향상을 목적으로 하는 대표적인 프로그램으로 사회복지현장에서 널리 활용되고 있다. 사회기술훈련에서 다루는 기술은 프로그램대상자의 문제와 세팅에 따라 다양하며 양육기술, 자지주장기술, 말하기와 경청하기 등과 같은 의사소통기술, 친구 만들기 기술 등이 있다. 이것들은 사회기술에 어려움을 가지고 있는 클라이언트에게, 특히 유용하며 정신지체 클라이언트의 사회기술 향상을 위해서도 널리 사용되고 있다.

㉢ 집단구성원의 환경변화에 초점을 두는 개입기술

개인의 환경변화가 이루어질 때 변화의 효과는 극대화되기 때문에 사회복지사는 개인의 변화뿐만 아니라 환경의 변화에도 유의해야 한다. 클라이언트를 이해하고 격려하며 지지해 줄 수 있는 지지망을 확보 확충하는 데 초점을 두는 개입이 필요하며, 이럴 때 사회복지프로그램의 효과성이 더욱 커질 수 있을 것이다. 약물 남용, 가정폭력, 청소년비행 등 사회복지 실천현장에서 흔히 접하는 다양한 문제 상황에서 환경의 변화를 이끌어 내는 것은 사회복지사의 핵심과제라고 할 수 있다.

4) 집단 종결단계

집단사회복지사는 집단의 종결단계에 이르러 집단구성원과 긍정적인 감정과 부정적인 감정을 동시에 느낀다. 긍정적인 감정은 목표를 성취하고 다른 집단구성원을 도울 수 있었다는 만족감, 자부심 유능감을 느끼게 된다. 반면 부정적인 감정은 서로 간의 연대관계가 깨어진다는 불안감 상실감 등이다. 이러한 양가감정이 잘 이루어지도록 종결단계에 관심을 가져야 한다. 그러므로 집단의 종결단계는 지도자나 집단구성원 모두에게 가장 강한 정서적 경험을 하는 시기이며 그동안의 집단경험을 완결하는 아주 중요한 시기이다. 집단 종결단계에서 '단계별 특성'과 '구성원의 과업과 발생 가능한 문제', '집단지도자의 역할'을 살펴보고자 한다(이애재, 2013 : 220-222).

(1) 집단 종결단계 특성

① 헤어짐으로 인하여 다소 현실성적으로 슬픔과 노여움이 있을 수 있다.
② 집단구성원들은 아마 물러나서 강도가 덜한 방법으로 집단 종결에 참여할 것이나.
③ 집단구성원들은 자신들이 취해야 할 행동 과정들을 결정하려고 한다.
④ 집단실천 현장에서 경험한 일부의 것들을 일상의 생활 속으로 이행할 수 있는 것에 대한 두려움뿐만 아니라 이별에 대한 다소의 두려움이 있을 수 있다.
⑤ 집단구성원들은 그들의 두려움, 희망, 그리고 서로에 대한 관심을 나타낼 수도 있다.
⑥ 집단구성원들이 일상생활에서 중요한 다른 사람들을 만나도록 준비하는 데 일부나마 도움이 될 수 있다. 역할극 및 다른 사람들과 보다 효과적으로 관련 맺기 위한 행동 준비는 흔히 있는 것이다.
⑦ 집단구성원들은 집단경험의 평가에 열중할 수도 있다.
⑧ 집단구성원들이 종결 후 사후회의 및 모임에 관하여 계획을 세울 수도 있다. 변화에 대한 그들의 계획을 수행하도록 용기를 갖게 한다.

(2) 집단구성원의 과업과 발생 가능한 문제

집단사회사업 실천의 종결단계에서 구성원들이 직면해 있는 주요 과업은 그들의 학습을 강화시키고 그리고 그 학습을 외부환경으로 이동시키는 데 있다. 이것은 그들이 집단 경험의 의미를 검토하여 인식체계를 주입하려는 시기이다. 이 시기에서 구성원들의 과업은 다음과 같다.

① 느낌 다룸: 이별과 종결에 관한 집단구성원들의 느낌을 다루는 것
② 학습 준비: 일상생활에 대한 집단구성원들의 학습의 일반화를 준비하는 것
③ 피드백 제공: 다른 사람들에게 그들이 인식하고 있는 방법에 대해 보다 나은 영상을 부여할 피드백을 제공하는 것
④ 문제점 완성: 어떤 완성되지 못한 과업, 그들이 집단에 제시했던 문제점이거나 혹은 집단 내의 사람들과 관련되어 있는 것
⑤ 집단의 영향: 집단의 영향을 평가하는 것
⑥ 변화 계획: 집단구성원들이 원하는 변화와 그 변화를 가져오게 할 방법과 관련되어 결정과 계획을 내리는 것

〈발생할 수 있는 몇 가지 가능한 문제점〉

① 학습일반화 제한: 집단구성원들은 그들의 경험을 재검토하는 것을 회피할 수 있으며, 그 경험을 어떤 인식체계로 주입시키는 데 실패함으로써 그들 학습의 일반화를 제한한다.
② 접근 조심: 이별의 걱정 때문에 구성원들은 자신들을 가까이 하지 않는다.
③ 성장 중단: 집단구성원들은 집단을 본질적으로 목적으로 여기며 집단경험을 계속적으로 성장시키는 방법으로 사용하지 않는다.

토론해 봅시다

1. 집단응집력을 높이기 위해서는 어떤 방법들이 있는가?

02. 집단 프로그램은 어떠한 것들이 있으며 그 프로그램을 실시하였다면 소감을 나누어 보시오.

03. 다음 〈지시문〉에서 자기 성장에 도움이 될 것으로 생각되는 행동 세 가지를 선택한다. 한 가지씩 지시문을 낭독하고 그대로 표현한다. 표현 정도는 박수로 가늠하며, 충분한 박수가 나올 때까지 되풀이 연기한다.

① 당신이 스트레스를 크게 느끼는 상황은 언제인지 가장 대표적인 경험 한 가지를 소개해 보시오.
② 각 집단구성원에게 당신이 그와 닮은 점이 있다면 그것이 무엇인지 한 가지씩 말해 보시오.
③ 집단구성원 각자에게 한 가지씩 단점을 말해 보시오.
④ 당신이 만약 신이라면 하고 싶은 일 세 가지를 말해 보시오.
⑤ 당신이 꼭 살아야 하는 이유 세 가지를 말해 보시오.
⑥ 당신의 생활철학을 나타내는 노래를 불러 보시오.
⑦ 당신이 자신에 대해 가장 자랑스럽게 생각하는 점을 말해 보시오.

CHAPTER 13

지역사회대상 사회복지실천기술

1. 지역사회대상 사회복지실천의 개념과 특성
2. 지역사회대상 실천의 모델
3. 지역사회대상 실천 개입기술

제13장

지역사회대상 사회복지실천기술

1. 지역사회대상 사회복지실천의 개념과 특성

1) 지역사회의 개념

'지역사회'란 단어는 사회적, 지리학, 인간생태학, 심리학, 보건학, 사회복지학 등 많은 학문분야나 지역정책, 복지정책, 보건정책 등의 정책 분야 또한 그와 관련된 많은 실천 분야에서도 사용되고 있다. 그러나 각 분야마다 의미와 내용이 다를 뿐만 아니라 같은 분야에서도 사용하는 사람에 따라 의미와 내용이 다르다. 그러므로 이 단어는 다양한 의미를 갖고 있다. 따라서 지역사회의 의의를 설명하는 것은 매우 어려운 일이라고 할 수 있다(류상열, 2004 : 18).

최일섭은 다른 지역과는 다른 특수성과 분리성을 나타내는 물리적인 지리성 및 지리적 경계를 가지는 것을 지역사회라고 정의하였으며 또 다른 면으로는 문화적인 동질성, 합리성, 자조성과 상호작용을 가지며, 그리고 공통된 매개가 성립되는 지역이라 정의하였다(최일섭, 1996 : 4-5).

힐러리(Hillery, 1995)는 자역사회 요소를 첫째, 공간단위로서의 지역사회, 둘째, 사회적 상호작용 단위로서의 지역사회, 셋째, 심리적 · 문화적 공통의 유대감으로 보았다.

지역사회는 지리적 의미의 지역사회, 기능적 의미의 지역사회 그리고 개인적 지역사회로 나눌 수 있다(오정수 · 류진석, 2004 ; Netting, Ketter, & Mcmurtry, 2004 ; Fellin, 2001 ; Ross, 1967).

첫째, 지리적 지역사회(geographic community)는 특정한 공간을 중심으로 이루어지는 지역집단으로 지역주민 간의 정신적 공동체가 형성될 수 있는 지리적이고 공간적인 영역으로 동, 읍, 시와 같은 행정구역집단이 해당된다. 장소에 기초를 둔 지역사회는 크기, 영역, 조밀도에 따라 변하며, 근린지역사회로부터 대도시 지역사회로 가면서 확대된다.

둘째, 기능적 지역사회(functional community)는 사회적 문화적 동질성을 가진 공동체나 공통된 이해와 관심을 가진 이익집단으로 동질성을 갖는 지역사회는 인종, 종교, 민족, 언어, 생활방식, 성적 지향, 사회계층, 연령장애, 정치적 성향, 직업유형, 출신대학 등 다양한 정책성, 관심, 문화 등을 기반으로 형성된다. 지역사회가 공통적으로 수행하는 핵심기능은 생산과 분배, 소비와 기능을 이루어 가는 경제제도, 사회화(socialization) 기능을 이루어 가는 가족제도, 사회통제(social control)기능을 이루어 가는 정치제도, 사회통합(social integration)의 기능을 이루어 가는 종교제도, 상부상조(mutual support)의 기능을 이루어 가는 사회복지제도이다(Gilbert & Specht, 1994 : 4-5).

셋째, 개인적 지역사회(personal community)는 지리적 의미와 기능적 의미로서의 지역사회를 모두 포함하는 것으로, 개인의 상호작용과 서비스나 자원의 이용, 구직활동과 여가활동 등에서 개인이 참여하는 모든 지역사회를 말하며, 개인의 상호작용 형태와 공식·비공식적 사회적 지지망을 포함한 자원을 이해하는 데 도움이 되며, 이는 사회복지가 개별 클라이언트체계에 대하여 개입목표를 설정하고 개입방법으로 개발 적용하는 데 반드시 고려해야 할 부분이다(황철수 외, 2010 : 323).

2) 지역사회복지의 특성

황철수는 지역사회를 설명하면서 지역사회대상으로 하는 지역사회복지는 첫째, 사회복지사가 지역사회 내에 존재하는 후원자원을 발굴하고 동원하여 지역사회 요보호대상자를 보호하는 활동으로 지역사회자원과 빈곤가정을 정기적으로 연결하여 줌으로써 요보호지역주민의 경제적 어려움을 경감시키고, 심리적 안정을 도모하는 지역사회보호활동이다. 둘째, 사회복지사가 잠재된 지역사회의 자원을 찾아내고 서로 연결시켜주는 지역사회조직활동으로 지역사회의 복지를 발전시키는 토대를 마련하고 지역주민 스스로의 조직화를 통하여 지역사회복지의 질을 향상시키는 데 있다고 하였다(황철수, 2008b : 322-323).

지역사회복지의 특성을 살펴보면 첫째, 지역성과 기능성을 포함하는 일정한 지역사회 내에서 이루어진다. 둘째, 지역주민의 삶의 질 향상이라는 목표를 가진다. 셋째, 지역사회의 문제를 해결하고 주민의 복지욕구를 충족시키는 기능을 가진다. 넷째, 조직적 활동을 강조하는 전문적 서비스와 방법을 사용한다. 다섯째, 공공과 민간의 협력이 강화되는 추세로 발전하고 있다.

2. 지역사회대상 실천의 모델

지역사회대상 실천은 자역사회조직의 방법으로 이루어진다. 지역사회조직이란 사회문제에 영향을 주고자 계획된 행동에 집단, 조직을 참여시키는 개입방법이다. 지역사회조직은 사회제도의 발전과 변화에 초점을 두며, 계획과 조직과의 연관된 과정을 의미한다.

로스만(Rothman, 1987)은 지역사회조직을 세 가지 모델, 즉 지역사회개발(Model A, 과정중심목표, community development), 사회계획(Model B, 과업중심목표, social planning), 사회행동(Model C 과정+과업중심목표, social action)으로 나누어 설명하였다.

1) 지역사회개발 모델

지역사회개발(community development)이란 지역사회의 변화를 가장 효과적으로 이룩하기 위해서는 변화를 위한 목표결정과 실천행동에 광범위한 주민을 참여시켜야 한다는 전제에서 나온 지역사회조직사업의 한 형태이다.

이 모델의 특징은 다음과 같다.

첫째, 지역사회의 문제해결과정에 지역사회주민, 단체 간의 협력, 협동적 관계(지역사회의 전체적 조화)의 확립과 자조를 기반으로 하는 지역사회의 협동적 문제해결 능력의 증강을 강조한다. 그 이유는 이 모델이 과정중심목표를 채택하고 있기 때문이다. 이 같은 목표인식의 배후에는 지역사회의 다양한 문제, 주민 간의 이해대립 등은 여러 가지 갈등을 일으켜도 궁극적으로는 바람직한 주민 간의 상호 교류 등에 의해 해결, 조정이 가능하다는 대상인식이 존재한다. 그것은 지역사회에서 힘을 갖고 있는 기업행정조직, 지역지도자라는 지역 권력구조의 회원은 일반 주민과 목표 가치를 공유하는 협력자라는 생각으로부터 필연적으로 발생한다.

둘째, 지역사회의 자주성을 중시하는데, 지역사회주민의 적극적 참여와 주민이 가능한 한 최대의 주도권을 갖고 전 지역사회의 경제적·사회적 조건을 향상시키기 위한 한 과정이다. 지역사회의 목표결정과 활동에 지역사회주민의 자주적 참가와 협동이 지역사회 개선의 기동력이 된다.

셋째, 지역 내 문제해결 전 과정에 주민층의 참가를 최대한 이끌어 내는 데 초점이 맞춰져 있다. 따라서 전 주민이 승인하는 이익지역 전체로서 통일적 이익을 추구하는 전술이 요구되고 그것은 주민 간의 자유롭고 개방적인 상호작용을 통해서 전개된다.

이 모델에서 지역사회조직가인 사회복지사의 역할은 안내자, 조정자, 능력부여자, 전문가, 조력자로서, 지역사회의 자주적 참가능력이 증강되도록 측면에서 원조하는 것이다. 비지시적이며 지역사회의 최종결정권이 중시된다. 그리고 이러한 모델을 이용하는 예로는 지역복지관의 지역개발사업, 평화봉사단, 성인교육분야의 지역활동 등을 들 수 있다(Ross, 1967).

2) 사회계획모델

사회계획모델(social planning model)은 전통적 지역사회조직이 갖는 과도한 과정중심의 반성(전체적 주민의 합의를 구하는 것이 비효율적임)에서 출발한 모델로, 개별사회문제의 구체적・효율적 해결과 예방을 최우선 목표로 한 과제중심(task goal, 생활조건의 향상, 기술적 과정의 강조)모델이다. 즉 여기서는 지역사회주민의 공통된 욕구충족과 사회자원의 효율적이고 공평한 배분에 주요한 관심이 두어져 이를 위해서는 주민참여보다 계획자라고 불리는 전문가의 문제해결을 위한 능력과 기술내용 자체가 무엇보다 중시된다. 비행, 주택, 정신건강과 같은 사회문제를 해결하고자 하는 기술적 과정을 강조하며 문제해결을 위한 합리적 계획수립과 통제된 변화를 강조하며 전문가로서의 사회복지사는 지역사회의 문제해결능력을 배양하거나(Model A) 근본적 사회변혁을 증진시키려는 것보다(Model C) 주민이 필요로 하는 물자와 서비스를 제공하는 데 관심을 갖는다. 전문가인 사회복지사의 역할을 강조한다.

사회계획모델의 특징은 첫째, 계급과 계층의 분화가 진행되고 이해와 관심이 다른 현대 도시화 상황에서는 전통적 지역사회조직의 대응만으로는 한계가 있다는 지적에서 대두되었다. 또한 사회계획모델은 오늘날 도시지역사회문제해결에는 복잡한 산업환경 개선이 필수적이고 이를 위해서는 거대한 관료기구를 조직하는 능력을 내포한 전문적 기술을 행사할 수 있고 나아가 복잡한 전 과정을 효과적으로 지도하는 능력을 가진 전문가의 존재가 불가결하다는 가설에 의거하고 있다. 사회적 서비스 개선과 사회문제를 완화시키는 주요 수단은 공공기관의 정책을 고치는 것이며 이러한 목적을 달성하기 위해 노력하는 사람이 전문가이다.

둘째, 지역사회의 이해관계로서, 지역사회의 이해관계가 서로 갈등관계에 있을지라도 지역 전체 통일적 이익이 존재하고 지역사회조직계획가는 다른 과학자, 엘리트들과 협동해서 과학적 지식과 사실, 이론의 힘에 의해 계획의 지침이 되는 통일된 이익에 도달한다는 대상인식이 여기에 존재한다. 이 모델의 방법원리는 효율적이고 공평한 서비스 배분을 가능하게 하는 사회적 위신이 있어야 하고, 합리적이고 실행 가능한 계획입안의 활동이 있어야 한다.

셋째, 사회계획모델의 활동으로서, 사실발견과 문제정의, 의사전달 및 활동체계의 구축, 사회적 목표와 정책의 결정, 계획에 대한 실천수행, 활동결과에 대한 평가 등이다.

사회계획모델에서 지역사회조직가의 역할은 크게 네 가지, 즉 분석가, 계획가, 조직가, 행정가로 구분하여 제시하고 있다. 특히 주민참여에 의한 전체적 합의를 구하는 것은 비효율적이고 사회복지사는 과학적 지식과 고도의 지적 작업, 건실한 사회도덕을 조정하며 이용할 수 있는 능력을 갖고 또 그러한 능력을 보유하고 있는 소수의 사회적 · 정치적 엘리트와 계획 활동을 위해서 협동할 수 있는 것이 중요하다. 그리고 사회복지사는 사실을 발견, 분석하고, 계획을 실행, 촉진하는 사람으로서 전문기술자 역할을 맡고 각종 관료기구와의 관계를 처리하는 전문기술도 요구된다 (Sanders, 1970).

3) 사회행동모델

사회행동(social action)은 사회정의와 민주주의에 입각해서 지역사회의 불우계층에 대한 보다 많은 자원과 향상된 처우를 그 지역사회에 요구하는 행동을 말한다. 사회문제의 격증과 각종 사회운동전개에 대응해 출현한 것이 사회행동모델이다. 새로운 사회운동은 지역 전체가 아니라 지역 안에서 착취당하고 불리한 입장에 있는 주민층과 그들이 집단 거주하고 있는 지역이 안고 있는 문제의 해결과 조직화에 한정한다는 기술체계이다. 갈등주의 입장에서 사회의 경제적 불평등구조에 대한 제도적 변화를 추구하는 것으로 사회행동의 목표로서 보다 높은 수준의 자원과 서비스의 획득, 자원분배기구, 공적 정책의 변혁, 입법과 법제의 개정과 같은 사회적 변혁을 중시하는 과제중심목표의 성취, 그리고 착취당하는 주민층의 지역사회의사결정에의 참여와 그들의 자립적 힘의 증대(특정집단의 이익을 신장시키려는 목표), 그들의 소외상황의 극복, 개선과 같은 과정목표의 달성이 동시에 중시된다.

이 모델에서 사회복지사의 역할은 조정자, 중개자, 옹호자, 행동가 등이다. 특히 중립적 조력자보다는 소외되고 제 권리를 침해받기 쉬운 계층의 이익을 옹호하여 때로는 그들을 대신해 그들의 권리실현을 주장하고 추진하는 대변자가 된다. 또한 대변자의 한계를 극복하기 위해서 불우계층을 비롯한 착취당하는 주민층의 자발적 조직화와 그것의 지속적 발전을 원조하는 조직가로서의 역할 또한 중시된다. 그리고 기존 제도와 현실에 대한 근본적 변화를 추구한다. 예를 들면 학생운동, 여성개방 혹은 여권신장운동, 급진정당, 노동조합운동, 복지권 운동, 소수인종집단, 소비자보호운동, 환경보호운동 등이 있다(Grosser, 1969).

표 13-1 **지역사회조직활동의 세 가지 모델**

구분	모델 A(지역사회개발)	모델 B(사회계획)	모델 C(사회행동)
지역사회 활동목표	[과정중심목표] 지역사회활동능력과 전체적 조화	[과업중심목표] 지역사회 기본적 문제해결	[과정+과업중심목표] 권력관계와 자원 및 기본적 제도 변화
지역사회 구조와 문제상황 전제	지역사회의 상실, 아노미, 관계와 민주적 문제해결능력의 결여, 정태적 · 정통적 지역사회	기본적 사회문제: 정신 및 신체상의 건강문제, 주택문제, 레크리에이션 등	사회적 고통을 당하고 있는 사람, 사회의 부정의 박탈, 불평 등
기본적 변화전략	자신의 문제규정과 해결에 있어서 광범위한 사람들이 참여하는 것	문제에 대한 사실수집과 가장 합리적인 행동조치에 대해 결정하는 것	쟁점사항을 구체화시키고 대항표적에 대해 조치를 취할 수 있도록 사람을 동원하는 것
특징적 변화전술과 기술	합의, 지역사회의 여러 집단과 여러 이익 간의 상호 교류, 집단토의	합의 혹은 갈등	갈등, 대결, 직접적 행동 협상
실천가의	촉매적 조력자, 조정자,	사실수집자와 분석자, 프	행동적 옹호자, 선동자,

구분	모델 A(지역사회개발)	모델 B(사회계획)	모델 C(사회행동)
대표적 역할	문제해결기술과 윤리적 가치관에 대한 교육자	로그램 추진자, 촉진자	중개자, 협상자, 파당
변화수단	가업지향의 소집단 활용	공식적 조직과 객관적 자료의 활용	대중조직과 정치과정의 활용
권력구조 견해	권력구조의 구성원은 공동 사업을 해 나가는 협력자	권력구조는 고용주와 후원자	권력구조는 활동 위부에 있는 표적물, 공격당하고 파괴되어야 하는 압제자
대상지역사회의 범위	지리적 측면의 지역사회 전체	지역사회 전체 혹은 지역사회의 일부	지역사회의 일부
지역사회 구성원 간 이해 관계전제	공통되는 이해 혹은 조정 가능한 차이로 봄	조정 가능하거나 혹은 갈등상황으로 봄	쉽게 조정할 수 없는 힘든 갈등상황으로 봄, 자원의 희소성
수익집단 개념	시민	소비자	희생자
수익자 역할	상호작용적 문제해결과정에 대한 참가자	소비자 혹은 수혜자	고용주, 임명자 동료
임파워먼트 활용	협동적이고 능숙한 의사결정을 내릴 수 있는 지역사회 능력 구축, 주민의 개인적 승리감 증진	소비자의 서비스 욕구 규명, 자신의 서비스 선택사항 이해	수익자를 위한 실제적 권력획득, 지역의사결정에 영향을 미칠 수 있는 권리와 수단, 참여자와 승리감 증진

출처 : 이영실 외(2011 : 308)

3. 지역사회대상 실천 개입기술

지역사회는 주민들의 삶에 직접적인 영향을 미치는 자연환경적인 터전을 제공하고 있으며, 주민들의 욕구나 문제를 해결해 나갈 수 있는 자원을 포함하고 있는 곳이 지역사회이기 때문에 사회복지사는 지역사회를 필수적으로 이해하는 것이 필요하다. 지역사회대상 실천 개입기술로 조직화기술, 연계기술, 옹호대변기술, 자원개발동원기술을 살펴보기로 한다.

1) 조직화 기술

조직화 기술은 사회복지실천과정에서 가장 기본적인 기술로서, 지역사회 전체 또는 일부 집단을 하나의 역동적 실체를 만들어 나가는 과정에서 활용된다.

기관 간의 성공적 협력을 위해서 필요한 조건 9가지는 다음과 같다(Sheafor & Horejsi, 2006 ; 황철수 외, 2010).

첫째, 자발적으로 협력 활동에 대한 참여를 유도한다. 자발성 없이 강제성을 띠면 협력의 성과를 기대하기 어려우며 형식적으로 흐른다.

둘째, 협력에 대한 공동의 목표를 가져야 한다. 기관마다 그 기관이 기반하고 있는 철학, 사명, 인식이 다르기 때문이다.

셋째, 지속적인 협력이 이루어지기 위해서는 중요한 결정이 민주적으로 이루어져야 하고, 특정한 기관이나 전문가 집단이 협력에 참여하는 다른 집단이나 전문가 집단을 지배하지 않도록 한다.

넷째, 기관은 신뢰를 잃지 말아야 한다. 각자 다른 기관의 목적, 가치, 운영방식, 기관에 의해 서비스를 받는 클라이언트를 이해하며, 협력활동에서 다른 기관이 기여하는 부분을 인정하고 신뢰해야 한다.

다섯째, 책임소재 각 기관은 분명히 하며 정보를 문서화한다.

여섯째, 기관 간의 개방적 의사소통이 이루어지도록 해야 한다.

일곱째, 직원에게 관련교육과 훈련기회를 부여하거나 연계활동을 위해 외부회의에 소요되는 시간 등을 인정한다.

여덟째, 공동교육 및 훈련의 기회를 통하여 관련 기관의 전문분야 간의 상호이해와 의사소통기술을 촉진시킨다.

아홉째, 협력활동에 의해 영향을 받는 지역사회 각 분야의 대표자들을 모두 포함한다.

지역사회실천에서 조직화는 지역사회의 당면 문제를 해결하기 위해 전체 주민을 대표하는 일정 수의 주민을 선정하여 모임을 구성하는 것을 의미한다. 지역사회실천가는 지역사회가 처한 상황과 해결 방향에 따라 합당한 주민을 선정하여 대표모임을 만들고, 이 조직이 지역사회의 욕구나 문제를 해결해 나가도록 돕는다. 한편 지역사회실천가는 조직한 주민 대표 모임을 유지하는 데도 관여해야 한다. 조직한 모임은 사후관리를 통해 유지할 수 있다. 또한 실천가는 조직구성원들이 서로 협력하면서 조직이 목표하는 바를 성취할 수 있도록 도와야 한다. 조직화 기술 과정은 다음과 같다.

(1) 목표 설정

목표를 분명하게 설정하고, 설정한 목표는 명분이 있어야 한다. 아울러 가능하면 목표는 단순한 것이 바람직하다. 목표가 단순해야 한다는 것은 조직화의 초기에 참여 성원들에게 부담을 줄 수 있는 무겁고 복잡한 것을 피하자는 의미이다.

(2) 전략 수립

설정한 목표를 효과적이고 효율적으로 달성하기 위해 합당한 전략을 수립한다. 특히 지역사회실천가는 한번 만들어진 조직은 무궁하게 발전해나갈 수 있다는 점을 생각하여 멀리 내다보고 전략을 수립하는 것이 바람직하다.

(3) 주요 주민 접촉

이 단계에서 지역사회실천가는 지식(이론)을 바탕으로 개발된 기술과 기법을 적용하고, 두 가지 이상의 성과를 위해 전술을 활용한다.

주민을 처음 접하는 조직화의 초기 과정에서 지역사회실천가가 주민과 첫 만남을 시도하는 것은 어렵고 스트레스를 받는 일이다. 직업상 해야 하는 의무성을 띠기 때문이다. 그러나 어느 정도 주민이 참여하여 조직의 형태를 갖추면 재미도 있고 보람을 느낄 수 있다.

(4) 주민 설득

주민 설득은 조직화 목표와 상대 주민의 여건을 반영하여 이루어져야 한다. 뿐만 아니라 조직가는 주민을 원활하게 설득하기 위해서는 무엇보다도 성실해야 한다. 이는 대부분의 주민들은 조직가의 강압보다는 조직가의 성실함을 따져보고 참여 여부를 결정한 후 자율적으로 참여하기를 원하기 때문이다.

(5) 조직 결성

조직의 결성은 조직의 이름을 짓고 임원을 선출하며 규정을 만드는 과정으로 이루어진다. 특히 "사물의 이름에는 어떤 느낌을 불러일으키는 힘이 있다"는 점을 고려하여 조직의 이름을 신중히 정해야 한다.

(6) 결원 보충

조직의 성원은 건강, 경제, 이사, 사고 따위로 본인의 의사와는 달리 언제든지 조직을 떠날 수 있다. 지역사회실천가는 이를 대비해야 하고, 결원이 발생했을 때 이를 보충해야 한다.

(7) 평 가

재조직화를 통해 새로운 목표를 설정하여 활동할 수 있기 때문에 이 평가는 대체로 중간평가 성격을 띤다.

(8) 적용 원칙

첫째, 다양한 조직화 기술을 익히되 지역사회의 유형별 특성과 지역사회실천 현장의 상황에 부합한 기술을 적용해야 한다.

둘째, 조직의 결원은 즉각 보충한다.

셋째, 반드시 지역사회실천 목표를 정한 후 주민 대표자 모임을 조직한다. 상황에 따라 주민의 사정을 살펴보고 이들의 능력을 고려한 후 목표를 설정할 수도 있으나 지역사회 외부에서도 개입이 가능하기 때문에 지역사회의 욕구나 문제해결에 우선권을 두는 것이 바람직하다.

넷째, 조직구성원들 간 갈등은 있을 수 있으며, 이 갈등을 극복하기 위해 모든 조직구성원이 협력하여 풀어갈 수 있도록 유도한다. 이는 매우 어려운 과업이다.

다섯째, 조직의 원만한 유지와 성공적으로 목표를 달성하기 위해 조직구성원들 간 친목을 위해 기회를 마련해야 한다.

여섯째, 가능하면 실천가는 주민과 함께 살아야 한다. 예컨대 1936년 65세 나이로 인도의 가장 유명한 지도자였던 간디는 수도도 전기도 포장도로도 없는 전형적인 농촌으로 이주했다. 이것은 단순한 제스처가 아니었다. 자신의 서약을 몸소 옮긴 것이다

일곱째, 조직가는 조직화를 위해 합당한 권위를 가져야 한다.

2) 연계기술

연계기술은 연계를 통하여 사회적 지지를 위한 공동체를 만들어 가는 것으로서 지역사회 내 사람 간의 관계를 강화하여 연계망이라 일컫는 사회적 자산을 형성하는 나가는 것이다. 이 사회적 연계망은 개인, 단체, 이웃 등 다양한 조직관 관련되어 있다.

지역사회에서 사회복지사의 연계기술 네 가지는 다음과 같다(Rubin & Rubin, 2001 ; 설진화, 2011 : 244).

첫째, 연결을 도움 : 지역사회 또는 지역사회주민이 필요한 자원이나 서비스이다.

둘째, 지역사회 내에 유용한 자원, 정보, 이용할 지역사회주민의 능력이 부족할 경우 연계기술이 필요하다.

셋째, 자원을 효과적으로 관리하기 위하여 정기적 모임 및 회의 등을 가지므로 서비스의 중복을 방지하게 된다.

넷째, 욕구를 충족시키기 위하여 패키지서비스(Package Service) 또는 원스톱서비스(one-stop service)가 이루어질 수 있도록 연계한다.

3) 옹호 대변기술

옹호 대변기술은 지역사회 내의 클라이언트들이 정당한 처우나 서비스를 받지 못하는 경우에 옹호 대변기술이 활용되며, 강력한 영향력이 있는 표적 집단에 대하여 압력을 행사하는 것을 포함하고 있다. 옹호활동은 다음 세 가지 있다.

첫째, 제공되지 않은 자원과 서비스를 클라이언트에게 얻을 수 있도록 한다.

둘째, 불리한 영향을 미치는 실천, 절차, 정책을 수행하도록 클라이언트를 돕는다.

셋째, 새로운 법률이나 정책을 증진시키기 위해서 필요한 자원이나 서비스를 제공받을 수 있도록 클라이언트를 대표해서 일하는 과정이다.

옹호활동의 적절한 사용은 〈표 13－2〉과 같다(황철수 외, 2010 : 335).

표 13-2 적절한 옹호활동

1. 기관이나 직원이 자격이 되는 클라이언트에게 서비스와 혜택의 제공을 거부할 때
2. 비인간적 방법으로 서비스를 전달할 때
3. 인종 종교, 신념 그 밖의 다른 요소 때문에 클라이언트가 처벌받을 때
4. 서비스와 혜택의 차이로 인해 곤란과 역기능이 있을 때
5. 정부나 기관정책이 자원과 혜택이 필요한 사람들에게 부정적 영향을 미칠 때
6. 클라이언트가 스스로를 위해서 효과적으로 행동할 수 없을 때
7. 지원이 없어 많은 사람들의 공통된 욕구가 해결되지 못할 때
8. 위기상황에서 클라이언트가 즉시 서비스와 혜택을 받아야 하는 특별한 욕구가 있을 때
9. 클라이언트가 시민의 혹은 법적 권리를 거부당했을 때
10. 조직의 시설이나 절차가 클라이언트에게 부정적으로 영향을 미칠 때

사회복지사는 집단옹호활동에 개입할 때 다음과 같은 사항에 유의할 필요가 있다(황철수 외, 2010 : 336). 이를 정리하면 〈표 13-3〉과 같다.

표 13-3 집단옹호활동 개입 시 유의사항

1. 성공적 옹호활동은 신중한 분석과 계획이 기초가 된다. 무엇을 문제로 볼 것인지와 문제에 대한 면밀한 연구가 있어야 하며, 변화되어야 할 대상과 왜 변화되어야 하는지 그리고 그 변화를 위해서 어떤 노력이 필요한지에 대해서 잘 알아야 한다.
2. 행동을 취하기 전에 목적달성에 필요한 시간, 에너지, 자금 등에 대해서 조사하고, 만일 자원이 충분치 못하면 목표를 낮추거나 목표를 달성할 수 있는 수준이 될 때까지 기다린다.
3. 반대세력이 변화에 저항하는 이유를 알기 위해서 상대방의 입장이 되어 보는 자세도 필요하며, 저항을 성공적으로 극복하기 위해서는 그들을 이해해야 한다.
4. 성공적 옹호에는 자기규율이 있어야 한다. 연대를 형성한 기관 간의 상호신뢰는 중요하며, 충동적 행동은 자제되어야 한다.
5. 옹호활동에는 권력의 사용이 포함된다. 권력이란 다른 사람을 자기가 원하는 방법으로 행동을 하게끔 만드는 능력이다. 특정한 목적을 위해서 사용될 수 있는 권력은 다양한데 옹호활동을 하는 집단의 조직과 구성원이 가지고 있는 권력에 대한 분석이 필요하다. 사회복지사가 소유하는 권력은 지식과 전문성에서 비롯되는 것으로 집단 옹호가 필요한 집단의 상황과 문제에 대한 상세한 정보가 강력한 영향력을 행사할 수 있게 한다.
6. 오늘날 많은 사람이 언론매체를 통해서 정보를 획득하므로 텔레비전, 신문, 인터넷 등을 잘 활용하도록 한다.

4) 자원개발 동원기술

자원개발 동원기술은 지역사회복지 실천에 있어 매우 중요하다. 자원개발 동원은 결국 자원봉사활동과 연관이 있다. 자원봉사활동은 기본적으로 가장 가까운 지역사회에서부터 출발해야 한다. 이유는 자원봉사활동은 자신이 생활하는 지역에서 활동할 수 있을 때 시간, 금전 등의 절약과 책임감을 통해 지역주민이 스스로 지역문제를 해결하고, 안전하고 쾌적한 생활공동체를 만들 수 있게 될 것이다. 자원봉사자를 통하여 지역사회를 돕도록 인적자원 관리 기술이 필요하다.

자원개발 동원을 하게 되면 지역주민 상호 간에 서로 돕고 의지하며 내가 사는 지역사회의 주인이라는 주인의식을 갖게 하고 지역사회에 대한 공동체 의식과 연대의식을 갖도록 한다. 따라서 효율적인 자원 개발하여 동원하려면 다음 몇 가지 사항의 기술이 필요로 한다.

첫째, 자원봉사자들의 욕구를 충분히 반영할 수 있어야 한다.

둘째, 인적 자원봉사자들을 관리에 있어 자원봉사자가 사회복지조직의 핵심이라는 기본가치가 전제돼야 한다.

셋째, 자원봉사자 관리가 전문화되어야 하고 전문화를 위해서는 자원봉사 조정기관과 자원봉사 활용기관의 역할 분담이 이루어져 한다.

넷째, 자원봉사자를 효과적으로 지도감독하기 위해서는 전담직원의 배치가 필요하다. 이상과 같이 자원 봉사하는 인적자원이 관리함에 있어 체계적으로 관리함으로써 자원봉사와 기관에 관심과 봉사와 후원에 대한 사회적 분위기 확산과 함께 지역주민들의 참여가 증가될 것으로 기대된다.

5) 지역사회 지도그리기

지역사회실천을 포함한 사회복지실천에서 지역사회지도는 개인으로 치면 가계도,

생태도, 생활력을 의미한다. 이 같은 지역사회지도는 지역사회실천가뿐 아니라 전체 참여자들이 개입하려는 지역사회를 한눈에 이해할 수 있도록 돕기 위한 중요한 자료이다. 특히 지역사회지도를 그려봄으로써 지역사회의 문제 상황과 개입의 방향을 가늠하는 데 유익할 뿐 아니라 이 작업을 통해 지역사회를 정확히 파악하고 사랑할 수 있을 것이다. 지역사회지도는 지역사회에 관한 3중 이해틀을 토대로 그릴 수 있다.

(1) 지역사회 탐색

지역사회실천가를 포함한 모든 참여자들은 마젤란이 처음 항해에서 물만 보았듯 지역사회를 탐색하는 단계에서 '무엇을 볼 것인가'라는 의문을 가지고 세밀히 살펴야 한다. 특히 "지명(地名)이란 것은 연고 없이 지어졌을 리 없고 뭔가 내력이 있다"(이병주, 2003b : 143), "모든 땅 이름에는 거의 예외 없이 그 지역의 오랜 사연이 담겨 있다"(최재용, 2003 : 3)고 하듯 지역사회와 관련하는 지명의 유래나 의미를 찾는 데 관심을 가져야 한다.

(2) 지역사회 범주 확정

지역사회실천가는 개입하려는 지역사회의 범주를 결정한다. 이때 지역사회실천가가 임의로 할 수 있으나 지나치게 인위적이어서는 안 된다. 예컨대 역량에 합당한 수준에서 지리적 조건(단지, 블록, 도로, 건물의 공통성 따위)을 고려하여 정하는 것이 바람직하다.

(3) 지역사회 구성 요소 파악

지역사회를 구성하는 요소별로 지역사회의 상황을 파악하고, 이 파악한 내용 중 중요한 기관, 시설 따위를 지역사회지도에 표시할 것을 선정한다.

(4) 지역사회 환경 파악

기본적으로 지역사회실천 측면에서의 인위적 환경을 파악하고, 특히 생태학 측면에서의 자연 환경을 파악한다. 이들 내용을 지역사회지도에 특정 색으로 표시할 수 있다.

(5) 지역사회 역동 파악

지역사회를 구성하는 주민들의 관계, 기관이나 단체들 간 관계를 파악한다. 이들 내용을 지역사회지도에 특정 표시로 표기하거나 문장으로 간략히 기술할 수 있다.

(6) 지역사회지도 그리기

같은 지역사회를 대상으로 지도를 그리는 사람에 따라 다르게 그려질 수 있다. 이는 그리는 사람의 관점이 다르기 때문이다.

(7) 적용 원칙

지역사회실천가는 지역사회지도를 그리는 데 다음과 같은 원칙을 적용하는 것이 바람직하다.

첫째, 지역사회지도 그리기를 통해 개입하려는 지역사회에 대해 정확한 이해뿐 아니라 합당한 개입 방안 실마리를 찾아낼 수 있어야 한다.

둘째, 지역사회실천을 진행하는 동안 지역사회는 변화하므로 이 변화에 따라 지역사회지도의 해당 부분을 수정해야 한다.

셋째, 합당한 지역사회지도를 그리기 위해 관공서와 상호 협력 관계를 형성해야 한다. 예컨대 해당 지역사회 내 동사무소와 파출소는 주요 기관이라 할 수 있다.

넷째, 지역사회에 관하여 말로 설명하는 것보다 지도로 정확히 표현할 수 있어야 한다.

다섯째, 기관 방문객, 프로그램 참여자, 후원자들이 관련 지역사회를 한눈에 담고 이해할 수 있는 지역사회지도를 그려야 한다.

6) 홍보 기술

특별히 지역사회실천에서 홍보 기술이 필요한 것은 지역사회의 제반 현안을 지역사회의 모든 주민과 관심을 가지고 있는 지역사회 외부 인사들에게 더욱 효과적으로 알려야 하기 때문이다. 지역사회실천은 지역사회의 욕구나 문제를 해결하기 위해 지역사회 주민과 지역사회 외부의 다양한 인력과 기관 등이 참여해야 하는바, 이들의 참여를 극대화하기 위해 먼저 지역사회 주민과 외부 관련인들이 지역사회의 실상을 올바르게 이해하도록 홍보해야 한다.

홍보 기술은 최소 비용으로 지역사회 주민과 지역사회 외부 관련인들에게 지역사회실천 관련 건을 상세히 알릴 수 있는 구체적인 방법을 의미한다. 그러므로 실천가는 홍보 매체의 특성과 홍보 심리를 이해하고 지역사회의 상황을 고려하여 홍보 전략을 세울 수 있어야 한다. 이뿐만 아니라 단위 프로그램의 명칭을 적절히 짓는 것도 홍보의 한 부분이라 할 수 있다.

(1) 목표 결정

- 홍보의 수준을 결정한다.
- 홍보의 규모를 결정한다.

(2) 방법 결정

- 홍보 매체를 결정한다.
- 홍보 매체의 전달 방법을 결정한다.
- 홍보에 참여할 인원을 결정한다.

(3) 내용 결정

- 기존 홍보물을 구해 분석하면서 한층 효과적인 홍보물을 계획하여 결정한다.
- 홍보에 참여하는 이들이 정식 회의를 통해 내용을 결정한다.

(4) 홍보물 제작

- 과장된 표현을 지양함으로써 소비자들에게 신뢰성을 높일 수 있다.
- 상투적인 표현은 소비자들에게 호소력을 떨어뜨릴 수 있다.
- 홍보내용을 체계적이고 구체적으로 기술한다.
- 홍보물의 디자인은 홍보내용의 이미지와 맞아야 한다.
- 논리적이어야 한다.
- 시선을 끌 수 있는 색상을 사용하는 것이 바람직하다.
- 소비자를 중심으로 정보를 제공해야 한다.
- 지역사회의 특성이나 문화에 알맞게 작성한다.

(5) 실 시

- 결정된 대로 이행한다.
- 결과와 함께 홍보 과정을 평가한다.

(6) 적용 원칙

첫째, 홍보 대상의 특성과 문화에 따라 이에 합당한 홍보 방법을 선택한다. 홍보는 알리려는 내용이 지역사회 주민들에게 호소력 있게 전달되어야 할 뿐만 아니라 홍보에 드는 비용과 인력을 고려해야 한다.

둘째, 홍보 내용을 정하는 데 신중해야 한다. 홍보 내용은 홍보 방법에 따라 달라지는데 먼저 국어를 바로 사용하는 것을 지켜야 한다. 또한 성차별, 언어폭력, 성적(性的) 표현을 삼가야 한다.

셋째, 기존의 명성을 최대로 활용하여 후속성을 띠는 홍보가 바람직하다. 실례로 보신탕을 전문으로 요리하는 식당을 개업하면서 이미 보신탕으로 유명한 오수신포집의 명성을 이용한 광고문 "오수신포집 둘째딸 직영", 건설현장에서 "시공사 LG건설, 시행사 한백종합건설" 문구를 들 수 있다. 이렇게 기존의 관련 유명 인사나 기관을 엎고 가는 것은 '파리가 하룻밤에 천리를 가기 위해 천리마 등에 붙는다'는 이치이다.

넷째, 가능하면 여러 방법을 활용하여 다각적으로 홍보하는 것도 고려해야 한다. 이는 특정 한 가지 방법만으로는 한계가 있기 때문이다. 실례로 멘토링 프로그램을 위한 멘토 모집 홍보물을 현수막, 포스터, 쪽지를 동시에 활용한 점을 들 수 있다.

다섯째, 전략적으로 현수막을 걸어 사전에 분위기를 조성하는 것도 바람직하다. 뿐만 아니라 "말은 달리는 말보다 빠르다"고 하듯 입소문이 날 수 있도록 조처하는 것도 중요하다.

토론해 봅시다

01. 지역사회 실천에서 도시와 농촌지역의 문화적 격차를 줄이기 위한 대책에는 사회복지 입장에서 어떤 것들이 있는가 논의하시오.

02. 지역사회 실천의 자원개발 동원기술에서 인적자원, 물적자원 관리 기술을 논의하시오.

03. 지역사회실천 기술에서 홍보기술에 대하여 논의하시오.

CHAPTER 14

사회복지실천의 기록

1. 기록의 중요성과 용도
2. 기록의 내용
3. 기록상의 주의사항
4. 기록의 종류와 특성

제14장 사회복지실천의 기록

기록은 사회복지실천과 서비스 전달에 중요한 역할을 해왔다. 사회복지사들은 클라이언트에 대해 기록을 해야 하고 서비스의 목적, 과정 영향에 대해서도 기록을 해야 한다. 기록은 클라이언트의 상황을 확인, 기술, 사정하고, 서비스의 목적과 활동을 비롯한 서비스전달 과정을 나타내며, 클라이언트에 대한 개입의 효과 여부를 평가하는 근거를 제공한다. 그러므로 사회복지사에게 있어 효과적인 기록의 능력은 매우 중요한 역량이다.

이 장에서는 기록의 중요성과 용도, 기록의 포함되어야 할 내용, 기록상의 주의사항과 기록의 종류와 특성을 살펴보고자 한다.

1. 기록의 중요성과 용도

1) 기록의 중요성

사회복지 분야에서 기록의 주된 기능은 사회복지사가 전문적인 서비스를 클라이언트에게 제공하는 과정에서 취해진 전문적 의사결정, 내용의 근거를 기록하는 데 있다. 그러므로 기록은 클라이언트의 상황을 확인하고 평가하면서 서비스 제공 목적과 활동, 서비스를 전달하는 과정, 클라이언트에 대한 서비스 효과 여부를 평가하는 단계마다 이루어지는 매우 중요한 부분으로 기간의 경과에 따라 지속적으로 문서화되어 가는 것이다. 실제로 업무를 진행하면서 정확한 기록을 행하는 것은 쉽지 않다. 글을 쓰는 것 자체에 대한 부담이 그 원인일 수도 있으며, 업무에 대한 과중한 부담 때문에 기록을 위한 시간을 할애하기 어려울 수도 있으며, 기록하는 방법에 대한 기법이 부족하기 때문일 수 있다. 또한 기록에 대한 요구가 너무 시간 소모적이거나, 구체적인 지침이 부족하기 때문일 수도 있다. 그러나 효과적인 기록을 통해 보다 더 나은 서비스를 제공할 수 있으며, 기록은 사회복지사에게 성장의 도구가 될 수 있어서 중요하다.

이영호(2009)는 기록의 중요성을 사회복지실천에 있어서 책임성에 대한 요구가 증가함에 따라 기관자체의 이용은 물론 클라이언트와 가족, 다양한 관련 지역사회 기관, 감독 및 기금조성을 위한 조직, 각종 공정인 집단에게 필요한 정보를 제공하는데 기록이 많이 이용되고 있다고 하였으며, 사회복지사는 이러한 기록의 필요성을 인식하고 나아가 기록이 가정폭력이나 법률적 문제, 소송과정에서 이용될 수 있다는 점도 유념해야 한다고 하였다(이영호, 2009 : 306).

기록이 갖는 중요성을 정리하면 다음 일곱 가지 중요성이 있다.

① 사회복지실천 현장에 있어서 서비스의 내용을 문서화할 수 있다.

② 사회복지실천 과정에서 제공한 서비스를 검토, 평가하고 수정하는 데 중요한 역할을 하며 서비스를 효과적으로 객관화시켜 준다.

③ 서비스의 연계와 지속성을 유지시켜 준다.

④ 동료 사회복지사뿐만 아니라 타 기관의 전문가와 정보교환 및 협조체계를 가질 수 있다.

⑤ 관리자의 업무지도 감독을 원활하게 하며 서비스의 질이 높아진다.

⑥ 클라이언트와 정보를 공유하는 데 도움이 된다.

⑦ 역사적 사료로 가능하며, 제공한 서비스 연구 조사에 자료가 된다.

2) 기록의 용도

사회복지실천에서 기록기술의 용도를 구체적으로 살펴보면 다음과 같다(Ames, 1999 ; Kagle, 1997 ; 김혜란 외, 2006 : 317 재인용).

- 클라이언트 관심에 초점이 되는 욕구를 파악하고 실천기술을 개입하기 위한 기초 자료를 얻는다.
- 사회복지기관의 클라이언트 대상 자격을 입증할 문서로 활용된다.
- 복지기관이 클라이언트에 관한 정보, 서비스에 관한 정보가 필요할 때 이용할 수 있도록 보존한다.
- 전문가들 간에 협조체계를 원활하게 해 준다.
- 서비스 담당 사회복지사가 부득이하게 바뀌는 경우, 기록을 보고 현재까지 진행한 서비스 과정을 알 수 있다.
- 서비스 담당 사회복지사의 사고를 구조화하는 데 도움이 된다.
- 클라이언트와 사회복지사 간의 정보공유로 의사소통을 촉진시킨다.
- 수퍼비전, 자문, 동료들의 피드백 등을 받을 수 있는 근거가 된다.
- 교육훈련과 연구조사 자료로 활용한다.
- 서비스 효과성과 효율성, 서비스 질을 평가하는 데 사용된다.
- 사회복지사와 기관이 행정절차 규정 등을 준수하는지 알려준다.
- 행정상의 결정을 내려야 할 때 정보를 제공한다.
- 프로그램이나 복지사업을 실시하기 재원을 확보하며 비용을 청구하는 데 활용된다.

2. 기록의 내용

사회복지사가 사회복지현장에서 실천방법을 구현해가는 실천현장이 다양한 것처럼 기록도 종류나 용도가 다양하다. 왜냐하면 사회복지기관마다 서비스의 강조점이 다르며, 서비스의 전달방식, 기록하는 방법 등이 다양하기 때문이다. 그러므로 서비스를 실천하는 서비스 진행과정에서 무슨 내용이 기록에 포함되어야 하는가에 대한 공통적인 지침이 필요하다. 기록은 클라이언트의 모든 정보를 저장해 두는 기록이 아니라 서비스에 관한 기록이어야 한다(남연희 외, 2012 : 280).

기록은 사회복지실천현장의 사회복지기관의 기능과 업무에 따라 다양하기 때문에 일반화하기는 어렵다. 기록에 포함해야 할 정보로는 일반적으로 다음 일곱 가지 내용들이 중요하다(Halley et al., 1998 ; Kirst-Ashman & Hull, Jr., 1999 : 602-618 ; 박세정 외, 2010 : 189-192 재인용).

1) 클라이언트와 만난 날짜

클라이언트와 만난 정보는 간단하기 때문에 신속하게 기록할 수 있다. 예를 들면, 사회복지사는 기록문서의 왼쪽 가장자리에 "2013/ 7/ 15"라고 적는다. 사회복지사는 장래의 혼란을 방지하기 위해서는 연도를 반드시 기입해야 한다.

2) 클라이언트에 관한 기본적인 정보

클라이언트에 관한 기본적인 사항을 확인하는 것이다. 흔히 기관은 보통 클라이언트의 사례기록의 앞에 연령, 성별, 수입, 가족구성원들, 그리고 이전의 기관과의 접촉에 관한 내용을 기록하여 표지(face sheet)로 사용한다(Baker, 1995 : 129). 구체적인 정보는 기관의 필요에 따라 다소 다르다.

3) 클라이언트 접촉 사유

클라이언트의 문제와 상황은 무엇인가? 클라이언트는 왜 찾아왔으며 기관에서 도울 수 있는가? 클라이언트가 확인하고 사회복지사가 중요한 문제를 명확하고 간단하게 설명할 수 있는가? 다음의 보기는 사회복지사가 다룰 수 있는 많은 것들 중의 일부이다(전재일 외, 2010 : 360).

- 학교는 학생 철수의 직업적 강점과 한계를 사정하고 취업계획을 돕기 위하여 평가 서비스를 받도록 지역사회기관에 의뢰한다.
- 철수는 위기전화(생명의 전화)를 걸어 자살할 것이라고 하였다. 그는 우울하여 상담을 요구한다고 말했다.
- 소년법원은 철수의 잦은 무단결석과 최근의 불법 약물판매로 체포됨에 따라 상담을 의뢰하였다.

4) 클라이언트의 문제와 상황에 관한 보다 자세한 정보

사회복지기관의 인테이크(intake) 과정에서 얻게 되는 정보의 양과 유형은 다양하다. 인테이크는 기관의 클라이언트와의 최초접촉을 위하여 정해진 절차이다. 이 과정에서 사회복지사는 클라이언트에게 기관의 프로그램, 서비스 요건, 비용에 관하여 이야기 하게 된다. 또한 클라이언트에 관한 필요한 정보를 얻고, 클라이언트의 문제와 서비스를 받고자 하는 동기를 사정하고, 서비스를 제공할 담당 사회복지사가 정해진다. 정보가 왜 필요하며 중재과정에서 어떤 자료들을 수집해야 하는 가에 따라 기록은 구체화될 수도 있고, 상대적으로 간단하게 간략할 수도 있다.

5) 수행과정의 측면

수행과정의 정보는 상황 속의 클라이언트의 사정에 관한 사회복지사의 인상, 중재를 위한 구체적인 계획, 클라이언트와 이 사례에 연루된 다른 사람과의 접촉, 진전된 정도, 사례가 어떻게 종결되었는가에 관한 정보를 포함한다. 각 기관은 구체적인 기록내용이 모두 다양하며, 기록은 사회복지사가 보관해야 한다. 어떤 기관은 주로 사회복지사가 단순히 빈 칸을 채우는 보고서 양식을 사용한다. 다른 기관은 기록지나 컴퓨터를 통하여 정보를 기록하는 이야기체 양식을 요구한다.

흔히 사회복지사는 중재과정을 통한 날짜순으로 클라이언트와 다른 사람들과의 배번 접촉의 간단한 사항을 기록할 것이다. 이 기재사항은 사례와 관련하여 전화한 내용도 포함한다. 이러한 기록은 길 필요가 없이 간략한 문구로 충분하다. 날짜는 2012/2/20. 20012/3/25, 2012/5/14 등으로 항상 기재해야 한다.

6) 사후관리(Follow-up) 계획

사후지도 계획이 있는가? 있다면, 구체적으로 누가, 언제, 무엇을 할 것인가?를 기록한다. 예를 들면 다음과 같다.

- 2011/8/5 ○○과 종결하였다. 진전을 요약한다. 나는 알코올남용이 중단되었는지, AA(Alcoholics Anonymous)와 계속 관여하였는지를 확인하기 위해 4주 안에 다시 만나게 될 것이다.
- 2011/8/20 ○○를 불렀다. 그녀는 알코올남용을 중단하였고, AA에도 계속 관여했다고 진술했다. 나는 진전 정도를 확인하기 위하여 12월 중순에 한 번 더 만나기로 계획하였다.

7) 수퍼바이저와 다른 사회복지사와 토의할 문제

사회복지사가 대답해야 할 사례나 문제에 관한 타당성이 없는 인상도 기관의 기록에 포함되어야 한다. 사회복지사가 사례나 문제에 관해 생각할 때 이러한 점들을 기록해 둔다면 다음에 수퍼바이저와 만날 때 그에 관해 지도를 받을 수 있다.

예를 들면, 사회복지사는 다음과 같은 질문을 기재할 수 있다.

"가정폭력을 방지하기 위해 지역사회 내에서 이용할 수 있는 서비스는 무엇인가?", "그녀의 질병의 주요한 증상들은 무엇인가"라는 질문을 하였다.

3. 기록상의 주의사항

사회복지실천에서 요구되는 기술에서는 다음과 같은 기록상의 주의사항을 고려하여야 한다(박세정 외, 2010 : 200-201).

① 마음에 기록하는 목적을 간직한다 : 내가 왜 이것을 쓰고 있는가? 누가 이것을 읽을 것인가를 고려하면서 문제에 대한 해답을 생각하고 상황의 주요한 요인을 중심으로 기록하되 비교적 관련이 적은 부분은 생략하여야 한다.

② 기록자의 이름은 읽을 수 있도록 확인한다 : 다른 사람이 보더라도 기록자의 이름을 쉽게 읽을 수 있도록 정확하게 작성하여야 한다.

③ 날짜를 정확하게 기록한다 : 예를 들면 "10일 이내", "다음 주" 또는 "다음 달"보다는 "2008년 3월 10일"과 같이 읽는 사람으로 하여금 어느 날인지 혼동하지 않도록 하는 것이 좋다.

④ 가능한 한 간결하게 기록한다 : 기록이 길다고 해서 효과적인 것은 아니며 기록의 주요한 목적을 달성하는 데 요구되는 사항을 포함할 수 있을 정도이면 충분하다.

⑤ 이미 기재한 내용을 반복하지 않도록 노력한다 : 만약 앞에서 말한 것을 언급할 필요가 있다면 예를 들면 간단히 "4페이지에서 서술된 재정 상황은 근본적으로 변하지 않고 있다"와 비슷하게 기록한다.

⑥ 기록을 읽는 사람이 필요한 정보를 가능한 한 빨리 파악하기 쉽도록 문단마다 소제목을 붙인다.

⑦ 상식에서 벗어나는 약어, 기호 또는 전문용어의 사용을 피한다: 일반적으로 통용되고 있는 것들을 사용하는 것이 좋다.

⑧ 출처를 밝힌다: 다른 학문분야에서 사용한 진단명과 매우 중요한 사회적, 실제적 자료 등과 같은 소재를 기록할 때는 정보의 출처를 밝힌다.

⑨ 사람이나 상황을 설명할 때 주관적인 단어 사용을 피한다: “크고 뚱뚱한 남자” 또는 “가난한 가정” 등은 그 의미를 이해하기 어렵다. “185cm 정도의 신장에 100kg 정도의 체중을 가진 남자”로 설명하는 것이 좋다.

⑩ 의료적으로 진단 명칭을 사용할 때 주의한다: “알코올중독”과 “정신지체”와 같은 용어는 명확한 전문적인 진단을 하지 않고는 기입하지 말아야 할 것이다. “환자는 알코올중독이다”라고 하기보다는 “환자는 술을 아주 많이 좋아하는데, 하룻밤에 맥주 8~10병을 마신다”로 기록한다.

⑪ 기록할 때 “모른다.” 고 하는 말을 두려워하지 않는다: 많은 사회복지사들은 이야기를 듣고 관찰한 것의 의미가 불확실할 때 이에 대한 기록을 피하려는 경향이 있는데, 이것은 나중에 기록을 읽는 사람으로 하여금 그때 일어난 사실을 알지 못하게 한다. 명확하지 못할 때 사회복지사는 의미가 명확하지 못하다는 설명을 덧붙여 그 정보를 기록해야 한다.

⑫ 기록 후의 모든 기록은 계획과 목표의 결과를 확실히 한다: 기록의 내용이 미완성 상태에서 끝나지 않아야 한다. 기록할 때 어떤 일이 왜 일어났으며 그리고 새로운 계획과 변경된 계획이 무엇인지를 설명해야 한다. 사회복지실천의 계획과 목표에 대하여 지속성과 계속적인 느낌을 가질 수 있게 기록해야 한다.

⑬ 클라이언트와 한 번 이상의 접촉을 설명하는 데 요약기록을 사용한다: 항상 각 접촉을 따로 따로 기록하지 않고 각 접촉에서 일어난 일들의 결과만을 요약한다. 여백에 기록하거나 기간을 나타내는 소제목을 “2008/5/25부터 2008/7/13까지”와 같이 붙이는 것이 편리하다.

⑭ 너무 많은 과정을 기록하는 것은 피한다: 사회복지실천의 결과는 보통실천가가 어떤 것을 달성하기 위해 계속 수행한 자세한 단계들보다 더 중요하다.

⑮ 기록의 지속성을 유지한다: 사회복지사가 휴가나 병가 또는 전직 등으로 자리를 비우더라도 수퍼바이저나 다른 직원이 기록이 어디까지 되어 있는지 알 수 있도록 일반적인 경향에 따르고 마무리되어 있어야 한다.

4. 기록의 종류와 특성

사회복지실천현장에서의 기록은 사업목적과 내용에 따라 그리고, 기록의 표준화 정도, 범위, 선택성, 유형, 원칙에 따라 다양하게 사용되고 있다. 사회복지사가 기록을 하고 보관하는 것은 클라이언트를 위한 중요한 서비스의 과정이 된다. 기록은 사회복지사의 실천을 평가하는 데 필요한 자료, 즉 서비스가 제공 되어진 내용을 기록한 문서 자료(Corcoran & Gingerich, 1994), 프로그램 평가를 위한 자료, 그리고 책임성을 위한 자료를 제공한다. 일반적으로 사회복지사들은 여러 가지 목적으로 광범위한 기록양식을 사용한다. 따라서 기록유형에 관한 분류도 관점에 따라 다양하게 분류될 수 있지만, 여기에서는 사회복지기관에서는 거의 사용되고 있지 않고 교육적 목적으로 주로 사용되는 과정기록(process recording)과 사회복지기관에서 주로사용하고 있는 요약기록(summary recording)으로 구분하고, 요약기록은 다시 이야기체 기록(narrative recording)과 문제중심기록(problem oriented recording)으로 나누어 살펴본다(전재일 외, 2010 : 366-385).

1) 과정기록

과정기록(process recording)은 클라이언트와 상담하면서 이야기한 내용, 행동 그리고 클라이언트를 관찰한 것과 판단한 것 등을 그대로 구체적이고 상세하게 기록한 방법이다. 과정기록은 면접에서 일어나는 "사회복지사와 클라이언트가 말하는" 형태를 사용하여 모든 것을 기록한다. 사회복지사는 면접을 녹화한 비디오테이프를 듣고 관찰한 모든 것을 기록하며, 대부분의 과정기록은 직접적인 인용을 사용한다. 이외에 사회복지사가 관찰한 클라이언트에 대한 인상과 코멘트를 오른쪽 별도의 난에 기재한다. 과정기록은 다른 사회복지사가 다른 직무를 수행하지 못할 정도로 많은 시간을 요한다. 시간이 많이 소요되기 때문에 이 양식의 기록은 실습학생들이나 인턴 중에 있는 사회복지사들을 위해 주로 사용된다. 이것은 학생들이 클라이언트와의 상호작용을 상세하게 분석할 수 있게 한다. 과정기록은 또한 학생과 클라이언트와의 상호작용이 일어날 때 직접 관찰하지 않을지라도 구체적인 피드백을 주는 수퍼비전의 자료 역할을 하게 된다(Kirst-Ashman & Hull, Jr., 1999 : 618).

과정기록의 장점으로는 사회복지실습이나 교육방법으로 유용하다. 그리고 실습생에 대한 구체적인 지도가 가능하다. 또한 기관 측면에서 보면 서비스 진행에 대해 점검하고 잘못한 경우가 있으면 사전에 문제를 예방할 수 있다. 반면 과정기록의 단점으로는 기록하는 데 시간이 너무 많이 소요될 수 있으며, 사회복지서비스 중 상담에서 실제 일어난 일을 그대로 기록할 수 없으므로 불완전하고 정보가 왜곡될 수 있다.

과정기록의 내용으로는 상담한 참석한 클라이언트의 이름, 날짜, 상담회기 진행 시간, 그리고 목적, 계획, 상호작용 내용, 담당사회복지사의 역할과 활동, 클라이언트의 관심사, 문제와 상황, 반응, 각 회기에서 활동한 내용, 차기 상담계획 등을 기록한다.

2) 이야기체 요약기록

이야기체 요약기록(narrative summary recording)은 혹은 이야기체 기록(narrative recording)이란 말로 사용되기도 한다. 일반적으로 가장 많이 활용되는 형태의 기록으로 시간의 흐름에 따라 변화된 상황, 중재활동, 중요한 정보 등을 요약하여 기록하는 방법이다. 기록 내용이 이야기체 요약의 형식을 취하고 있다.

이야기체 보고서는 비구조화되거나 비조직화되어 있지 않고, 오히려 주제별, 시간별로 조직화되어 있다. 사회복지사는 클라이언트 상황과 서비스 교류에 관한 중요한 내용을 선택하여 이것을 시제에 따라 그리고 내용 분야별로 조직하게 된다.

이야기체 기록은 개별적이며 가장 독특한 기록 방식이다. 이것은 이야기체 기록의 강점과 동시에 약점이다. 이야기체 기록은 클라이언트 상황과 서비스 교류의 특수한 본질을 반영할 수 있어 임상실천을 문서화하는 데 특히 적합하다.

이야기체 기록은 인간행동, 사회복지의 이론과 실천, 서비스 제공, 기록에 대한 사회복지사의 지식을 반영하게 된다. 그러나 한편으로는 미 완성적이며, 지나치게 단순하거나 길고, 초점이 분명하지 않을 수가 있다. 이야기체 기록의 질은 제공된 서비스의 질보다 사회복지사의 문장력이나 기록에 투입된 시간에 의해 더 좌우될 수 있다.

이야기체 기록은 시간 소모적이고, 비용이 많이 든다는 문제점이 있다. 기록하는 데 너무 많이 시간이 걸리기 때문에 사회복지사는 종종 기록하기를 미루게 되고, 기록을 정확하게 하지 않고 시기를 놓쳐 유용성을 감소시킨다. 이야기체 기록은 부담스럽게 많은 양으로 되어 있기 때문에 간략하게 정보를 검색하는 것이 어려울 수도 있다.

이야기체 기록은 서비스가 개인, 부부, 집단 등 누구에게 전달되든지에 관계없이 개별화된 서비스를 문서화하는 양식이다. 간결하고 초점이 분명한 이야기체 보고서는 효율적이다. 이러한 보고방식은 사회력, 클라이언트-상황에 관한 사정과 같은 특정 내용 요소들을 문서화하는 데 사용될 수 있다. 반면에 다른 양식이나 형식은 정보의 서비스 효과를 확인하는 요소들을 문서화하는 데 사용된다.

이야기체 기록은 일반적으로 널리 사용되고 있기 때문에 사회복지사들은 문장력 있고, 의미 있고, 내용이 적합한 이야기체 기록보고서를 작성할 수 있어야만 한다.

이야기체 요약기록의 장점으로는 기록에 융통성이 있어 중요하다고 판단되는 것을 핵심으로 보여줄 수 있어 임상실무를 문서화하는 데 적합하다. 그리고 클라이언트의 상황, 서비스의 특수성을 개별적으로 반영할 수 있다. 반면 이야기체 요약기록의 단점으로는 기록하는 데 시간이 많이 걸리기 때문에 종종 기록하기를 미루게 되는 일이 발생할 수 있으며, 이것은 기록을 부정확하게 하고 시기적절하지 않게 할 우려가 있다. 그리고 상담내용이 지나치게 단순화하여 초점이 불명확해 질 수도 있다. 이야기체 요약기록을 활용할 시 유의사항으로는 단기 서비스나 전형적인 일상서비스는 양식이 구조화된 것이나 체크리스트를 활용하는 것이 좋다. 매일 상담내용 기록하기 어려울수록 시간에 따라 메모하는 것도 좋은 방법이다.

3) 문제중심기록

문제중심기록(Problem-Oriented Recording : POR)은 현재 문제를 규정하여 이를 목록화하여 각 문제에 대해 무엇을 할 것인지를 계획하고, 그 진해되는 상황을 기록하는 방법이다. 병원 또는 의료적 프로그램에서 자주 사용되는 기록형식의 한 방법이며 사회복지기관에서도 널리 사용하고 있다. 문제중심기록은 문제들을 나열하는 구체적인 양식과 문제해결을 위해 이루어지는 진행을 노트에 기록하는 다른 양식을 사용하는 것을 의미한다. 문제중심기록은 다음과 같은 장점들을 가지고 있다.

- 기관의 특정 문제 접근 방식 인지 : 사회복지사, 기관감독자, 외부의 자문가, 또는 조사자들이 기관의 특정한 문제에 대해 접근해 온 방식을 알 수 있다.
- 특정 문제 초점화 가능 : 클라이언트가 경험한 문제의 복합성과 상호관련성을

나타내고 있다.

- 팀 활성화 증진 기여: 전문가 상호 간의 의사전달과 지시의 명료성을 촉진시키기 때문에 사례조정이나 팀워크를 증진시킨다.
- 직원 인사 이동 시 필요: 기관에서의 직원교체가 있을 때에도 특정한 문제에 대한 전문적인 관심이 필요하다.
- 문제해결의 진전: 문제 점검과 사후 추적조사를 위한 기제를 제공한다. 문제지향의 기록을 살펴봄으로써 행동하지 않은 것 혹은 클라이언트의 문제와 관련되지 않은 행동을 알아낼 수 있다.
- 간결한 기록을 장려: 특정한 문제에 초점을 두고 있기 때문에 적절하지 않은 정보는 기록에서 제외된다.

문제중심기록은 네 가지 방법으로 기록되고 있다. 첫째, 데이터베이스의 설정, 둘째, 문제의 목록, 셋째, 초기계획, 넷째, 계획의 수행에 따른 진행노트로 구성된다.

(1) 데이터베이스

데이터베이스(data base)는 주로 초기 접수 단계 동안 수집한 정보로 구성되며 클라이언트가 기관에 찾아와 서술한 문제를 포함한다. 자료의 많은 부분이 기록의 표지에 나타난다. 이러한 자료는 체계적으로 수집되고 정리되며 기록되어야 할 것이다. 왜냐하면 이 자료들이 클라이언트의 문제를 확인하고 개념화시키기 위한 근거를 제공하고, 예비적인 문제목록을 만들어 내기 때문이다.

데이터베이스는 다음의 내용을 포함한다.

- 클라이언트의 주요 불만
- 클라이언트의 프로파일(일상생활에 대한 기술)
- 사회적 정보

- 대상자의 현재의 질병
- 과거력과 체계들에 대한 검토
- 클라이언트의 신체검사 결과
- 실험실 보고자료

(2) 문제목록

문제목록은 사정과정동안에 클라이언트와 사회복지사가 분명히 밝힌 것 외에 클라이언트가 관심을 두고 있는 어떤 문제라도 포함할 수 있다.

문제의 우선순위와 수행에 초점을 두어야 할 문제에 관해 동의를 해야 할 필요가 있으며 각 문제에는 번호가 매겨지며, 행동적인 언어로 기술한다. 가능하면 진단적 유형화는 피한다. 사례계획과 개입의 초점을 제공하며 목록에 있는 특정한 문제와 관련된 일을 논리적으로 수행한다.

문제가 해결되면 목록에서 지우되 해결된 문제의 번호는 재할당되지 않는다. 그렇기 때문에 특정한 문제에 대한 개입과 진행은 사례기록을 통해 추적될 수 있다.

문제중심기록은 클라이언트 문제목록의 각 항목에 대한 반응과 행동의 특정 유형을 요구하는데 기본적으로 세 가지 유형이 있을 수 있다.

첫째, 개입, 둘째, 문제를 보다 잘 이해하기 위하여 부가적인 정보를 확보, 셋째, 상황 점검과 더 이상의 향상을 기다리는 것 이외에는 아무 것도 하지 않는 것이다. 사회복지사는 사례기록의 본문에 자신의 행동을 기록하고, 특정 문제에 대한 행동에 참고하기 위해 문제 번호를 활용하는 데 주의해야 한다.

중재 또는 개입이 필요할 때 이 행동을 서술하는 데는 SOAP 형식을 사용하는 것이 유용하다.

S : 주관적 정보(Subjective information) : 서비스를 이용하는 자가 서비스 상황을 어떻게 인식하고 느끼는지를 나타낸다.
O : 객관적 정보(Objective information) : 사회복지실천 전문가의 직접적 관찰과 임상적 실험, 체계적인 자료수집 등에 의해서 얻어진다.
A : 사정(Assessment) : 객관적, 주관관적 정보의 검토를 통해 추론된 전문가의 개념화와 결론을 말한다. 사회복지사의 사정과 견해, 해석, 분석을 기술한다.
P : 계획(Plan) : 전문가가 특정한 문제를 제기하거나 해결하는 방법 등을 계획을 세운다.

일단 계획이 세워지면 개입이 뒤따라 이루어지는데 계획이 아무리 논리적이고 잘 세워졌다고 해도 클라이언트를 행동으로 도울 수 있음을 알아야 한다.

(3) 초기계획

서비스 제공자들은 목록으로 작성된 문제의 각각에 대한 계획을 세우고 각 계획에는 번호가 붙여지고 관련문제를 대표할 수 있게 이름이 주어진다. 각 계획은 필요할 때마다 진행노트에서 최초의 정보로 바뀐다.

(4) 진행노트

진행노트나 중간노트는 정기적인 간격으로 클라이언트 상황과 서비스 거래를 설명하고 사정하여 기록한다. 진행노트의 목적은 첫째, 사회복지사가 서비스 제공에 영향을 미치는 새로운 정보를 기술이다. 둘째, 활동계획이나 활동방향에 있어서 변화이다. 셋째, 종결계획을 수립, 넷째, 활동의 효과를 평가하고 책임성을 유지, 다섯째, 활동절차를 작성, 여섯째, 수퍼비전이나 자문에 필요한 자료를 제공, 일곱째, 목적을 결정하기 위해 행정에 요구되는 정보의 제공이다.

〈진행노트〉

- 광범위한 정보를 기록할 수 있다.
- 목적에 따라 길이가 다양할 수 있다.
- 중요하거나 새로운 것이 나타나지 않을 수도 있다.

① 진단적 요약기록

클라이언트와의 중재과정에 관한 분석과 권고를 포함해 주요한 점이 포함된 보고서이다. 이것은 여러 가지 특성을 지니고 있다.

첫째, 중재기간 동안 계속적인 진행의 요약을 의미하며, 즉 정기적으로 작성된 보고서이다.

둘째, 양식 면에서 다양하지만 대부분은 여러 가지 주제를 포함해 구조화시켜 연도날짜 순으로 기록한다.

셋째, 각 주제의 제목 아래 사례의 진행을 설명하는 이야기체 문구가 작성된다.

넷째, 사회복지사가 사용한 기법이 아니라 문제의 결과만을 포함한다.

다섯째, 정보는 보통 연도날짜 순서로 기록하는 것 대신에 다양한 주제의 제목아래 조직화하기도 한다.

② 사례협의회 요약

특수한 형태의 요약기록을 의미하며 사례협의회는 사회복지사, 다른 분야의 전문가, 클라이언트 그리고 클라이언트와 관련된 다른 사람의 모임이다.

사례협의회의 목적은 첫째, 클라이언트의 문제를 분명히 설명하고 사정한다.

둘째, 참여한 전문가들이 클라이언트의 행동과 상황의 파악을 증진시킨다.

셋째, 중재계획을 수립하고 목표를 계속적인 목표들이 재평가할 수 있는 장소를 제공한다.

넷째, 자원과 서비스를 조절하기 위한 수단을 제공한다.

사회복지사가 사례협의회에 제시할 때 포함해야 할 항목은 다음과 같다.

- 클라이언트에 문제에 관한 진술
- 클라이언트에 관한 관찰내용
- 클라이언트를 지금까지 다루어 온 날짜별 구체적 서비스 계획
- 사용한 중재나 전달한 서비스의 결과 요약
- 이 특별한 정보가 다른 사회복지사들과 공유해야 하는 이유 그리고 다른 사회복지사들이 대답을 할 수 있는 문제영역을 분명히 하는 구체적인 질문이다.

토론해 봅시다

01. 사회복지실천에 있어서 기록은 중요하다. 이러한 기록을 위해 사회복지사는 메모하는 습관이 가져야 한다. 자신을 돌아보며 하는 메모를 연습해 보자. "하고 싶은 순위 10가지" & "되고 싶은 순위 10가지"를 기록해 보시오.("하고 싶은 순위 10가지" & "되고 싶은 순위"을 한 달에 한 번씩 기입하여 항상 가지고 다니는 수첩이나 노트에 붙여보라. 하루에 한 번씩 읽다보면 불필요한 행동을 하지 않게 된다.)

02. 메모하여 기록하는 이유를 논의해 보시오.

03. 사회복지실천에서 기록이 중요성과 용도를 설명하시오.

참고문헌

김기태 외(1993). 『사회복지의 이해』. 성동문화사.

김기태 외(1999). 『사회복지의 이해』. 박영사.

김기태, 박병현, 최송식(1999). 『위기개입론』. 박영사.

김남성(1991). 『인지적 행동 수정』. 교육과학사.

김동배 외(1998). 『인간행동이론과 사회복지실천』. 학지사.

김동배, 이윤로(2004). 『집단사회사업의 실천과 평가』. 도서출판 21세기사.

김상균 외(2001). 『사회복지개론』. 나남출판.

김성미, 김상균(1997). 『사회과학과 사회복지』. 나남출판.

김성이 외(1997). 『사회과학과 사회복지』. 나남출판.

김성이 외(2005). 『청소년복지학』. 아산재단연구총서 42. 집문당.

김정진(2008). 『사회복지실천기술론 - 1급 수험서』. 와이드프로.

김통원 외(1998). 『사회복지실천 사례관리』. 지샘.

김현진(2015). 대학생의 생활스트레스가 정신건강에 미치는 영향. 대한신학 대학원대학교 박사학위 논문.

김혜란, 홍선미, 공계순(2001). 『사회복지실천기술론』. 학지사.

김혜란, 홍선미, 공계순(2006). 『사회복지실천기술론』. 나남출판.

남연희, 박영국, 도기봉(2012). 『사회복지실천기술론』. 공동체.

남연희, 박영국, 도기봉(2012). 『사회복지실천론』. 공동체.

노안영(2014). 『집단상담 이론과 실제』. ㈜학지사.

류상열(2004). 『지역사회복지론』. 형설출판사.

말콤페인/서진환, 이선혜, 정수경 역(2001). 『현대사회복지실천이론』. 나남출판.

박세정 외(2010). 『사회복지실천기술론』. 창지사.

박정희(2001). 『인지행동놀이치료』. 나눔의 집.

박주현, 배은숙, 임상록(2011). 『건강가정론』. 창지사.

白澤政和(2000). 『사례관리의 이론과 실제』. 유풍출판사.

브루스 리치필드, 넬리 리치필드 지음/정동섭, 정성준 옮김(2002). 『기독교 상담과 가족치료』. 예수전도단.

설진화(2011). 『사회복지실천기술론』. 양서원.

성숙진 외(1998). 『사회복지조사방법론』. 나남출판.

손광훈(2009). 『사회복지실천기술론』. 공동체.
신성자 외(2000). 『사회복지실천론』. 고헌출판부.
신성자 외(2012). 『사회복지실천기술론』. 양서원.
신재명(1997). 『사회복지총론』. 청목출판사.
양옥경 외(2000). 『사회복지실천론』. 나남출판사.
양옥경 외(2001). 『사회복지실천기술론』. 나남출판사.
양옥경 외(2003). 『사회복지실천론』. 나남출판사.
엄명용, 김성천, 오혜경, 윤혜미(2000). 『사회복지실천의 이해』. 학지사.
엄명용, 노충래, 김용석(2005). 『사회복지실천기술의 이해』. 학지사.
엄명용, 노충래, 김용석(2005). 『사회복지실천의 이해』. 학지사.
엘리자베드 라이트(1989). 『정신분석비평』. 문예출판사.
오정수, 류진석(2004). 『지역사회복지론』. 학지사.
윤현숙 외(2001). 『사회복지실천기술론』. 동인.
윤현숙 외(2002). 『사회복지실천기술론』. 동인.
이미선, 강우진, 권향임(2011). 『사회복지실천기술론』. 창지사.
이신영, 박선영(2012). 『사회복지실천기술론』. 양서원.
이애재(2013). 『사회복지실천기술론』. 양서원.
이영실 외(2011). 『사회복지실천기술론』. 양서원.
이영실(1996). 『정신의료방법론1』. 신한.
이영실(2002). 『정신보건사회복지론』. 8585 상담센터 출판부.
이영실(2011). 『사회복지실천기술론』. 양서원.
이영호(2009). 『사회복지실천기술론』. 공동체.
이윤로(2007). 『사회복지실천기술론』. 학지사.
이인정 외(2001). 『인간행동과 사회환경』. 나남출판.
임안나 외(2011). 『사회복지실천기술론』. 공동체
임의영(1993). 『스키너의 행동주의적 인간관』. 문학과 지성사.
장인협(1997). 『사회사업실천방법론(하)』. 서울대학교출판부.
장인협, 우국희(2001). 『케어・케이스 매니지먼트』. 서울대학교 출판부.
전재일 외(2003). 『사회복지실천론』. 형설출판사.
전재일 외(2010). 『사회복지실천기술론』. 형설출판사.
전재일, 이성희, 김연희(2010). 『사회복지실천기술론』. 형설출판사.

정문자 외(2008). 『해결중심단기치료』. 학지사.
정원철(2000). 『정신보건사회사업론』. 학문사.
조휘일, 이윤로(1999). 『사회복지실천론』. 학지사.
조흥식 외(2000). 『가족복지학』. 학지사.
조흥식 외(2000). 『사회복지 실천분야론』. 학지사.
최규련(2011). 『가족상담 및 치료』. 공동체.
최덕경 외(2012). 『사회복지실천론』. 공동체.
최선화(2012). 『풀어쓴 사회복지실천기술론』. 공동체.
최옥채(1999). 『사회복지실천론』. 인간복지.
최일석, 류진석(1996). 『지역사회복지론』. 서울대출판부.
프로이드(1990). 『프로이드 심리학연구』. 글벗사.
한국정신보건사회사업학회(2001). 『정신보건전문요원수련교재』. 양서원.
황철수(2008b). 『사회복지실천기술론』. 양서원.
황철수, 정주석, 임구원, 오정옥, 박영국(2010). 『사회복지실천기술론』. 양서원.

Ames, N.(1999). Social work recording: A new look at an old issues. *Journal of Social Work Education, 35*, 227-237.

Baer, B. I.(1979). Developing a new curriculum for social work education. In Frank Clark & Morton Arkava(ed.), *The Pursuit of Competence in Social Work*. San Francisco: Jossey-Bass. pp.96-109.

Barker, R. L.(1995). *The Social Work Dictionary*(3rd ed.). Washington, DC: NASW.

Bear B., & Federico, R.(1978). *Educating the Baccalaureate Social Worker*. depression, MA: Ballinger.

Brown, R. A.(1991). *Groups for Growth and Change*. New York: Longman.

CCETSW(Central Council for Education and Training in Social Work(1995a). *Assuring Quality in the Diploma in Social Work-1: Requirements for the DipSW*(revised). London: CCETSW.

Comier, W. H., & Cormier, L. S.(1991). *Interviewing Strategies for Helpers: Fundamental Skills and Cognitive Behavioral Intervention*. Pacific Grove, CA: Brooks/Cole.

Corcoran, K., & Gingerich, W. J.(1994). Practice evaluation in the context of managed care: Case recording methods for equality assurance reviews. *Research on Social*

Work Practice, 4(3), 326-337.

Corey, G.(1991). *Theory and Practice of Counseling and Psychotherapy*. Pacific Grove, CA: Brooks/Cole.

Cournoyer, B. R.(1996). *The Social Work Skills Workbook*(2th ed). Pacific Groce, CA: Brooks/Cole.

David A. Lieberman 저/이관용, 김가중 역(1996). 『학습심리학(행동과 인지)』. 교육과학사.

Davies, M.(ed.)(1997). *The Blackwell Companion to Social Work*. Oxford: Blackwell.

Epstein, L., & Brown, L. B.(2002). *Brief Treatment and a New Look at the Task-Centered Approach*. Boston: Allyn and Bacon.

Gouwens, D.(ed.)(1964). *Social Group Work: A New Dimension in V. A. Social Work*. Jefferson Barracks, Mo.: Veterans Administration Hospital.

Hartman, A., & Laird, J.(1983). *Family-centered Social Work Practice*. New York, London: The Free Press.

Hepworth, D. H., Rooney, R. H., & Larson, J. A.(1997). *Direct Social Work Practice-Theory and Skills*. Wadsworth Publishing, a division of thomson learning, Inc.

Hepworth, D. H., Rooney, R. H., & Larson, J. A.(2002). *Direct Social Work Practice: Theory and Skills*(6th ed), Pacific Grove, CA: Brooks/Cole Publishing.

Hollis, F.(1970). The psychosocial approach to casework. In R. W. Robert, & R. H. Nee(Eds.), *Theories of Social Casework*(pp. 33-75). Chicago, IL: University of Chicago Press.

Howard, H. S.(1980). *The Psychotherapy Handbook*, edited by Richie Herink. The New American Library, Inc. pp.508-509.

Johnson, L. C.(1995). *Social Work Practice: a Generalist Approach*. Boston: Allyn & Bacon.

Kadushin, A.(1990). *The Social Work Interview*(3rd ed.). New York: Columbia University Press.

Kirst-Ashman, K, K., & Hull, Jr., G. H.(1999). *Understanding Generalist Practice*. Chicago: Nelson-Hall publishers.

Maria O'Neil McMahon(2001). 『사회복지실천론』. 아시아미디어리서치.

Nelson, J. C.(1983). *Family Treatment: an Interactive Approach*. NJ: Prentice Hall Inc.

Richmond, M.(1944). *Social Diagnosis*. New York, NY : Free Press.

Robert, A. R.(2000). An overview of crisis theory and crisis intervention. In Rovers, A.

R.(Ed.). *Crisis Intervention Handbook: Assessment, Treatment, and Research*. New York: Oxford University Press.

Roebert D. Nye(1993). 『프로이드 · 스키너 · 로저스』. 중앙적성출판사.

Rubin, H. J., & Rubin, I. S.(2001). *Community Organization and Development*. Boston: Allyn & Bacon.

Sheafor, B. W., & Horejsi, C, R.(2006). *Techniques and Guidelines for Social Work Practice* (7th ed.). Boston, MA: Allyn & Bacon.

Trevithick, P.(2000). *Social Work Skills: a Philadelphia*. PA: Open University Press.

Yalom, I. D.(1995). *The Theory and Practice of Psychotherapy*(4th ed.).

http://www.koreadrung.org/psychosocialmodel.htm

찾아보기

인 명

저자 소개

윤 선 오

독일 Dortmund대학교 사회과학부 노년학과 철학박사
한국복지행정학회 부회장
(현)경운대학교 사회복지학부 교수

〈주요 논문 및 저서〉

Lebenslauftheorien in stlicher und westlicher Sicht unter gerontologischem und geragogischem Aspekt(1994)
Gesundheitslernen im Alter unter gerontologischem Aspekt(1997)
Das Alter und die Gesundheit(1999)
Handbuch Altenbildung-Theorien und Konzepte f r Gegenwart und Zukunft(2000)
노인복지론(공저, 2003), 교육사 및 교육철학(공저, 2004), 최신 교육학의 이해(공저, 2004),
독일의 상해보험제도(2005), 독일의 간병보험제도(2005), 새로운 노인복지론(공저, 2006),
장애인복지론(공저, 2012)

김 현 진

성결대학교 일반대학원 사회복지학과 석사
미국 월드퍼시픽대학교(World Pacipic University) 사회복지전공 철학박사
대한신학대학원대학교 사회복지전공 철학박사
한민대학교, 영진전문대학 외래교수, 경운대학교 아동·사회복지학부 겸임교수
(현)경운대학교 사회복지학부 외래교수
군위 요양보호사교육원 교수, 포도나무 지역아동센터 대표
이젠에듀 원격평생교육원 강의교수(건강가정론)
보건복지 사이버평생교육원 강의교수(노인복지론)

〈주요 논문〉

노인취업알선센터의 실태와 개선방안-서울시고령자취업알선센터 중심으로(2004)
A Study on the Long-Team Care Insurance System in Korea(노인장기요양보험제도의 발전 방안에 관한 연구)(2012)
대학생의 생활스트레스가 정신건강에 미치는 영향(2015)

사회복지실천기술론

1판 1쇄 인쇄 2016년 8월 1일
1판 1쇄 발행 2016년 8월 5일

저 자 윤선오 김현진

발 행 인 강 철 원
발 행 처 양 성 원
주 소 경기도 파주시 월롱산로 71
전 화 031-946-3861(代)
팩 스 031-946-3864
홈페이지 tnwpub.co.kr
이 메 일 tnwpub@naver.com
출판등록 2015년 8월 31일 제 2015-000211 호

ISBN 979-11-87118-52-7

정가 18,000원

※ 저자와 협의하여 인지는 생략합니다.